한국천주교회사 4

한국천주교회사 4

펴낸날 • 2011년 9월 8일 인쇄
         2011년 9월 23일 1판 1쇄 발행
         2018년 4월 12일 1판 2쇄 발행
         2022년 10월 21일 2판 1쇄 발행

펴낸 이 • 손희송
펴낸 곳 • 한국교회사연구소
         서울시 중구 저동 1가 2-3번지 평화빌딩
         대표전화 02-756-1691
         팩시밀리 02-2269-2692
         http://www.history.re.kr

인쇄 • 분도인쇄소

ⓒ한국교회사연구소, 2011
등록 번호 • 1981. 11. 16 제10-132호
정가 • 20,000원
ISBN • 978-89-85215-86-2 (04230)
         978-89-85215-77-0 (세트)
교회인가 • 2011년 8월 25일

한국천주교회사 4

간행사

　이 땅에 천주교회가 탄생한 지도 벌써 227년이 되었습니다. 극심한 탄압으로 점철되었던 박해 속에서도 신자들은 순교자들이 걸었던 거룩한 발자취를 남김으로써 그분들과 자신들의 신앙을 증거하려고 노력하였습니다. 이러한 기록들은 달레(Claude Charles Dallet, 1829~1878) 신부에 의해 1874년 *Histoire de L'Église de Corée*라는 제목으로 간행되었으며, 이를 지금은 하느님 나라에 계신 최석우(안드레아) 몬시뇰과 안응렬 선생 두 분이 1979 · 1980년에 《한국천주교회사》로 번역하여 저희 한국교회사연구소에서 출간했습니다.

　이후 이 책은 많은 사람들이 한국 천주교회의 역사를 공부하는 데 입문서 역할을 하였습니다. 물론 이 책이 번역 · 간행되기 전에도 유홍렬 선생께서 집필한 《한국천주교회사》가 있었지만, 관련 사실들을 연대기적 입장에서 나열한데다 내용상의 오류가 적지 않았습니다. 그뿐만 아니라 1960년대 이후의 많은 연구 성과가 반영되어 있지 않았습니다. 그런 탓에 한국 천주교회의 역사를 자세히 알고자 하는 사람들은 달레 신부의 《한국천주교회사》와 각종 연구서 · 연구 논문들을 일일이 찾아 읽어야 했습니다. 그 밖에도 간단한 입문서가 몇 종류 나왔지만, 독자들의 기대에 미치지 못하기는 마찬가지였습니다.

　통사로서의 《한국천주교회사》 편찬에 대한 필요성은 오랫동안 교회 안팎에서 제기되어 왔습니다. 특히 한국 천주교회 설립 200주년을 맞이하면서 신앙 선조들의 발자취가 담긴 한국 천주교회의 역사를 깊이 알고자 하는 요구가 더욱 높아졌습니다. 이에 연구소에서는 1987년 '한국가톨릭문화사대계'의 편찬 계획을 수립하고, 그 첫 번째 작업으로 1989년에 《한국가톨릭교회사》의 편찬·간행을 추진했습니다. 그러나 이 작업은 안타깝게도 집필자들의 사정 때문에 추진 과정에서 중단되고 말았습니다.

이후 연구소에서는 《한국가톨릭대사전》(전 12권)의 편찬에 모든 역량을 집중하였습니다. 이 과정에서 한국 천주교회의 통사는 편찬하지 않으면서 대사전만 만들고 있다는 질책도 많이 받았습니다. 하지만 저희들의 생각은 달랐습니다. 통사가 세부적인 내용까지 모두 담을 수는 없습니다. 오히려 통사를 충실히 서술하기 위해서라도 개별적인 사실들을 확인하고 정리하는 일이 선행되어야 했습니다. 그래서 연구소에는 통사 편찬을 위한 사전 준비 작업으로 《한국가톨릭대사전》을 편찬했던 것입니다.

한편, 한국 천주교회의 외형적인 발전에 발맞추어 교구사·단체사·본당사의 편찬은 계속되었습니다. 이러한 추세에 부응하여 편찬의 기본적인 방향을 제시할 수 있는 통사의 필요성이 더욱 절실해졌습니다. 더욱이 21세기를 맞이하여 세계교회사와 한국사와의 관련 속에서 한국 천주교회가 지니는 역사적 보편성과 특수성을 더욱 분명하게 인식할 필요성도 대두되었습니다. 이에 연구소는 2001년부터 교회사 연구자 14명으로 집필진을 구성하여 다시 한 번 통사 편찬을 추진하였으나, 공동 작업의 어려움 때문에 소기의 목적을 달성하기 어려웠습니다.

그래서 그동안 쌓아온 연구 실적과 역량을 바탕으로 연구소의 연구원들만으로 집필진을 구성하여 2008년 초부터 통사 편찬 작업을 다시 착수하였습니다. 연구소 밖의 연구자들까지 포함하는 집필진을 구성할 수 없다는 아쉬움이 있었지만, 신속한 의견 교환과 작업의 일관성을 유지할 수 있다는 장점을 위안으로 삼으면서 통사 집필에 전념하였습니다. 하지만 이제까지 어느 누구도 실행에 옮기지 못한 통사 작업을 연구소의 연구원들로만 추진하다 보니 말 그대로 악전고투의 연속이었습니다. 일일이 관련 저서나 논문들을 읽고 소화해 내는 일만 해도 벅찬데, 이것들을 정리하고 재구성하는 집필은 연구서나 논문을 작성하는 것과는 비교가 되지 않을 정도로 힘겨운 작업이었습니다.

이러한 어려움을 극복하고 마침내《한국천주교회사》를 간행하게 되었습니다. 비록 이 책이 지금까지의 연구 성과들을 모두 담아내지는 못했을지라도 한국 교회사의 커다란 흐름을 이해하는 데에는 부족함이 없으리라고 믿습니다. 그렇다고 하더라도 독자들이 보기에는 모자란 점들이 있을 것입니다. 앞으로 꾸준한 보완 작업을 통하여 부족한 부분들을 메워 나갈 것을 약속드립니다.

그리고 이 책의 편찬 작업이 온전히 연구소 연구원들의 몫만은 아니었음을 말씀드리고 싶습니다. 서울대교구장이신 정진석(니콜라오) 추기경님, 연구소 이사장이신 염수정(안드레아) 주교님을 비롯한 많은 분들의 도움과 절두산 순교성지의 지원이 없었더라면 감히 시작할 엄두도 내지 못했을 것입니다. 이 책을 간행하면서 애정 어린 관심을 보여 주시고 후원해 주신 모든 분들께 고개 숙여 감사드립니다.

그러나 무엇보다도 선종하신 최석우 몬시뇰의 격려와 질책이 없었더라면 이 책의 출간은 상상조차 할 수 없었을 것입니다. 최 몬시뇰은 연로하신 몸으로 매일 연구소에 출근하셔서 후학들에게 직접 본보기를 보이시며 손을 잡아 이끌어 주셨습니다. 그렇지만 필자들이 이 책에서 저질렀을 내용상의 오류가 그분에게 티끌만큼이라도 누가 되어서는 아니 될 것입니다. 그것은 그분의 가르침을 미처 다 소화해 내지 못한 필자들의 몫이기 때문입니다. 이제 이 책을 세상에 선보이면서 다시금 최석우 몬시뇰의 영원한 안식을 기도합니다.

한국교회사연구소 소장
김성태 요셉 신부

차례

간행사   4

제4부 선교의 자유와 교회의 성장

제1장 조불조약과 선교의 자유 .... 조현범
    제1절 개항 이전의 교회 상황   17
        1. 1868년의 조선 대목구 성직자 회의   19
            1) 개최 배경   19
            2) 성직자 회의의 소집 경위   22
            3) 결정 사항   28
        2. 선교사들의 재입국 시도   33
            1) 칼레 신부의 시도와 실패   33
            2) 차쿠 회의 이후의 거듭된 실패   37
        3. 리델 주교의 조선 대목구장 취임과 활동   40
            1) 리델 주교의 조선 대목구장 취임   40
            2) 리델 주교의 조선 입국 노력   44
    제2절 조불조약과 교회   51
        1. 개항기 교회와 블랑 신부의 활동   51
            1) 블랑 신부의 입국 성공   51
            2) 교회 재건 활동   53
            3) 리델 주교의 입국과 추방   56
            4) 조선교회의 새로운 변화상   59

2. 조불조약 체결 과정   63

        1) 1차 협상의 결렬   63

        2) 2차 협상의 개시   65

        3) 쟁점 해소와 조약의 체결   67

제2장 교회의 정비   **양인성**

　　제1절 교세의 확장과 본당의 설립   73

        1. 교세의 증가   73

        2. 본당의 설립   81

　　제2절 신학교의 설립과 조선인 성직자 양성   91

        1. 신학생 교육의 재개   91

        2. 부엉골 예수성심신학교의 설립   94

        3. 용산 예수성심신학교의 사제 양성   95

            1) 신학교의 용산 이전   95

            2) 교수진과 교육 과정   96

            3) 신학생 수의 변화   98

            4) 교사의 신축 및 별장의 설치   99

            5) 사제 배출   103

　　제3절 《조선교회 관례집》의 간행   **조현범**

        1. 성직자 시노드의 개최   106

        2. 조선교회의 신앙생활 지침   109

　　제4절 샬트르 성 바오로 수녀회의 초청과 정착   **양인성**

1. 블랑 주교의 수녀회 초청　　114

　　2. 수녀회의 정착　　119

　　3. 조선인 수녀의 양성　　120

　　4. 제물포 수녀원의 설립　　122

제5절 교회의 사회 복지 사업　　128

　　1. 영해회 사업의 재개　　128

　　2. 양로원의 개설　　131

　　3. 의료 활동　　132

제6절 순교자 시복 추진　　137

　　1. 기해·병오박해 순교자의 시복 추진　　137

　　2. 병인박해 순교자 조사 진행　　139

제3장 교회와 근대사회의 충돌　　　　　　　　　　　최선혜

제1절 조불조약 이후의 교회　　145

　　1. 교회의 안정과 확산　　145

　　2. '양대인'(洋大人) 선교사　　150

제2절 교안의 특성　　153

　　1. 발생 시기와 원인　　153

　　2. 교안의 유형　　156

　　　1) 선교사가 중심에 있던 교안　　156

　　　2) 신자들 사이의 문제에 선교사가 개입한 교안　　160

　　　3) 신자와 비신자 사이의 문제에 선교사가 개입된 교안　　161

　　3. 교안과 교세　　169

제3절 선교사와 향촌사회의 갈등 : 김천 교안(金泉敎案, 1892)　　184

　　1. 배경　　184

2. 발단과 전개   185

   3. 사건의 처리   186

      1) 조조 신부와 로베르 신부의 보고   186

      2) 뮈텔 주교의 조처   187

      3) 프랑댕 공사의 견해   188

   4. 사건의 마무리   189

제4절 교회와 향촌사회의 갈등   191

   1. 향반 토호와 교회의 충돌 : 강경포 교안(江景浦敎案, 1899)   191

      1) 배경   191

      2) 발단과 전개   191

      3) 사건의 마무리   195

   2. 교회와 지방관의 충돌 : 지도 교안(智島敎案, 1901)   199

      1) 전라도 지역의 교세 성장과 세폐   199

      2) 발단과 전개   201

      3) 사건의 마무리   205

제5절 교회와 민란세력과의 충돌 : 제주 교안(濟州敎案, 1901)   208

   1. 배경   208

      1) 제주도 천주교회의 성장   208

      2) 천주교 신자와 도민의 갈등   210

      3) 봉세관 제도의 신설과 세폐   211

      4) 상무사를 중심으로 한 제주도민의 동향   213

   2. 발단과 전개   215

   3. 사건의 마무리   218

제6절 다른 종교와의 갈등 : 해서 교안(海西敎案)   221

   1. 원인   221

1) 빌렘 신부의 선교 활동과 교세의 증가　221

　　　2) 프로테스탄트 교회와의 갈등　224

　　　3) 황해도의 지역적 특징　225

　　2. 발단과 전개　225

　　3. 사건의 마무리　233

　제7절 친일 세력과의 충돌 : 영암 교안(靈巖敎案)　236

　　1. 일진회(一進會)의 활동　236

　　2. 발단과 전개　238

　　3. 사건의 마무리　242

　제8절 교회와 국가의 조약들　243

　　1. 〈교민조약〉(敎民條約)　243

　　2. 〈교민화의약정〉(敎民和議約定)　247

　　3. 〈선교조약〉(宣敎條約)　252

제4장 교회의 교육·문화 활동　　　　　　　　　　　이장우

　제1절 교육 활동　259

　　1. 학교의 설립과 운영　261

　　　1) 서울 지역의 교육기관　261

　　　2) 경상도 지역의 교육기관　264

　　　3) 평안도·황해도 지역의 교육기관　265

　　　4) 전라도 지역의 교육기관　267

　　　5) 충청도 지역의 교육기관　271

　　2. 교육 내용과 재정　277

　　3. 여성 교육　280

　제2절 출판 활동과 언론 활동　284

1. 출판 활동　284
　　1) 목판 인쇄소의 설립　284
　　2) 성서 활판소의 설립　285
　　3) 신앙의 자유와 출판의 활성화　289
　　4) 《스스성경》의 간행　290
2. 언론 활동　294
　　1) 〈경향신문〉의 간행　294
　　2) 〈경향신문〉의 내용　297
　　3) 〈경향신문〉의 폐간과 끼친 영향　301
　　4) 〈보감〉의 간행　302

제3절 서양식 성당 건축　305
　1. 약현 성당　307
　2. 명동 성당　309
　3. 계산 성당　314
　4. 원효로 성당　317
　5. 풍수원 성당　319

제4절 한옥 성당 건축　322
　1. 되재 성당　323
　2. 공세리 성당　326
　3. 청계동 성당　327
　4. 장호원 성당　330
　5. 나바위 성당　332
　6. 수류 성당　335

색인　341

제4부 선교의 자유와 교회의 성장

제1장 조불조약과 선교의 자유

제1절 개항 이전의 교회 상황

병인박해는 교회에 엄청난 타격을 가하였다. 가까스로 탈출한 3명의 프랑스 선교사들을 제외한 2명의 주교와 7명의 신부들이 박해 초기인 1866년 3월에 순교하였으며, 박해의 전 과정을 걸쳐서 8,000명 이상으로 추산되는 조선인 신자들이 목숨을 잃었다. 한편 1866년 7월에 탈출하였다가 병인양요에 참가한 리델(F.C. Ridel, 李福明, 1830~1884) 신부와 1866년 10월에 탈출하여 사태의 추이를 지켜보던 페롱(S. Féron, 權, 1827~1903) 및 칼레(A.-N. Calais, 姜, 1833~1884) 신부는 박해가 수그러들면 다시 조선으로 돌아갈 생각을 품고 있었다. 때문에 이들은 조선 재입국을 준비한다는 차원에서 다양한 활동을 펼쳤다. 1868년에 만주의 차쿠(岔溝, 지금의 장하시 용화산 근방)에서 개최된 조선 대목구 소속 성직자 회의나 해로를 통한 재입국 노력 등이 그러하다. 그렇다면 당시 조선인 신자들은 어떻게 되었을까? 전국적인 박해로 말미암아 뿔뿔이 흩어진 조선인 신자들 가운데는 신부를 모시고 조선을 탈출하여 중국에서 생활한 경우도 있으며, 간신히 살아남아 산간오지에 은신한 사람들도 있었다. 박해의 광풍이 가라앉을 무렵 조선교회의 상황들

리델 신부와 조선인 신자 최선일, 심순여, 최인서(1866. 8). 병인박해가 일어나자 리델 신부와 함께 조선을 탈출한 조선인 신자 가운데 이들 3명은 상해에 머물며 칼레 신부가 조선인 순교자들에 대한 기록을 작성하는 데 큰 도움을 주었다.

을 정리하면서 선교의 자유와 교회의 성장이 이루어지던 근대시기 교회사의 첫 장을 열고자 한다.

1. 1868년의 조선 대목구 성직자 회의

1) 개최 배경

병인양요가 끝났을 때 리델 신부와 칼레 신부는 상해에 머물고 있었다. 칼레 신부는 1866년 연말부터 1867년 연초까지 병인박해 순교자들에 대한 보고서를 작성하였고, 개별 순교자들의 약전도 작성하였다. 먼저 병인박해에 대한 전반적인 보고서를 작성하였으며, 그 다음에는 베르뇌(S.F. Berneux, 張敬一, 1814~1866) 주교의 약전 및 순교 보고서, 다블뤼(M.N.A. Daveluy, 安敦伊, 1818~1866) 주교의 약전 및 순교 보고서, 브르트니에르(S.-M.-A.-J. Ranfer de Bretenières, 白, 1838~1866) 신부 · 볼리외(B.-L. Beaulieu, 徐沒禮, 1840~1866) 신부 · 도리(P.H. Dorie, 金, 1839~1866) 신부 · 프티니콜라(M.A. Petitnicolas, 朴德老, 1828~1866) 신부 · 푸르티에(J.A.C. Pourthié, 申妖案, 1830~1866) 신부 · 오메트르(P. Aumaître, 吳, 1837~1866) 신부, 위앵(M.L. Huin, 閔, 1836~1866) 신부의 약전과 순교 보고서를 작성하였다. 이와 더불어 조선인 신자들 가운데 주요 순교자들의 순교 행적도 적어 두었다. 이들 가운데는 서소문 밖 네거리에서 순교한 최형(崔炯, 베드로, 1814~1866), 전장운(全長雲, 요한, 1810~1866), 남종삼(南鍾三, 요한, 1817~1866), 이덕보(李德甫, 마태오, 1824~1866), 그리고 새남터에서 순교한 김원익(金元益, 바오로, 1808~1866, 관변 자료에는 김문원(金文遠)), 김계호(金冕浩, 토마스, ?~1866), 아

> **최선일**
> 최선일(崔善一, 요한, 1808~1878)이라는 이름은 1895년에 뮈텔 주교가 편찬한 《치명일기》(致命日記)에 나온다. 하지만 《포도청등록》(捕盜廳謄錄)에는 최지혁(崔智爀)으로 실려 있다. 이 책에서는 교회 측 기록에 실린 인명을 사용하였다.

울러 양화진에서 순교한 박래호(朴來浩, 사도 요한, ?~1866), 김큰아기(金──, 마리아, ?~1866), 이기주(李基柱, 바오로, 1839~1866), 이의송(李義松, 프란치스코, 1821~1866) 등이 있다. 칼레 신부는 이와 더불어 공주와 청주의 순교자들에 대해서도 아는 대로 조사하여 작성하였다. 또한 그는 우세영(禹世英, 알렉시오, 1845~1866)과 정의배(丁義培, 마르코, 1795~1866), 장주기(張周基, 요셉, 1803~1866) 등의 순교 보고서를 별도로 작성하여 그들의 행적을 자세하게 남겼다. 칼레 신부에 따르면, 선교사들에 관한 내용은 자신이 직접 보고 들은 것을 토대로 하였으며, 조선인 순교자들에 관한 기록은 상해에 함께 있던 최선일 등 조선인 신자들이 조선어로 상세하게 쓴 내용을 요약한 것이라고 하였다.

한편 리델 신부는 조선으로 입국할 수 있는 기회를 기다리면서 조선어 문법책과 조선어-프랑스어 사전을 편찬하는 일에 정성을 쏟았다. 먼저 1867년 1월과 2월 사이에 문법책을 완성하였고, 이어 사전을 엮는 일에 착수하였다. 조선을 탈출하면서 조선어 서적들을 하나도 챙겨가지 못했기 때문에 일은 매우 더디게 진행되었다. 베르뇌 주교와 다블뤼 주교 시절에 선교사들이 사용하던 사전들이 있었을 것으로 추정되지만, 아마도 선교사들 각자가 가지고 있던 초고본 사전들은 대부분 유실되었을 것이다. 리델 신부는 1867년 3월까지 약 7,000 단어를 정리하였고 같은 해 10월 무렵에 가서는 3주 뒤에 원본과 복사본이 일단 만들어질 것으로 기대하고 있었다. 리델 신부의 증언에 따르면 페롱 신부도 이와는 별도로 프랑스어-조선어 사전을 만들고 있었다.

1867년 4월 8일 조선의 신임 선교사 3명이 중국 상해에 도착하였다. 마르티노(A.J. Martineau, 南, 1841~1875) 신부, 리샤르(P.E. Richard, 蔡, 1842~1880) 신부, 블랑(G.-M.-J. Blanc, 白圭三, 1844~1890) 신부가 그들이었다. 그들 가운데 특히 블랑 신부는 조선어를 열심히 익혀 4월 20일 성토요일에 상해에서 같이 있던 조선인 예비 신자 한 사람에게 세례성사를 주었다. 그러면서 신임 선교사들은 리델 신부와 칼레 신부를 도와 조선어 문법책과 사전을 편찬하는 일에 노력을 기울였다.

　그러던 중 1867년 6월에 리델 신부는 일본 나가사키에 있던 프티장(B. Petitjean, 1829~1884) 주교로부터 편지를 받고, 그곳에 조선인들이 표류해 와 있다는 소식을 알게 되었다. 리델 신부는 이들과 함께 조선으로 다시 돌아갈 계획을 품고 마르티노 신부를 대동하여 나가사키로 갔다. 하지만 표류한 조선인들은 제주도 사람들로서 서울에서 벌어진 박해에 관해서 아무것도 알지 못하는 상황이었다. 하는 수 없이 상해로 돌아온 리델 신부는 곧 블랑 신부와 더불어 산동성 체푸(芝罘, 지금은 옌타이〔煙台〕로 불림)로 가서 조선인 신자들과 접촉할 방도를 모색하였으나 이 역시 여의치 않았다.

　한편 리델 신부가 일본으로 가기 얼마 전에 칼레 신부는 체푸를 거쳐 만주의 차쿠로 가서 직접 조선으로 들어가고자 노력하였으나 실패하였다. 그래서 칼레 신부는 차쿠에서 동료 선교사들이 올 때까지 기다렸다. 그들은 조선에 입국하기 전까지 초대 만주 대목구장인 베롤(E.J.F. Verrolles, 方若望, 1805~1878) 주교의 요청에 따라 차쿠 본당을 관리하고 그곳 중국 신자들을 사목할 예정이었다. 또한 장차 조선으로 돌아갔을 때 일어날 수 있는 다양한 사안들을 미리 준비하자는 차원에서 성직자 회의를 계획하였다. 왜냐하면 베르뇌 주교의 순교로 조선교회의 장상이 부재한 상황에서 선임 선교사들과 신임 선교사들이 보조를 맞추어 선교 활동을 재개하려면 무언가 통일된 지침이 필요하였기 때문이다.

2) 성직자 회의의 소집 경위

조선 성직자 회의의 첫 구상은 칼레 신부가 한 것으로 여겨진다. 왜냐하면 칼레 신부가 만주에서 파리 외방전교회 상해 대표부의 르모니에(E. Lemonnier, 1828~1899) 신부에게 보낸 1868년 9월 29일자 서한에서 처음으로 이 회의에 관해 언급하고 있기 때문이다. 그 자세한 내용을 살펴보면 다음과 같다.

> 친애하는 르모니에 신부님께
> 오래전부터 신부님께서 우리의 사랑하는 조선 선교지에 대해서 가지신 모든 관심을 익히 알고 있었습니다. 게다가 페롱 신부가 저지른 불행한 사건 때문에 신부님께서 조선 선교지를 얼마나 걱정하셨는지를 들었습니다. 특별히 감사하는 마음을 전합니다.
> 이번 기회에 저는 체푸에 있는 저의 친애하는 동료 신부님들에게 편지를 써서, 제가 아주 중요하다고 생각하는 일을 말씀드렸습니다. 신부님께서도 이 일에 찬성하시리라 생각합니다.
> 저는 동료 신부님들에게 이렇게 썼습니다. 우리 가운데 몇 명은 우리 선교지로 귀환하기 직전에 있습니다. 그런 만큼 이제 서로 헤어지게 되면 앞으로 우리가 다 함께 모이는 일은 불가능할 것입니다. 그러므로 저는 지금도 눈부신 기억으로 남아 있는 **베르뇌 주교님께서 지난 몇 해 동안 원하셨던 것처럼**

일종의 시노드를 개최하기를 바랍니다. 몇 가지 추가하는 것은 선교지에서 필요한 규칙의 개정, 배교자 문제, 그들에게 부가할 보속, 공동재산과 그 규칙들, 조선어를 프랑스어로 옮겨 적는 문제, 조선에서 사목 활동을 펼칠 때 봉착하는 큰 어려움들에 관한 몇 가지 실제적인 기초 지식들, 가령 혼인과 미신 문제 등등. 우리는 이런 항목들과 아직 말씀드릴 필요는 없는 여타의 것들을 협의하여 분명히 하고, 또 만장일치로 채택해야 할 것입니다. 그렇지 않으면 선교지의 상황은 크게 진전되지 못할 것입니다. 단결은 선교지에 활력을 가져다 주고, 운영에 올바른 방향도 제시해 줍니다. 찬성과 반대를 경험한다고 해도 단결의 중요성을 더 확신시켜 줄 것입니다(《파리 외방전교회 고문서고 소장 한국 관계 문서철 제579권》, ff. 1525~1526).

위의 서한 내용을 보면, 베르뇌 주교가 박해로 순교하기 이전에 몇 년 동안 새로운 시노드를 계획하고 있었음을 추측할 수 있다. 아마 1857년 다블뤼 신부를 부주교로 서품한 뒤에 열린 성직자 회의의 내용 가운데 새로 개정하거나 추가할 필요가 있는 부분이 발생하였던 것 같다. 이 점을 방증하는 자료는 베르뇌 주교가 파리 본부의 장상 알브랑(F.-A. Albrand, 1804~1867) 신부에게 보낸 1865년 11월 19일자 서한이다. 이 서한을 보면, 병인박해 직전에 신임 선교사들이 지나치게 부주의하며, 현지 사정을 잘 모르는 경우가 많았던 것 같다. 게다가 조선에서 천주교는 여전히 비공인 상태라는 점을 간과하는 일도 있었다. 그리고 선교사들의 생활이나 사고방식도 예전과는 달리 조선의 상황에 적응하기보다는 유럽적인 방식을 고수하려는 경향들이 나타나고 있었다.

이러한 이유들로 베르뇌 주교는 1857년 시노드 이후의 변화된 상황에서

지금의 요녕성 개주시 나가점에 있던 양관 성당. 1838년에 설정된 만주 대목구 주교좌 본당으로 조선교회와 관련이 많은 곳이다. 병인박해를 피해 만주로 피신한 성직자들과 새로 조선 선교지에 배속된 신임 선교사들이 이곳에 머물렀다.

새로운 규칙들을 추가할 필요를 느꼈을 것이고, 이를 위해서 새로운 시노드를 계획하였던 것 같다. 아마 그 시점은 첫 시노드로부터 10년이 지난 1867년 정도가 아니었을까 싶다. 하지만 주지하다시피 1866년 병인박해로 이 모든 계획은 물거품이 되고 말았다. 이런 연유로 만주로 피신하여 살아남은 성직자들과 새로 조선 선교지에 배속된 신임 선교사들이 모이게 되자, 베르뇌 주교의 계획을 실현하려는 움직임이 진행된 것은 익히 추측할 수 있는 일이다. 베르뇌 주교가 두 번째 시노드를 계획하고 있었다는 말은 칼레 신부의 또 다른 서한에서도 등장한다. 칼레 신부는 1867년 겨울 요동의 양관(陽關, 지금의 요녕성 개주시 나가점)에 머물면서 베르뇌 주교의 생전 업적을 회상하는 글을 써서 파리로 보낸 적이 있었는데, 그 속에서 시노드와 관련하여 베르뇌 주교의 업적을 다음과 같이 소개하였다.

주교님께서는 조선에 얼마간 체류하신 뒤에 당신에게 맡겨진 새로운 주님의 포도밭에 관해 어느 정도 알게 되었습니다. 그러자 주교님은 다블뤼 주교님을 부주교로 서품하신 뒤에 일종의 시노드를 소집했습니다. 이미 사천 시노드가 우리 선교지에서도 준수되고 있었던 것은 사실입니다. 그러나 나라마다 각 민족들이 조금씩 다르기 때문에, 이 회합에서 주교님은 매우 현명하고, 또 크게 유용한, 특히 신임 동료들에게 (필요한) 그러한 규칙들을 제정했습니다. 모든 사람들에게 이 규칙들은 바르고 환한 길잡이가 되었습니다. 그 성과 역시 대단히 감미로운 것이었습니다. 이 사실을 절실하게 깨달은 주교님께서는 생애의 마지막 몇 년 동안 두 번째 시노드를 소집하고자 했습니다. 하지만 그때에 하느님께서 급작스럽게도 영광스러운 순교의 화관과 더불어 주교님을 부르셨습니다(《파리 외방전교회 고문서고 소장 한국 관계 문서철 제579권》, f. 1365).

페롱 신부가 덕산 사건이라 알려진 불행한 일 때문에 중국을 떠난 뒤에 칼레 신부의 발의에 따라서 리델 신부를 비롯한 5명의 선교사들은 1868년 11월 21일부터 12월 8일까지 만주의 차쿠에 있던 성모설지전(聖母雪之殿) 성당에서 작은 시노드를 개최하였다. 리델 신부는 파리 본부의 지도자 신부들에게 보낸 1868년 12월 21일자 서한에서 차쿠 회의에 대해서 다음과 같이 보고하였다.

　　저희는 11월에 모여서 일종의 작은 시노드를 개최하고, 아직 충분히 분명하게 정해지지 않았던 몇 가지 문제점들을 결정지었습니다. 가령 오랫동안 원칙적으로는 조선에 귀속되지만, 지금까지 어떠한 규칙에 따라서 운영되지 못했던 공동재산에 관한 규칙을 제정하였습니다. 이 경우에 통킹에서 만들어진 규칙을 약간만 변경하여 채택하였습니다. 다음에 그 사본을 보내드리겠습니다. 또한 저희는 이 시노드에서 조선어를 유럽 글자로 통일하여 표기하는 방식을 결정하였습니다. 선교사들이 조선에서 견지해야 할 품행은 베르뇌 주교님께서 저희에게 주셨지만 잃어버린 주요한 규칙들, 그리고 선교사가 평화로운 때나 박해 때나, 쉴 때나 사목 활동을 펼칠 때에 사적으로든 공적으로든 선교지에서 지켜야 하는 품행에 대한 특별하고 중요한 관례들을 요약한 것입니다. 그리고 배교자 문제를 처리하는 방식, 아울러 주요한 미신 행사들에 대한 언명, 그리고 혼인과 관련하여 매우 통상적인 사례들에 대한 해결책 등을 채택하였습니다(《파리 외방전교회 고문서고 소장 한국 관계 문서철 제579권》, f. 1567).

요동반도의 남쪽 해안에 위치한 차쿠에 있던 성당. 1841년에 만주 대목구장으로 부임한 베롤 주교는 요동반도 서쪽 해안의 양관에 성 후베르토를 주보로 하여 주교좌 성당을 건립하였다. 그런 다음에 190명 정도의 신자들이 거주하고 있던 차쿠에도 부지를 마련하고 성당을 세웠다. 차쿠 성당은 로마에 있는 산타 마리아 마조레 대성전(일명 '눈의 성모 성당')을 주보로 정하였기 때문에 흔히 성모설지전 성당이라고 불렀다.

3) 결정 사항

차쿠 회의에서 다루어진 내용들을 가장 상세하게 전하고 있는 것은 칼레 신부의 서한이다. 그는 르모니에 신부에게 보낸 1868년 12월 8일자 서한에서 차쿠 회의에서 주요하게 다루어진 주제들을 간단히 보고하였다. 칼레 신부가 요약한 차쿠 회의의 의안은 모두 아홉 가지였다. 이 주제들은 베르뇌 주교 때에 열린 시노드를 계승하면서도, 1860년대에 좀 더 정교하게 연구한 주제들, 그리고 통킹 대목구와 같은 이웃 대목구에서 채택한 문건들을 검토한 결과로 나온 것이었다.

우리가 개최한 작은 시노드에 대해 당신이 보여 준 기원과 기도에 충심으로 감사드립니다. 시노드는 매우 만족스럽게 진행되었으며, 우리 모두에게 유익하였습니다. 우리는 아홉 가지의 주요한 문제들을 다루었습니다.
1. 공동재산 관리 문제. 저는 몇 달 전 통킹에서 만들어진 공동재산 협정서를 손에 넣을 수 있었기 때문에 그것을 많이 연구하였고, 그것이 조선 선교지에도 적절하다는 점을 발견하였습니다. 두세 가지의 사소한 변경을 제외하면 우리는 통킹의 협정서를 만장일치로 채택하였습니다.
2. 조선어를 프랑스어로 옮기는 문제.
3. 성모설지전 본당과 인근 지역을 조선 선교사들이 받아들이는 문제. 조선에서 우리가 비극을 맞은 이후에, 그리고 제가 만주에 오게 된 때부터 베롤 주교님은 조선의 선교사들을 위해서 성모설지전(또는 차쿠)과 그 인근의 중국 신자 공동체를 저에게 기꺼이 할양하려고 하셨습니다. 페롱 신부님은 이쪽에서 하는 모든 활동들에 언제나 반대하셨으며, 매번 저를 상해로 소환하고자 하셨습니다. 저는 베롤 주교님의 제안에 대해서 아무 말도 하지 않았습니다. 다만

우리의 회합을 위해서 이곳으로 오려고 상해를 떠나기 직전에야 만약 베롤 주교님이 우리에게 차쿠와 인근 지역을 할양하는 문제에 여전히 동의하신다면 긍정적으로 받아들일 것인지 물었습니다. 그래서 저는 우리 회합에 이 문제를 상정하였고, 회의에서 채택되었던 것입니다. 저는 이 거점이 여러 이유로 우리에게 대단히 유리할 것이라고 판단합니다. 물론 우리는 이 지역에서 일시적인 사목자에 불과할 것입니다. 말하자면 우리가 우리의 선교지로 돌아갈 수 있게 되면 즉시 이곳을 떠날 것입니다. 이 세 번째 조항에 대해서 우리는 이곳에 조선 신학교를 세우는 문제도 결부지어야 할 것입니다.

4. 조선과 인접한 중국 국경지대에 시설을 건립하는 시도도 받아들여졌습니다.
5. 조선 시노드에서 결정된 규칙을 검토하였습니다.
6. 조선에서 배교자들에게 부과할 보속들을 검토하였습니다.
7. 조선의 유력한 미신들 혹은 미신들에 관한 진술들, 미신들과 관련한 조선인들의 행동 그리고 다양한 실제적인 사례들을 검토하였습니다. 저는 회합이 열리기 전과 그 뒤에도 (이러한 것들을) 조금씩 연구한 바 있습니다.
8. 혼배와 관련한 여러 가지 어렵고 실제적인 사례들.
9. 조선에서 예전에 사용되던 선교사 행동방식, 특히 리델 신부가 이 문제에 대해서 전념하여 다루었습니다(《파리 외방전교회 고문서고 소장 한국 관계 문서철 제579권》, f. 1563).

첫 번째 안건이었던 공동재산 사용 규칙의 문제는 조선 선교지 공동재산 협정서를 체결함으로써 해결되었다. 1868년 12월 8일 차쿠의 성모설지전 성당에서 작성된 이 협정서에는 조선 대목구 소속의 장상과 선교사들이 서명하였다. 대목구장이 부재한 관계로 시노드를 주재하였던 리델 신부와 칼레 신부, 그리고 새로 부임한 선교사 블랑 신부, 마르티노 신부와 리샤르 신부 등이 그들이다.

이 협정서는 차쿠에서 열린 성직자 회의의 결과로 나온 조선 선교지의 공동재산 사용에 관한 규칙들을 공적인 문서로 기록한 것으로 모두 9개 항으로 이루어져 있었다. 간략하게 요약하면 다음과 같다.

㉠ 프랑스의 선교후원회나 파리 신학교에서 보내오는 여비 및 보조금은 모두 조선 선교지의 공동재산이며, 선교사 사망시 개인 소유물도 선교지에 귀속시킨다.

㉡ 선교사는 공동재산을 사용할 때 반드시 허락을 받아야 하며, 다음 해 예산에서 미리 당겨 쓸 수 없다.

㉢ 조선 선교지 앞으로 보내온 돈은 대목구장의 관할 아래에 들어간다.

㉣ 프랑스에서 미사 지향을 받았으면 반드시 미사대장에 적고 미사를 봉헌해야 한다.

㉤ 공동재산의 사용처를 특정하였다.

㉥ 공동재산 관리를 맡는 경리담당 신부의 선출 방식을 규정하였다.

㉦ 경리담당 신부의 권한과 임무를 규정하였다.

㉧ 일반 선교사들이 선교 자금을 사용하는 방식을 규정하였다.

㉨ 모든 선교사들은 매년 수입·지출을 기록한 장부를 제출해야 한다.

아홉 번째 안건은 조선 선교사들의 행동방식에 관한 것이었다. 이 문제는 특별히 리델 신부가 예전부터 열성적으로 연구하였다고 하였다. 파리 외방전교회 고문서고에서 소장하고 있는 한국 관계 문서철 제579권 805번 폴리

오부터 823번 폴리오에는 작성자와 작성 연대를 알 수 없는 자료가 들어 있다. 제목은 〈조선에서 선교사의 품행을 규제하는 데 사용할 수 있는 가르침들〉이다. 이 자료는 당시 선교사들이 남긴 친필 서한의 필적들을 대조한 결과 리델 신부가 쓴 것이 거의 확실하다.

추측건대 베르뇌 주교 시기에 사목 활동을 하던 리델 신부가 베르뇌 주교에게서 받았던 가르침과 자신의 경험을 바탕으로 선교사 활동에서 지침이 될 만한 글을 지속적으로 준비하고 있었던 것으로 보인다. 이 글이 언제 파리 외방전교회로 보내졌는지에 관해서도 아직 불분명하다. 다만 1870년 1월 20일에 파리 외방전교회 파리 신학교 지도자였던 카즈나브(P. Cazenave, 1834~1912) 신부가 리델 신부에게 편지를 보내면서 신임 선교사를 위한 지침서 초안을 거론하였다. 이 서한에 따르면 리델 신부가 1869년 8월 9일에 긴 편지를 보냈는데, 그 속에 지침서 초안이 첨부되어 있었던 것으로 보인다. 해당 구절을 인용하면 다음과 같다.

신임 선교사들에게 제공할 지침들의 초안을 보내 주셔서 감사합니다. 흥미롭게 그것들을 읽었으며 고쳐야 할 것으로 보이는 점은 하나도 발견하지 못했습니다. 그런데 신부님도 말씀하셨듯이 이는 초안에 불과합니다. 왜냐하면 신임 선교사들에게 제공할 정도로 세밀하게 형식을 갖추어 작성된 것이 아니기 때문입니다. 신부님께서 하고 계시는 작업은 선교 활동에서 초보자들에게 대단히 유익할 뿐만 아니라 실제로 꼭 필요할 것이므로 계속 진행하시라고 권장하고 싶습니다(〈파리에서 카즈나브 신부가 리델 신부에게 보낸 1870년 1월 20일자 서한〉, 《리델 문서》, 1870-06, 497~498쪽).

> **《조선교회 관례집》**
> 블랑 주교가 1887년에 펴낸 조선 교회 지도서. 조선에서 처음으로 성문화된 형태로 간행된 법규 모음집이다. 블랑 주교는 1884년 9월 서울에서 7명의 동료 선교사들과 함께 시노드를 개최하여 선교사들의 활동 규칙과 신자들의 신앙생활에 필요한 지침들을 확정하고 3년 뒤에 이를 책자로 간행하였다. 관례집에는 베르뇌 주교가 1857년에 반포한 사목서한, 1868년 차쿠 회의 결정사항 등이 종합적으로 정리되어 있다.

리델 신부가 쓴 것으로 추정되는 이 지침서에는 성무집행을 위해서 공소를 순방할 때 지켜야 할 선교사들의 활동 규칙(행선지 배정, 작성할 교세 통계표 양식, 고해성사를 주는 방식, 미사 봉헌 때 주의할 사항, 기타 성사들을 집전하는 일에 관한 규범들)이 상세하게 나와 있으며, 회장·복사·공소 집주인들을 대할 때에 지켜야 할 사항들이 일일이 열거되어 있다.

이처럼 차쿠 회의에서 결정된 사항들은 칼레 신부의 서한이나 리델 신부가 쓴 것으로 추정되는 글 등 몇 가지 단편적인 기록으로만 확인할 수 있을 뿐이며 현재까지 적절한 형식을 갖춘 문서로 발견된 적은 없다. 하지만 뒤에서 논의하겠지만 조선 입국에 성공한 블랑 신부가 리델 주교의 뒤를 이어 조선 대목구장이 되고, 서울에서 성직자 회의를 개최한 뒤에 공표한 《조선교회 관례집》(Coutumier de la Mission de Corée)에는 앞에서 말한 자료들에 실린 문장들이 상당수 전재되어 있다. 이것으로 미루어 보아 차쿠 회의에 참석한 선교사들은 공식적으로 발간된 소책자는 아니었을지라도 나름대로 문건으로 만든 회의 결과물을 가지고 있었던 것으로 추정된다. 그리고 이 결과물들을 참조하여 관례집을 간행하였을 것이다.

2. 선교사들의 재입국 시도

1) 칼레 신부의 시도와 실패

병인박해로 탈출한 선교사들은 중국의 상해, 홍콩, 만주 등지를 전전하면서도 박해가 가라앉으면 즉시 조선으로 다시 돌아갈 생각이었다. 하지만 1867년부터 시작된 선교사들의 재입국 시도는 여러 가지 난관을 극복해야만 했다. 당시 중국 주재 프랑스 전권공사였던 랄르망(Lallemand)은 홍콩에 머물고 있었는데, 그는 선교사의 계획에 반대하는 입장을 가지고 있었다. 너무 위험한 계획이므로 프랑스 병력이 도착하여 함께 조선으로 가기 전에는 보류하라는 것이었다. 하지만 페롱 신부와 칼레 신부, 리델 신부 등은 조선으로 다시 돌아가기 위하여 다양한 입국로를 모색하고 있었다. 칼레 신부가 구상한 입국로는 두 가지였다.

첫째는 과거에 선교사들이 그랬던 것처럼 만주를 통해서 조선으로 들어가는 것이었다. 이 경우 국경지대의 강이 어는 시점에 맞추어 도강해야 하는데, 그러자면 우선 얼음이 녹기 전에 국경 부근으로 가야 한다. 강이 다시 얼려면 음력 9월이 오기를 기다려야 하는데, 이 계획은 가엾은 조선인 신자들을 생각할 때 너무 늦다는 것이었다.

둘째는 산동반도에서 배를 타고 조선의 섬이나 해안으로 가는 방법이었다. 해마다 세 차례 중국의 어선들이 조선으로 가서 고기를 잡거나 밀무역을 하는데, 이때를 이용하면 조선으로 갈 수 있다는 것이었다. 칼레 신부 일행이 조선을 탈출하여 중국으로 피신할 때도 이 방법을 이용하였다. 중국의 어선들은 대개 음력 1~2월에 조선으로 가서 3월 말에 중국으로 돌아왔다가

4월 중에 조선으로 다시 가서 6월이나 7~8월에 중국으로 되돌아온다고 하였다. 선교사들과 함께 상해에 머물고 있던 조선인 신자들은 만주를 통한 입국보다는 해로를 통한 입국이 더 수월할 것이라고 예상하였다. 그러나 이것은 육로 입국보다 신속하지만 더 위험하였다.

그러던 중 1867년 4월 8일 마르티노 신부, 리샤르 신부, 블랑 신부가 새로운 선교사로 파견되어 상해에 도착하였다. 그 즈음 칼레 신부는 요동을 거쳐서 육로로 입국하려는 계획을 세우고 1867년 5월 8일에서 10일 사이에 조선인 신자 3명과 함께 상해를 떠나 요동으로 갔다. 이들은 병인박해 당시에 신부들과 함께 조선을 탈출하였던 장치선(張致善, 1810~1868), 김계쇠(金季釗), 최인서(崔仁瑞, 요한, 1810~1868)로 추정된다. 칼레 신부는 요동에서 조선인 신자들을 먼저 조선에 들여보내 상황을 살펴보고 그들이 조선에서 선교사 입국을 위한 준비를 마치면 그때 자신도 조선으로 들어갈 생각이었다. 상해에 머물고 있던 페롱 신부와 리델 신부는 이 계획이 성공하지 못할 것이라고 예상하였지만, 동료 선교사의 노력에 성원을 보냈다.

상해를 떠난 지 12일 만에 요동반도의 북쪽 해안에 위치한 도시 영자(營子)에 상륙한 칼레 신부는 남쪽으로 90리 정도 떨어진 개주(蓋州) 지역의 양관(陽關)에 있던 베롤 주교의 거처로 갔다. 그는 베롤 주교의 환대를 받으며 8일 동안 머물면서 조선으로 들어갈 길을 모색하였지만, 변문을 비롯한 국경지대에 삼엄한 경비 조

영자

봉천 지역의 주요 현청 소재지 가운데 하나인 영구현(營口縣)의 옛이름. 영자구(營子口), 영자(營子), 영구(營口) 등으로 불리다가 1909년에 영구가 공식 지명으로 확정되었다. 유럽인들은 이곳을 'Intze' 또는 'Ying-tse'라고 불렀다. 만주 대목구 주교좌 성당이 있던 양관의 북쪽 지역으로 요동반도의 서쪽 해안에 자리 잡고 있으며, 요하(遼河)의 하구 지역에 해당한다. 대련 항구가 개발되기 이전에는 요동반도에서 가장 중요한 항구도시였다.

치가 내려져서 육로로 입국하는 것이 불가능하다는 사실을 알게 되었다. 그래서 칼레 신부는 조선인 신자들을 육로로 입국시키는 계획을 포기하고, 바닷길을 이용하기 위하여 중국 배를 물색하였다. 이를 위해 칼레 신부는 양관에서 180리 떨어진 요동반도 남쪽 해안의 차쿠로 거처를 옮겼다. 그곳에는 만주 대목구장 베롤 주교가 세운 신학교와 성모설지전 성당이 있었다.

차쿠 신학교 교장 푸르키에(D. Pourquié, 1812~1871) 신부는 칼레 신부 일행을 따뜻하게 맞이하였고, 칼레 신부는 조선인 신자들이 조선으로 돌아갈 수 있도록 배를 주선해 달라고 부탁하였다. 하지만 배를 얻는 데 실패한 칼레 신부는 하는 수 없이 다시 산동반도 북쪽에 위치한 해안 도시 체푸로 가서 조선으로 가는 배를 물색하였다. 1867년 7월 6일에 칼레 신부는 체푸에서 배를 구하려고 노력하였지만, 체푸 부근에서 반란이 일어나 치안이 혼란스러운 상태였다. 가까스로 배를 구한 칼레 신부는 8월 15일 3명의 조선인 신자들을 배에 태워 황해도 옹진의 마읍도(馬邑島) 부근에 상륙시키고 자신은 요동의 차쿠로 돌아가서 머물렀다. 그리고 병환으로 자리에 누운 푸르키에 신부를 대신하여 차쿠의 신학교를 맡았으며 차쿠 본당에 소속된 인근 마을의 중국인 신자들을 대상으로 사목 활동을 펼쳤다.

한편 칼레 신부가 차쿠에서 활동하는 동안, 페롱·리델 신부, 그리고 마르티노·리샤르·블랑 신부는 모두 상해에서 조선 입국의 기회를 준비하고 있었다. 1868년 5월에 발생한 덕산 사건에 페롱 신부가 연루되었던 사실은 《한국천주교회사》 제3권에서 이미 소개한 만큼 여기서는 생략하도록 하겠다. 다만 리델 신부는 페롱 신부가 상해를 떠나던 무렵에 체푸로 옮겨 독자적으로 조선으로 들어가는 길을 모색하고 있었다. 아울러 요동으로 떠날 계획을 세우고 있던 마르티노 신부와 리샤르 신부 역시 페롱 신부가 조선에서 돌아온 뒤인 1868년 6월에 요동으로 건너갔다. 상해에는 페롱 신부와 블랑 신부만이 남아 있었다.

칼레 신부는 조선인 신자들과 헤어진 지 1년 1개월이 지난 1868년 9월 초에 반가운 소식을 들었다. 즉 서울에 살던 조선인 신자인 김 프란치스코와 이 바오로가 배를 타고 요동으로 건너왔다는 것이다. 김 프란치스코는 매우 영리한 사람이며 지식 있는 양반이었는데, 베르뇌 주교의 명으로 여러 차례 북경을 왕래한 경험이 있었고, 또 칼레 신부도 잘 아는 인물이었다. 다른 한 명인 이 바오로는 칼레 신부가 모르는 사람이었지만, 북부 지방 출신의 새 신자였다고 한다.

두 조선인 신자들은 1867년 8월 칼레 신부가 조선으로 보낸 3명의 조선인 신자들을 만났으며, 그들로부터 신부들이 조선을 포기한 것이 아니고, 상황이 허락되는 대로 손길을 뻗칠 것임을 알게 되었다고 한다. 칼레 신부는 마르티노 신부 및 리샤르 신부와 함께 두 조선인 신자들을 만났지만, 아직 조선 내에서 박해가 지속되고 있기 때문에 선교사들이 입국하기란 어려운 일임을 깨달았다. 만주 대목구의 베롤 주교 역시 만류하는 입장이었다. 당시 페롱 신부가 연루된 덕산 사건으로 조선 국내에서는 다시 박해의 광풍이 몰아치고 있었다. 그러므로 선교사가 다시 조선으로 들어가기란 거의 불가능하였고, 설혹 입국한다고 하더라도 붙잡혀서 순교하리라는 것은 불 보듯 자명한 일이었다.

그리하여 칼레 신부는 서울에서 온 두 조선인 신자 가운데 이 바오로만 다시 보내기로 결정하였다. 그리고 그에게 약간의 돈을 주어 다른 신자들과 함께 선교사들이 머물 만한 안전한 거처를 마련하도록 지시하였다. 한편 김 프란치스코는 신부들과 함께 요동에 남기로 하였다. 칼레 신부의 계획은 북경으로 가는 조선의 사신들이 음력 11월에 변문을 거쳐서 중국으로 오면, 그편에 조선 신자들이 보낸 연락을 받고 김 프란치스코와 함께 배를 타고 조선으로 간다는 것이었다.

하지만 칼레 신부는 곧바로 재입국하는 것을 잠시 보류하고 사태의 추이를 지켜보기로 하였다. 대신에 장차 선교사들의 조선 입국이 가능해지면 선교 활동을 조직적으로 전개할 수 있도록 각종 활동 방침들을 재점검하는 기회를 갖기로 하였다. 이 일은 앞서 이야기한 1868년 11월의 차쿠 회의로 실현되었다. 그렇다면 차쿠 회의 이후에 선교사들의 입국 시도는 어떻게 진행되었을까?

2) 차쿠 회의 이후의 거듭된 실패

차쿠 회의 이후 조선 대목구의 신부들은 베롤 주교가 재치권을 양도한 성모설지전 본당과 인근 지역에서 활동하기로 결정하였다. 이는 조선으로 다시 돌아가기 전까지 만주 지역에서 활동할 수 있도록 베롤 주교가 배려한 것이었다. 차쿠에서는 칼레 신부가 주임 사제를 맡고, 마르티노 신부가 보좌를 맡아 본당의 형태를 갖추었다. 이들은 중국인 신자들을 대상으로 사목 활동을 하면서 1869년 봄으로 계획된 조선 재입국을 준비하였다. 이번 재입국 시도에서는 칼레 신부와 마르티노 신부, 두 사람이 먼저 조선으로 들어가기로 결정하고 김 프란치스코 등과 더불어 떠날 준비를 하였다.

이처럼 일이 진행되는 사이에 리샤르 신부와 블랑 신부는 차쿠에 남고, 리델 신부는 체푸를 거쳐서 1869년 3월 무렵 상해로 갔다. 아마 리델 신부가 파리 본부 및 조선과의 연락을 담당하게 된 것으로 보인다. 그래서 리델

> **우장**
>
> 요동반도 서쪽 해안의 영자(營子) 항구에서 요하를 따라 북쪽으로 90리 거슬러 올라간 곳에 위치한 도시. 옛날부터 상업이 번성하였던 곳으로 1858년에 체결된 천진조약(天津條約)에서 열거한 개항장 가운데 하나이다. 하지만 요하의 모래톱 때문에 큰 배들이 우장까지 올라올 수 없었다. 그래서 1860년부터 실질적인 교역은 요하 하구에 위치한 영자에서 이루어졌다. 이런 연유로 외국인들은 영자를 우장이라는 이름으로 부르는 등 지명에 혼란이 있었다.

신부는 칼레 신부 일행이 항해하는 데 필요한 물품들을 체푸에서 구입하여 차쿠로 보낸 뒤에 다시 상해로 가서 상해 대표부에 보관되어 있던 조선 선교지 관련 물건들을 정리하였다. 그런데 칼레 신부가 조선으로 함께 갈 뱃사공을 구하지 못하고 있다는 소식을 듣고 리델 신부는 곧 차쿠로 돌아왔다.

이때 칼레 신부는 차쿠를 떠나 요동반도 북쪽에 위치한 우장(牛莊)이라는 곳으로 가 있었다. 조선을 탈출할 때부터 쇠약해졌던 몸에 병까지 얻어서 의사를 찾아간 것이었다. 베롤 주교는 칼레 신부의 병환을 걱정하면서 프랑스로 가서 치료를 받으라고 권하였다. 결국 칼레 신부는 자신이 조선으로 돌아가는 것은 현실적으로 어렵다는 사실을 깨닫자 동료 선교사들에게 뒷일을 부탁하고 1869년 5월 초에 상해로 갔다. 그 뒤 칼레 신부는 프랑스로 돌아가게 되었으며, 1869년 7월 트라피스트 수도회에 입회하였다. 박해가 끝난 뒤에 조선으로 돌아가고자 애를 썼지만, 자신의 운명은 동료 신부들이 약속의 땅 조선으로 들어가는 것을 멀리서 지켜보면서 기도하는 것임을 깨달았다는 것이다. 칼레 신부는 1884년 5월 22일에 선종할 때까지 간간이 후원금을 보내기도 하였다. 또한 《한국천주교회사》(Historie de l'Église de Corée, 1874)를 집필하고 있던 달레(C.Ch. Dallet, 1829~1878) 신부의 문의 서신에 기쁜 마음으로 답장을 보내는 등 조선교회에 대한 깊은 애정을 드러내 보였었다.

한편 1869년 5월 8일에 차쿠로 돌아온 리델 신부는 길이 엇갈리는 바람에 칼레 신부를 만나지 못했다. 하지만 칼레 신부의 노력을 이어받아서 자신이 직접 조선으로 돌아갈 계획을 세웠다. 블랑 신부와 함께 떠나기로 한 리델 신부는 성모설지전 본당의 일은 마르티노 신부에게 맡기고, 조선 선교지의 경리담당은 리샤르 신부에게 위임하였다. 그리하여 리델 신부는 블랑 신부를 대동하고 조선인 신자들과 더불어 1869년 5월 28일 아침 조선을 향해서 차쿠의 성모설지전 성당을 출발하였다. 점심 무렵에 태장하(太莊河) 항구에 도착한 일행은 이튿날인 5월 29일 배를 타고 항구를 떠났다.

역풍 때문에 조선의 연안으로 가지 못하고 계속 요동반도와 산동반도 사이에서 머물던 배는 드디어 1869년 6월 7일 밤 대동강 어귀에 있는 초도(椒島) 근처에 도착하였다. 8일 새벽 3시에 2명의 조선인 신자들을 육지에 내려 주었으며, 저녁에 다시 2명의 조선인 신자들이 배에서 내렸다. 리델 신부와 블랑 신부가 탄 배는 계속 초도와 육지 사이에 머물렀다. 왜냐하면 이곳에서 조선인 신자들과 다시 만나기로 약속하였기 때문이었다. 즉 조선인 신자들이 먼저 조선에 들어가서 상황을 살펴보고 돌아와서 보고하기로 하였다. 만약 박해가 누그러져서 신부들의 입국이 가능하다면 리델 신부와 블랑 신부, 두 사람이 곧장 입국할 생각이었던 것이다.

그러나 풍랑이 거세지고 몇 차례 조선인들의 수색이 벌어지자 배는 더 이상 머물러 있을 수 없게 되었다. 특히 6월 13일과 14일 이틀에 걸쳐서 조선의 수군으로 짐작되는 조선인들이 집중적으로 배를 수색하면서 발각되기 일보 직전까지 갔다. 다행히 서양인 선교사가 승선해 있다는 사실을 들키지는 않았지만 더 이상 위험을 감당할 수 없는 지경에 이르렀다. 이에 6월 15일에 리델 신부는 눈물을 머금고 중국 연안으로 돌아가기로 결정을 내렸다.

6월 16일 저녁 리델 신부와 블랑 신부는 태장하 항구 건너편의 열도 부근에 도착하였으며, 이튿날인 6월 17일 정오 무렵에 태장하 항구에서 하선하였다. 그리고 그날 밤 늦게 일행은 차쿠의 성모설지전 성당으로 돌아왔다.

3. 리델 주교의 조선 대목구장 취임과 활동

1) 리델 주교의 조선 대목구장 취임

리델 신부의 조선 입국 시도가 실패로 끝난 뒤 약 한 달 정도가 지나서 조선교회는 병인박해로 순교한 다블뤼 주교를 계승할 새로운 대목구장을 맞이하게 되었다. 본래 다블뤼 주교는 조선 대목구장 주교로 임명된 것이 아니라 대목구장 계승권을 지닌 부주교로 임명되었다. 그러므로 베르뇌 주교가 순교하면서 자동으로 조선 대목구장의 직위가 다블뤼 주교에게 승계되었던 것이다. 하지만 다블뤼 주교의 후임이 미리 지정되어 있지 않은 상황이어서 병인박해 이후 약 3년 동안 조선 대목구장은 공석인 상태였다. 그래서 조선 대목구에서는 페롱 신부와 칼레 신부, 그리고 리델 신부가 차례로 선교지 장상의 자격으로 조선교회의 일을 처리하고 있었다. 그러던 중에 교황청에서 새로운 조선 대목구장을 지명한 것이었다.

1869년 7월 초순에 파리 외방전교회 본부에서 보낸 편지 2통이 차쿠에 도착하였다. 파리 신학교에서 지도자로 활동하고 있던 카즈나브 신부와 파리 외방전교회 본부 참사회의 서기 역할을 맡고 있던 게랭(C.-L. Guerrin, 1837~1928) 신부가 1869년 3월 25일에 각각 보낸 편지들이었다. 게랭 신부는 파리 외방전교회 로마 대표부 대표였던 리브와(N. Libois, 1805~1872) 신부의 연락을 전하면서, 3월 19일자로 교황청 포교성성(지금의 인류복음화성)에서 리델 신부를 조선 대목구장에 임명하였고, 성지 주일, 즉 3월 21일에 교황의 승인도 내려질 것이라고 하였다. 또한 카즈나브 신부의 편지에 따르면 새로운 조선 대목구장의 임명과 관련하여 칼레 신부의 강력한 청원이 있었다고 한다. 즉 유럽으로 돌아간 칼레 신부가 편지를 보내어 조선 선교지에 새로운 인물을 주교로 보내기보다는 리델 신부를 조선 대목구장에 임명하고, 그에게 부주교를 지명할 권한까지 주어야 한다고 주장하였다는 것이다.

리델 신부는 1869년 7월 18일에 파리 본부로 편지를 보내어 조선 입국에 실패한 경위를 보고하면서, 조선 대목구장 임명에 관한 자신의 생각을 밝혔다. 그는 자기로서는 감당할 수 없는 직위이며, 능력도 모자라고 영성적인 자질도 없기 때문에 조선 대목구장직을 수락할 수 없다면서 극구 사양하였다. 그러면서 그냥 일반 선교사로서 조선 선교지에서 일할 수 있도록 해준다면 성심껏 임무를 다하겠노라고 다짐하였다. 이 서한에서 리델 신부는 의례적인 사양이 아니라 좀 더 유능한 대목구장이 임명되기를 바라는 간절한 마음을 표시하였다. 조선교회에 대한 깊은 애정에서 우러나온 말들이었다.

리델 신부가 이 편지를 보내기 이전인 1869년 6월 9일 파리에서는 게랭 신부가 새로운 서한을 작성하여 차쿠로 보냈다. 여기에는 리델 신부를 필리포폴리스(Philippopolis) 명의의 주교 겸 조선 대목구장으로 임명한다는 교황청의 공식 문서가 첨부되어 있었다. 이 서한은 1869년 8월 하순 차쿠에 도착하였다. 하지만 리델 신부의 고집도 만만치 않았다. 그는 즉시 조선 대목구장 임명을 극구 사양하는 서한을 작성하여 8월 22일 다시 파리로 보냈다. 그리고 같은 날 포교성성 장관 추기경에게 보내는 서한도 작성하였다. 이 서한에서 그는 자신을 조선 대목구장에 임명한다는 문서를 수령하였지만, 자신은 합당한 자질을 갖추고 있지 못하니 다른 사람을 선택해 달라고 거듭 간청하였다.

그러나 파리 외방전교회 파리 신학교의 교장 델페슈(P. Delpech, 1827~1909) 신부와 파리 본부의 참사회 서기 게랭 신부가 1870년 1월에 조선 대목구장 임명을 수락하라고 권고하는 서한을 보냈으며, 포교성성에서도 리델 신부의 교황 칙서 거부를 인정하지 않는다는 서신을 보냈다. 비록 이 서한들이 차쿠에 있던 리델 신부에게 제때 도착하지는 않았지만, 파리 외방전교회의 선배 및 동료 선교사들이 리델 신부의 주교 임명을 지지하고 있었음을 보여 준다. 게다가 조선교회를 책임지고 운영할 수장의 자리를 계속 공석으로 남겨 두어서는 안 된다는 현실적인 요건도 리델 신부에게는 큰 압박감으로 작용하였을 것이다.

이에 따라 리델 신부는 교황청의 결정을 받아들이기로 하였다. 구체적으로 언제 이러한 결심을 하였는지는 불분명하다. 다만 1869년 12월 31일에 고향의 가족들에게 보낸 새해 인사 편지를 보면 리델 신부가 1869년 연말 무렵부터 모종의 결심을 하고 있었음을 엿볼 수 있다

> 내 목숨은 내게 속한 것이 아닙니다. 내 가족에 속한 것도 아닙니다. 그것은 하느님의 것이며 그리고 하느님께서 나에게 맡기신 사람들의 것입니다. 그러니 나에게 주어진 모든 미래는 단 두 낱말로 요약됩니다. 필요하다면 죽음까지 각오하는 헌신과 희생이 바로 그것입니다. 하느님께서 놀라우신 자비로 나를 이 아름다운 소명으로 불러주신 것에 감사하십시오. 그리고 내가 지극히 나약하여 이 엄청난 은혜를 받기에는 마땅하지 않지만, 그래도 이를 감당할 수 있도록 온갖 도움과 은총을 주십사 간청해 주십시오. 또한 내 직무를

완수하는 데 반드시 필요한 용기와 믿음을, 그리고 이 놀라운 소명을 저버리지 않고 잘 이행하는 데 필수적인 확신과 애덕의 마음을 주십사 간청해 주십시오(〈리델 주교가 고향의 가족들에게 보낸 1869년 12월 31일 서한〉, 《리델 문서》, 1869-014, 486쪽).

리델 신부가 이러한 편지를 쓴 곳은 만주 대목구의 주교좌 성당이 있는 양관이었다. 즉 리델 신부는 차쿠에서 성탄 대축일을 지낸 뒤 마르티노 신부와 함께 1869년 12월 29일에 양관으로 갔던 것이다. 이들은 양관 주교좌 성당에서 요동 지역에서 활동하던 선교사 3명과 더불어 연말을 보냈다. 이 무렵에 리델 신부는 조선 대목구장 임명을 수락하기로 결심하였던 것 같다. 그래서 1869년의 마지막 날에 가족들에게 편지를 보내면서 매우 비장한 심정으로 자신의 각오를 털어놓지 않았나 싶다.

리델 신부가 남긴 일지를 보면 그는 1870년 1월 4일에 차쿠로 귀환하였다. 그리고 이튿날인 1월 5일에 유럽에서 우편물이 도착하였으며, 그로부터 5일 뒤인 1월 10일에는 변문에 갔던 연락원들이 강 요한과 함께 돌아왔다고 되어 있다. 아마 유럽에서 온 우편물들은 리델 신부에게 조선 대목구장 임명을 받아들이라는 조언을 담은 편지였을 것이다. 그리고 강 요한에게서는 조선에서 보내온 소식을 전달받았으리라 추정된다. 실제로 리델 신부가 조선에서 최선일이 쓴 1869년 11월 13일자 박해 보고서를 받아 프랑스어로 번역한 기록이 남아 있다. 이것을 보면 1870년 1월 10일 차쿠에 온 강 요한이 최선일의 편지를 전달하였을 가능성이 높다. 결국 리델 신부가 2월 2일 일지에 조선 문제에 관하여 결정하였다고 적은 것으로 보아 이때 조선 대목구장의 직무를 받아들이기로 결심을 굳혔던 것 같다. 그리고 여기에는 유럽에서 온 격려 서한들과 최선일이 쓴 조선교회의 박해 상황 보고서가 크게 작용하였을 것이다.

제6대 조선 대목구장직을 받아들이기로 결심한 리델 신부는 로마로 가서 주교 서품을 받기로 하였다. 그래서 1870년 3월 3일 차쿠를 출발하여 12일 체푸, 18일 상해를 거쳐서 유럽으로 갔다. 5월 7일 프랑스의 마르세유에 도착하였으며, 9일 저녁에 다시 로마로 떠났다. 리델 신부는 5월 11일 아침에 로마에 도착하였고, 이후 포교성성 장관 바르나보(A. Barnabó, 1801~1874) 추기경, 차관 시메오니(G. Simeoni, 1816~1892) 주교 등을 면담하였다. 5월 22일에는 교황 비오 9세(1846~1878)를 알현하였고, 1870년 성령 강림 대축일이자 주일이었던 6월 5일 오전 7시 30분에 주교 서품을 받았다. 서품식이 거행된 장소는 로마 시내에 있는 예수회의 제수(Gesù) 성당이었으며, 루앙(Rouen) 대교구의 본쇼즈(H.-M.-G. Boisnormand de Bonnechose, 1800~1883) 추기경이 주례자였고, 일본 대목구장 프티장 주교와 만주 대목구장 베롤 주교가 공동 주례자였다.

2) 리델 주교의 조선 입국 노력

당시 로마에서 개최되고 있었던 제1차 바티칸 공의회(1869~1870)에도 참석한 리델 주교는 7월 24일 파리로 갔으며, 일단 고향을 방문하여 잠시 휴식을 취하고자 낭트(Nantes)를 거쳐 반(Vannes)으로 갔다. 1870년 6월 주교 서품식 이후 1871년 상반기까지 프랑스 지역 성지순례 등으로 바쁜 일정을 보낸 리델 주교는 1871년 5월 9일 반을 출발하여 차쿠로 돌아가는 여정을 시작하였다.

6월 27일 상해에 도착한 리델 주교는 뜻밖에도 이튿날인 28일에 조선인 신자 9명이 상해에 도착하였다는 소식을 들었다. 1871년 6월에 미국의 아시아 함대사령관 로저스(J. Rodgers, 1812~1882)가 이끄는 군함들이 강화도를 침략하면서 신미양요(辛未洋擾)가 발발하였는데, 이때 조선인 신자 9명이 미국 군함을 찾아갔고, 그들과 함께 상해로 오게 된 것이었다. 주교와 신자들의 감격적인 해후 장면에는 리델 주교가 탈출할 당시 상해로 함께 건너왔었던 최선일도 있었다. 리델 주교는 조선인 신자들을 상해에 머무르게 하면서 조선어-프랑스어 사전과 교리서 편찬에 힘쓰도록 하였다. 그런 다음 1871년 8월 25일에 산동반도의 체푸로 가서 블랑 신부 및 마르티노 신부와 만났다. 다시 며칠 뒤에 조선에서 새로운 소식이 도착하였다. 최선일 등이 전한 소식이나 새로운 소식은 모두 신미양요 이후에 조선의 사정이 나빠져서 선교사들이 입국하기에는 여전히 위험하다는 사실을 알려 주었다. 선교사들이 조선으로 다시 돌아가려면 조선이 다른 나라에 문호를 개방하는 일이 먼저 이루어져야 했던 것이다. 이리하여 조선 대목구의 성직자들은 적합한 시기가 올 때까지 기다리기로 하였고, 리델 주교는 1871년 10월 25일 상해로 돌아갔다.

　상해에 있던 조선인 신자들이 조선으로 다시 돌아가기를 원하자, 1872년 3월 무렵에 리델 주교는 블랑 신부에게 명하여 조선인 신자들을 체푸로 데리고 가서 배를 한 척 준비하여 그들을 조선으로 돌려보내도록 하였다. 이때 주교는 신자들에게 "돌아가거든 여러 지방의 교우 형편을 잘 적어서 알리고, 아울러 다시 중국으로 건너와서 신부들을 맞아들이도록 하라"고 지시하였다. 체푸에 도착한 블랑 신부는 간신히 중국 배를 한 척 구입하여 4월 30일 무렵에 조선인 신자들을 배에 태워 고향으로 보냈다. 4일 후에 조선인 신자들은 조선 연안에 도착하여 큰 어려움 없이 잘 돌아왔음을 알리는 서신을 블랑 신부에게 보냈다.

한편 상해에 머물던 리델 주교는 교리서 번역을 끝내고 1872년 6월 5일 상해를 떠나 체푸로 가서 블랑 신부와 합류하였다. 당시 체푸에는 북경 주재 프랑스 공사 드 조프르와(de Geofroy)가 머물고 있었는데, 리델 주교는 프랑스 공사와 면담하면서 조선 문제에 관하여 상세한 지식을 전달하였다. 선교사들은 열강들이 힘을 합쳐서 조선을 개방해 주기를 기대하였던 것이다. 체푸에서 여름을 함께 보낸 리델 주교와 블랑 신부는 10월 25일 마르티노 신부와 리샤르 신부가 거처하던 요동반도 남쪽의 차쿠로 건너갔다. 주교가 차쿠로 간 것은 조선어-프랑스어 사전을 계속 준비하면서, 조선에서 변문을 거쳐 조선인 신자들의 연락원이 도착하기를 기다리려는 이유 때문이었다.

1872년 12월 26일에 리델 주교는 변문으로 연락원을 파견하였다. 조선에서 오기로 되어 있는 강 요한을 마중하기 위한 일이었다. 이들은 1873년 1월 6일 차쿠에 도착하였다. 그러나 조선인 신자들의 보고에 따르면, 조선의 사정은 그다지 나아지지 않았다. 거의 모든 교우촌들이 파괴되었고, 살아남은 소수의 신자들도 뿔뿔이 흩어져서 비신자 마을에서 살고 있었기 때문에 발각될까 두려워 서로 왕래조차 못하는 형편이었다. 게다가 배교자들이 활개를 치고 다니며 교우들을 악착같이 추격하고 있었다. 이런 상황에서 선교사를 조선에 들여보낸다는 것은 자살 행위와 진배없는 일이었다. 뿐만 아니라 육로와 해로가 모두 막혀서 입국할 수 있는 방도도 전무한 실정이었다. 하는 수 없이 리델 주교와 조선 대목구의 성직자들은 서두르지 않고 조금만 더 기다려 보는 편을 선택하였다.

1874년 1월 8일 리델 주교의 명을 받아 조선으로 잠입하였던 강 요한이 1달 뒤인 2월 15일에 차쿠로 돌아왔다. 강 요한은 그 전해인 1873년 말에 흥선대원군(興宣大院君, 1820~1898)이 실각하였고, 좀 더 온건한 대신들이 나라를 다스리게 되었다는 소식을 전하였다. 말하자면 고종(高宗, 1863~1907 재위)의 친정(親政)체제가 수립된 것이었다. 박해자였던 대원군이 물러났다는 소식에 새로운 희망을 품게 된 리델 주교는 3월 13일 블랑 신부를 대동하고 북경으로 가서 프랑스 공사 드 조프르와를 만났다. 그리고 리델 주교의 이름으로 조선 정부에 보내는 청원서를 작성하여 중국 정부를 통해서 조선의 연행사신들에게 전달하는 계획을 의논하였다. 중국 정부의 간접적인 도움을 받아 조선에서 신앙의 자유를 이룰 수 있도록 하려는 것이었다. 그러나 여러 가지 외교적인 문제들로 인하여 사태는 쉽게 호전되지 않았다. 중국 정부가 이 일에 선뜻 나서려 하지 않았기 때문이었다. 즉 드 조프르와 공사가 리델 주교의 청원서를 중국 정부에 전달하였으나, 중국 관리들은 이를 검토하고는 자신들과 관계된 일이 아니라는 이유로 5일 만에 청원서를 되돌려 보냈던 것이다.

리델 주교 일행은 북경에서의 교섭이 무위로 끝나자 1874년 5월 1일 차쿠로 돌아왔다. 리델 주교는 파리 외방전교회 회칙 개정에 맞추어 조선 선교지의 공동재산 사용에 관한 기존 규칙을 폐지하고 신설된 일반 규정을 적용하는 일에 몰두하면서, 5월 7일에 권치문(權致文, 타대오, 1833~1892)을, 그리고 10월 14일에는 강 요한을 변문으로 파견하는 등 조선의 사정을 파악하기 위하여 다양한 노력을 기울였다. 특히 리델 주교는 권치문을 조선의 연행사신 일행 속에 몰래 잠입시켜 조선으로 들어가도록 하였다고 한다. 대원군의 실각과 고종의 친정체제 수립 이후에 새롭게 전개되고 있는 조선 내

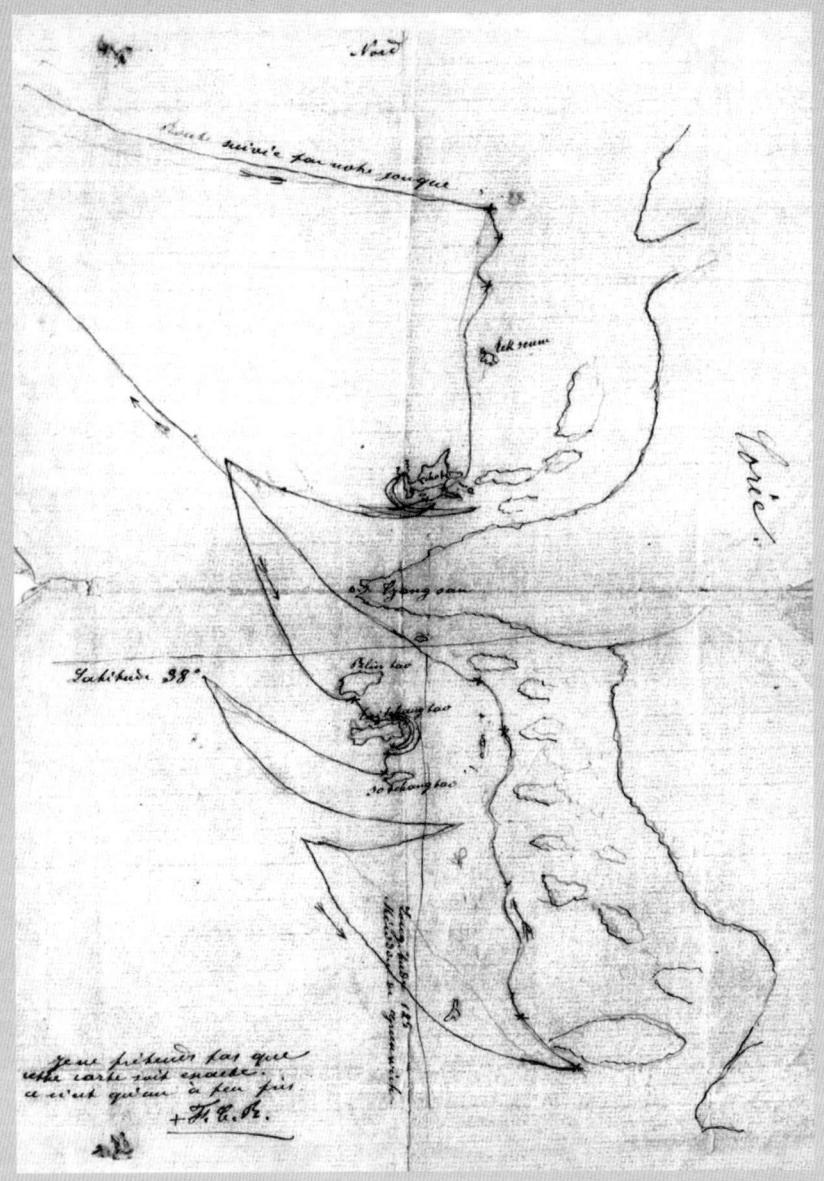

조선 대목구장으로 임명된 리델 주교는 1875년 9월 블랑 신부와 함께 서해 해로를 이용하여 조선 입국을 시도하였으나, 조선 연안에서 기다리기로 한 조선인 신자들을 만나지 못하여 중국 차쿠로 돌아올 수밖에 없었다. 당시 리델 주교가 그린 조선 입국 시도 항로.

의 상황을 소상하게 파악하기 위한 조치였다.

권치문은 10월 24일 차쿠로 귀환하여 리델 주교에게 상세한 내용을 보고하였다. 그에 따르면 당시 조선에서는 영국, 프랑스, 미국 등 서양 열강들이 일본과 합세하여 조선과 전쟁을 벌이려고 한다는 소문이 돌아서 모두들 전쟁에 신경 쓰느라 상업과 농업 등 모든 일이 중단 상태에 있다고 하였다. 게다가 대원군이 전쟁을 빌미로 정권 복귀를 꾀한다는 소문까지 있어서 전체적으로 조선은 대단히 혼란스러운 상태라는 것이었다. 따라서 지금으로서는 선교사가 조선에 입국한다고 하더라도 외출이 불가능하여 신자들과 접촉할 수도 없고 1년도 못 되어 신분이 발각될 것이라고 하였다.

권치문의 보고를 받은 리델 주교는 권치문을 다시 조선으로 보내면서 남부 지방까지 내려가서 신자들의 동향을 알아보고 그들을 도울 방법을 찾아보라고 지시하였다. 리델 주교는 권치문이 1875년 2월 내지 3월에 차쿠로 귀환할 것으로 예상하였다. 그런데 예상 밖에도 1875년 1월에 지금까지 보고서만 보냈던 최선일과 그 일행이 직접 차쿠로 찾아왔다. 최선일은 1872년에 블랑 신부의 도움을 받아 조선으로 돌아갔던 9명의 조선인 신자 사이에 끼여 있었으며, 그동안 여러 차례 리델 주교에게 서한을 보내다가 1875년에 이르러 직접 조선을 빠져나와 차쿠로 리델 주교를 찾아온 것이었다. 그들은 리델 주교에게 조선 사정에 관하여 새로운 내용을 보고하였다. 고종이 천주교 신자를 살해하는 일을 금지하면서 박해가 줄어들었다는 것이었다. 그래서 리델 주교는 1875년 9월에 블랑 신부와 마르티노 신부를 조선으로 들여보내기로 결정하고 이를 준비하였다.

하지만 조선 입국을 준비하던 마르티노 신부는 1875년 7월 24일 영자로 갔다가 병을 얻어서 8월 10일에 선종하고 말았다. 게다가 9월 20일 마르티노 신부를 대신하여 리델 주교 자신이 블랑 신부와 함께 조선으로 입국하려 한 시도마저 조선 연안에서 조선인 신자들과 만나지 못하고 차쿠로 돌아오면서 무위로 끝나고 말았다. 이제 조선 대목구 성직자들의 조선 귀환은 이 듬해인 1876년을 기약할 수밖에 없었다. 그런데 조선교회로서는 숨통이 트이는 계기가 되고, 조선사회로서는 근대의 폭풍 속으로 휘말려 들어가는 사건이 벌어졌다. 조선이 1876년에 일본과 수호통상조약을 맺으면서 개항을 선택하였던 것이다. 그 결과 선교사들의 조선 입국은 순조롭게 성공할 수 있었다. 병인박해로 조선을 떠나야 했던 1866년으로부터 10년이 흐른 뒤의 일이었다.

제2절 조불조약과 교회

1. 개항기 교회와 블랑 신부의 활동

1) 블랑 신부의 입국 성공

1876년 2월 강화도에서 조선과 일본이 수호통상조약을 체결하면서 조선 사회는 본격적으로 개항의 시대에 접어들었다. 그러자 지난 10년 동안 만주에서 선교사들이 조선으로 입국하기 위하여 노력한 것과 더불어, 조선 내에서도 병인박해의 모진 시련 속에서 살아남은 신자들이 다시 성직자를 모셔오기 위한 활동을 펼쳤다. 최선일이 중심이 되어 성직자 영입을 추진하던 신자들은 조선 정부의 개항 소식에 중국에 머물고 있던 리델 주교를 위시하여 프랑스 선교사들의 입국을 추진하였다.

마르티노 신부의 선종으로 당시 조선 대목구 성직자는 리델 주교, 블랑 신부, 리샤르 신부, 이렇게 3인이었는데, 1876년 4월 27일 신임 선교사로 드게트(V.M. Deguette, 崔東鎭, 1848~1889) 신부가 차쿠에 도착하였다. 때마침 최선일 등의 노력으로 조선으로 입국하기 위한 준비가 막바지에 다다른 상태였다. 이에 4월 29일 리델 주교와 블랑 신부, 드게트 신부는 함께 차쿠를 출발하여 30일에 승선하였고, 5월 4일 마침내 출항하였다. 선교사 일행은 5월 8일 조선인 신자들과 만나기로 약속한 서해안 대청도에 닻을 내렸다. 마중을 나온 것은 권치문이 몰고 온 배였다.

조선인 신자들의 영접을 받은 선교사 일행은 의논을 거듭한 끝에 블랑 신부와 드게트 신부가 먼저 조선으로 들어가기로 하였다. 왜냐하면 신자들로부터 조선과 일본이 조약을 맺었다는 소식을 전해 들었지만 신앙의 자유를 얻기 위해서는 주교가 중국에 남아서 활동하는 편이 낫다는 말도 들었기 때문이다. 그리고 리델 주교는 머지않은 장래에 신앙의 자유를 얻은 후 일본의 선박을 타고 개항장으로 공개적으로 입국하는 편이 좋겠다고도 하였다. 그래서 리델 주교는 차쿠로 돌아가고, 블랑 신부와 드게트 신부만이 입국하기로 하였다. 그들은 1876년 5월 9일 저녁 한강 연안에 도달하였으며, 장산곶, 녹도, 교동도, 강화도, 한강을 거쳐서 1876년 5월 10일 서울에 들어올 수 있었다. 블랑 신부와 드게트 신부로서는 순교자들의 땅인 조선에 첫 발을 내디딘 것이었다. 그리고 병인박해 이후로 본다면 10년 만에 성직자들이 조선으로 들어온 셈이었다. 한편 두 신부가 상륙한 뒤에 상복으로 갈아입고 길안내를 받아서 서울에 입성한 것을 보면, 당시 조선 국내에는 어느 정도 신자들의 연락망이 회복되어 있었음을 알 수 있다.

  블랑 신부는 최선일이 리델 주교를 위하여 서울에 마련한 집에 거처를 정하고, 가까이 거주하는 신자들을 방문하기 시작하였다. 이 집은 도성의 서쪽 성벽 바깥에 위치해 있었으며, 예전에 다블뤼 주교와 브르트니에르 신부가 살던 집에서 멀지 않은 곳이었다고 한다. 블랑 신부가 리델 주교에게 보고하기 위하여 1876년 5월 14일부터 20일까지 일지 형식으로 작성한 서한에 따르면, 이 집에서 블랑 신부 및 드게트 신부와 함께 살고 있던 사람은 모두 5명이었다. 먼저 최선일과 그의 아내 이 루치아(1822~1878)가 있었고, 옛날 페롱 신부가 거처하던 배티 교우촌의 신자인 김씨와 그의 아내, 그리고 루치아라는 과부가 살고 있었다.

  1876년 5월 17일 블랑 신부와 드게트 신부, 그리고 최선일 등 조선인 신자들은 신부들의 거주 지역을 분산하는 문제를 의논하였다. 결국 혹시라도 발생할지 모를 불의의 사태를 예방하기 위하여 두 신부가 성 안과 성 밖에 따로 거주하는 것이 좋겠다는 결론에 도달하였다. 하지만 당분간은 함께 살면서 주교의 입국을 기다리기로 하였다. 그리하여 5개월 뒤에 경기 감영에서 멀지 않은 새문, 즉 돈의문(敦義門) 근처에 새로운 거처를 마련하였다. 이곳은 도성 바깥에 위치하였으며 고마창골이라고 불리는 거리에 있었다. 이 집에는 블랑 신부와 최선일 부부, 그리고 오 바르나바라는 하인과 그의 아내 김 마리아, 그리고 원 엘리사벳 등이 기거하였다. 블랑 신부는 공소를 방문하여 성사를 주는 등 규칙적으로 사목 활동을 펼치는 한편, 자신들의 입국에 관여하였던 신자들과 함께 리델 주교를 조선으로 모셔오기 위한 준비에도 박차를 가하였다.

2) 교회 재건 활동

선교사의 입국을 주선하였던 신자들과 서울에 남아 있던 신자들은 박해를 피해 전국으로 흩어져 사는 신자들을 다시 모아서 신앙생활을 할 수 있도록 돕기 위해서는 공소를 재건하고 공소 회장을 세우는 일이 가장 시급하다고 판단하였다. 박해로 말미암아 회장처럼 교회 안에서 중심적인 역할을 할 지도층 신자들이 크게 부족한 상태였기 때문에 그러한 필요성은 더욱 절실하였다. 그렇게 병인박해 이후 성직자를 다시 모셔오고 교회를 재건하는 일에 매진하던 신자들은 공소 재건과 회장 제도의 복원이 관건이라고 여겼다.

블랑 신부 역시 신자들의 신앙생활과 그들의 처지를 파악하면서 회장 제도의 복원이야말로 조선교회를 재건하는 일에서 최우선 과제라고 생각하였다. 그는 입국한 뒤 약 5개월 동안 서울과 인근의 신자들을 방문한 결과, 2

개의 공소를 재건할 수 있는 준비를 갖추었다고 판단하였다. 이에 블랑 신부는 1876년 10월 성문 안과 성문 밖에 각각 하나씩의 신자 공동체를 설립하였다. 두 공동체의 신자들은 300명가량 되었으며, 남자보다는 여자가 주를 이루었다. 당시 많은 신자들은 병인박해와 그에 따른 탄압과 약탈로 일상생활에 필요한 모든 것을 잃고 비참한 상태에서 살고 있었다. 게다가 남자들은 대부분 지게꾼과 같은 막일꾼으로 근근이 생계를 유지하는 형편이었다. 블랑 신부는 리델 주교에게 보낸 1876년 10월 10일자 보고서에서 서울의 도성 안에는 열심한 신자 42명, 냉담자 62명이 있고, 도성 밖에는 92명의 신자와 82명의 냉담자, 그리고 25명의 예비 신자가 있어 모두 303명의 신자들이 있으며, 이들의 생활은 비참하기 짝이 없다고 말하였다.

블랑 신부는 신자들의 생활 상태를 관찰하면서, 서울 문안 공소 회장에 조 참봉 베드로를, 문밖 공소 회장에는 김 프란치스코를 임명하여 서울의 공소들을 다시 건립하였다. 그런 다음에 두 회장 및 공소의 신자들과 함께 서울 인근의 신자들을 찾아다니면서 새로운 회장들을 임명하여 옛 공소들을 복원하고 새로운 공소를 세우는 일을 추진하였다.

특히 서울에서 가까운 지역을 시작으로 경기 지역 전체에 산재해 있던 신자들과 교우촌 그리고 옛 공소들을 방문하여 신자들의 소재지를 파악하고 새로운 공소 회장들을 선임하였다. 아울러 서울의 주요 신자들과 선임된 회장들을 통하여 전국 신자들의 소재지를 파악하고 연락을 취하였다. 블랑 신부는 이러한 활동을 통하여 병인박해 이후 지방 신자들의 상황과 실태를 정확하게 파악하고자 하였다.

그 결과 블랑 신부는 위에서 소개한 1876년 10월 10일자 보고서에서 전국적인 교세 현황에 관하여 리델 주교에게 다음과 같이 알렸다. 먼저 전하는 말에 따르면 내포에 살던 다섯 가족이 강원도로 이주하였다고 하며, 나중에 남쪽 지방에서 30여 가족이 강원도로 갔다고 한다. 이들은 신부들이 강원도로 피신하였다는 소문을 듣고 성사를 받기 위하여 강원도로 이주하였다는 것이었다. 또한 강원도 북부 지역에는 황해도, 평안도, 경기도에서 도피한 신자들이 거주한다고도 하였다. 그리고 함경도에는 안평 지역에 두세 곳의 공소가 있었다고 하지만, 선교사들이 가기는 어려운 일이었다. 전라도에는 박해 이전보다 더 많은 신자들이 거주하고 있다고 하였다. 교우들로만 이루어진 마을도 여러 곳 있으며, 20여 가구로 이루어진 마을도 한두 군데 있다는 것이었다. 그 밖에 소수의 신자들이 거주하는 곳으로는 용인, 양성, 안성, 직산, 전의, 공주, 계룡산, 진잠, 진산, 금산(Keun-san), 도간이(To-Kan-i), 고산, 전주, 정읍, 순창, 장성, 고창 등을 꼽았다. 한편 황해도 신계 지역에도 20가구에 150명 정도의 신자들이 살고 있다고 하였다. 그중에는 세례 받을 준비가 된 42명의 예비 신자와 보례가 필요한 35명의 신자들이 있다는 것이었다.

한편 1877년 당시 만주에는 두세(C.-E. Doucet, 丁加彌, 1853~1917) 신부, 로베르(A.P. Robert, 金保祿, 1853~1922) 신부, 뮈텔(G.-C.-M. Mutel, 閔德孝, 1854~1933) 신부, 코스트(E.J.G. Coste, 高宜善, 1842~1896) 신부 등이 조선 대목구의 신임 선교사로 발령을 받아 도착해 있었다. 두세 신부와 로베르 신부가 1877년 1월에 먼저 파리를 출발하여 5월경 차쿠에 도착하였다. 코스트 신부는 이미 홍콩과 싱가포르, 상해에서 8년 동안 대표부의 사무를 처리하였는데, 1877년에 조선 선교사로 임지가 변동되어 차쿠로 옮겨 왔다. 한편 두세 신부나 로베르 신부보다 한 달 늦게 파리를 출발한 뮈텔 신부는 1877년 10월에야 만주로 올 수 있었다.

3) 리델 주교의 입국과 추방

조선에 있던 블랑 신부는 자신의 입국에 관여하였던 신자들과 새로 선임된 회장들의 도움을 받아서 만주에서 기다리고 있는 선교사들의 입국을 준비하였다. 이러한 노력의 결과로 마침내 1877년 9월 리델 주교가 두세 신부와 로베르 신부를 대동하고 조선에 입국하였다. 9월 23일 밤에 리델 주교는 블랑 신부와 약속한 대로 두 신부의 조선어 학습을 위해 마련한 장소 근처에 내려 주었으며, 다시 24일 밤에 상륙하여 블랑 신부와 상봉하였다. 리델 주교는 병인박해로 조선을 떠난 지 11년, 조선 대목구장에 임명된 지 8년 만에 입국한 것이었다.

리델 주교는 도착 즉시 블랑 신부가 건의한 대로 기도서와 교리서 발간을 위한 인쇄소 건립을 추진하였다. 그리고 조선인 성직자 양성을 위해 블랑 신부가 선발한 2명의 학생을 시작으로 소신학교를 세우고자 하였다. 이어 자신을 도와 교회 재건을 이루고 후에 대목구장직을 계승할 부주교를 서품하고자 계획하였다. 이미 1877년 4월 17일에 부주교를 뽑아 앙티곤(Antigone) 명의의 주교로 서품하는 것을 허락한다는 교서가 내려진 상태였다. 이에 따라서 리델 주교는 자신의 후임자를 지명할 수 있는 권한을 보유하였던 것이다. 그러나 두 명의 사제가 반드시 배석해야 한다는 주교 서품식의 조건이 까다로워서 당시 조선 상황에서는 실행에 옮기기가 어려웠다. 전국에 뿔뿔이 흩어져 있는 신부들 가운데 두 명을 주교 서품식에 참석시킨다는 것은 어려운 일이었다.

더구나 리델 주교가 계획한 일들은 중국에 있는 선교사들에게 소식을 전하려던 조선인 연락원들이 체포되면서 수포로 돌아갔다. 그리고 리델 주교마저 1878년 1월 28일 붙잡히고 말았다. 그는 4개월 정도 수감 생활을 하다가 6월 5일에 풀려났고, 6월 11일 서울을 떠나 만주로 추방되었다. 리델 주교는 처형당하지 않고 조선에서 쫓겨나는 데서 그쳤지만, 함께 체포되었던 조선인 신자들, 즉 최선일과 그의 아내 이 루치아, 그리고 신치욱(申致旭, 요한, 1818~1878), 전순룡(全順龍, 요한, 1859~1877), 최치화(崔致和, ?~1877) 등은 모두 감옥에서 순교하였다.

당시 조정에서는 리델 주교 외에도 블랑 신부, 드게트 신부, 두세 신부, 로베르 신부 등 4명의 프랑스인 선교사가 조선에 몰래 들어와 있다는 사실을 알고 있었지만, 다른 선교사들을 추적하지는 않았다. 하지만 주교의 체포 소식을 전해 들은 선교사들은 또 다른 박해가 벌어질지도 모른다고 여겨 각자 흩어져서 피신하였다. 블랑 신부와 드게트 신부는 전라도 지역에 있었고, 두세 신부는 황해도 지역, 그리고 로베르 신부는 강원도 원산 지역에 있었다. 그 뒤 새로운 박해의 징후가 없자 선교사들은 거주 지역을 중심으로 신자들을 찾아서 공소들을 복원하거나 새로운 공소들을 건립하는 등 지방 조직을 확대해 나갔다.

한편 1878년 7월 12일 중국으로 추방된 리델 주교는 부주교의 지명을 일단 보류하였다. 왜냐하면 조선에서 체포될 당시 교황청에서 허락한 특별권한들과 부주교 임명권을 명시한 칙서들을 압수당했기 때문이다. 그래서 리델 주교는 1878년 9월 16일자로 조선에 있던 블랑 신부에게 서신을 보내어 그를 대목구장 직무대행(Pro-Vicarius)에 임명한다는 사실을 통보하였다. 이 서한은 10월 23일 블랑 신부에게 전달되었다. 전라도 고산에 은신해 있던 블랑 신부는 11월 25일 차쿠로 서한을 보내어 리델 주교의 명령에 순명할 것임을 서약하였다. 또한 조선에서 박해가 이제 더 이상 일어나지 않을 것이라는 판단에 따라 거주지를 전라도에서 서울로 옮겨 정착하였다.

하지만 1879년 5월 14일 충청도 공주 지방에서 드게트 신부가 신자들과 함께 체포되는 사건이 벌어졌다. 당시 드게트 신부는 전라도와 충청도 지역을 중심으로 사목 활동을 펼치고 있었는데, 1878년 하반기에 전라도 남서부 지방, 즉 순창, 장성, 정읍, 부안, 옥구, 임피 등지를 순회하였고 11월부터는 조선 대목구장 직무대행이던 블랑 신부의 지시로 충청도로 가서 5개월 동안 공주, 홍산, 내포 등을 어려움 없이 돌아보았다. 그리고 1879년 3월부터는 공주에서 20리 떨어진 은신처에 머물며 9명의 신자들과 함께 살고 있었다. 이 때문에 드게트 신부는 생활비 문제를 상당히 우려하였다. 그래서 따로 살 생각도 여러 번 했지만, 신자들의 어려운 처지를 생각해서 그들을 보호하라는 리델 주교의 지시를 따르기 위해 그들과 함께 살면서 도와주기로 하였다. 그런데 불행히도 5월 14일 새벽 갑자기 들이닥친 포졸들이 드게트 신부를 체포하고 함께 거주하던 신자들까지 잡아서 공주 감영에 수감하였다가 5월 29일 서울의 포도청으로 이송하였다.

드게트 신부의 체포는 교회 사정을 잘 아는 예비 신자가 밀고하면서 발생한 것이었다. 그 후 블랑 신부와 두세 신부에 대해서도 수색이 벌어졌으나, 다행히도 두 신부는 안전한 곳으로 피신하였다. 그러나 전라도와 충청도 일대에 박해가 다시 일어나서 많은 교우촌이 파괴되었으며, 체포된 신자들 가운데서 많은 수가 배교하고 나서야 풀려났다. 하지만 이 박해는 서양인 성직자 및 조선인 신자들의 색출보다는 교우촌 약탈이 주목적이었던 것 같다. 그래서 가혹한 고문이 자행된 경우는 없었지만, 드게트 신부와 함께 투옥된 신자들은 굶주림으로 큰 고통을 받았다. 그래도 드게트 신부에게 고문을 가하거나 도둑들을 모아 넣은 감방에 가두지 않은 것을 보면 조선 정부의 태도에 변화가 생기고 있었음을 알 수 있다.

  드게트 신부가 서울의 포도청 감옥에 갇혀 있는 동안 북경에서는 리델 주교의 부탁을 받은 주 중국 프랑스 대리대사 파트노트르(Jules Patenôtre des Noyers, 1845~1925)가 활발하게 움직였다. 즉 중국 정부의 외교 사무를 관장하는 기관인 총리아문(總理衙門)을 통하여 조선 정부와 교섭을 벌였던 것이다. 그 결과 드게트 신부는 1879년 9월 7일 무사히 석방되었고, 관리들이 그를 의주까지 호송하였다. 그리고 드게트 신부는 만주의 영자를 거쳐서 10월 14일 또는 15일에 차쿠로 귀환하였다.

4) 조선교회의 새로운 변화상

  드게트 신부의 석방 이후에 조선은 더 이상 가혹한 천주교 박해의 왕국이 아니며, 미구에 신앙의 자유가 공인될지 모른다는 희망까지도 생겨났다. 블랑 신부는 1880년 2월 27일 전라도 순창의 주월산에서 리델 주교에게 편지를 쓰면서, 천주교 신앙 때문에 투옥되었던 신자들이 배교를 조건으로 하지 않고 석방되었다는 소식을 전하였다. 그러면서 이것은 조선에 천주교가 전파된 이래 처음 있는 일이라고도 하였다. 하지만 이제 조선교회는 새로운 어려움에 봉착하였다. 그것은 외적인 박해가 아니라 신자들의 신앙심이 현저하게 떨어진 것이었다.

  신자들의 신앙심이 약해진 원인을 보면, 부분적으로는 가혹한 박해의 여파로 말미암은 일이기도 하였지만, 근본적으로는 신자들의 신앙생활을 돌볼 성직자들의 숫자가 부족한 데서 기인하였다. 그래서 블랑 신부는 앞서 1879년 12월 12일자 보고에서 2명의 선교사가 더 필요하다는 의견을 리델

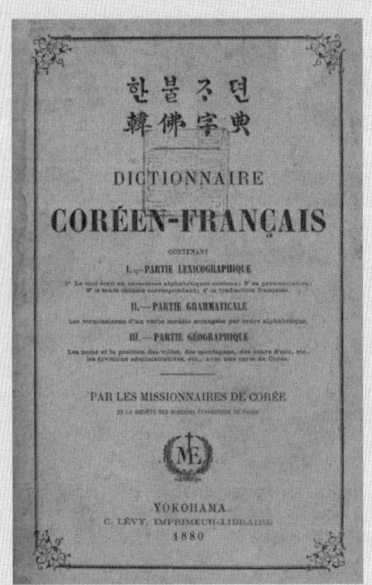 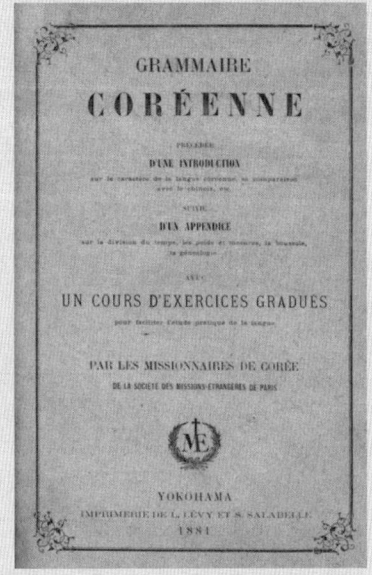

리델 신부는 병인박해를 피해 중국으로 건너간 뒤 다시 조선으로 입국하기 위해 준비하는 동안 상해와 만주의 차쿠 등지에서 관련 자료들을 수집하여 《한불자전》(韓佛字典)과 《한어문전》(韓語文典)의 편찬을 준비하였다. 《한불자전》은 이후 코스트 신부 등 다른 선교사들과 중국에 온 조선 신자들의 도움을 받아 1880년 일본 요코하마의 레비 인쇄소에서 발간되었다.

주교에게 제시하였다. 그 결과 1880년 11월에 차쿠에 있던 선교사 2명이 조선으로 몰래 들어왔다. 뮈텔 신부와 리우빌(L.-N.-A. Liouville, 柳達榮, 1855~1893) 신부가 그들이었다. 10월 22일 차쿠를 떠난 두 사람은 배를 타고 조선으로 항해하여 11월 4일 대동강 연안의 초도에 도착하였으며, 11월 11일 황해도 장연 부근의 해안가에 상륙하였다.

한편 만주에 있던 리델 주교는 마침내 조선어-프랑스어 사전을 완성하였고, 1880년 원고를 일본의 요코하마로 보내서 코스트 신부의 주관 아래 출판하도록 하였다. 그리하여 1880년 12월 11일 코스트 신부는 사전 인쇄가 완료되었음을 홍콩 대표부에 알렸다. 초판은 100부를 인쇄하였으며, 구멍을 뚫어 가제본으로 묶은 것은 13달러, 그리고 정식으로 장정을 한 인쇄본은 14달러로 가격을 책정하였다. 그리고 이듬해인 1881년에는 조선어 문법책을 요코하마에서 간행하였다. 그 사이에 만주에서는 리샤르 신부가 1880년 9월 28일 38세의 나이로 선종하였다.

한편 리델 주교는 조선이 일본과 수호통상조약을 체결한 이후 두 나라 사이에 연락망이 잘 구축되어 모든 서신 연락이 부산과 나가사키를 경유하는 점을 고려하여, 차쿠에 있던 선교사 활동 거점을 유지하면서 일본의 나가사키에도 동일한 시설을 마련할 계획을 세웠다. 이 새로운 거점은 코스트 신부에게 맡길 생각이었다. 이를 위해 주교는 1881년 6월 차쿠를 떠나 상해와 홍콩을 경유하여 일본으로 건너갔다.

하지만 1881년 10월 5일 리델 주교는 나가사키 주교관에서 뇌졸중을 일으켜 반신불수가 되는 불운을 당하였다. 치료를 위해 나가사키, 상해, 홍콩 등지를 다녀 보았지만 차도를 보지 못하였다. 결국 1882년 7월 26일에 리델 주교는 블랑 신부를 부주교로 지명하고 요양을 하기 위하여 프랑스의 고향으로 떠났다. 그 뒤 1882년 12월 19일 로마에서는 포교성성 장관 시메오니 추기경이 리델 주교의 부주교 지명을 승인한다는 서한을 리델 주교에게 발송하였다.

블랑 신부는 1883년 7월 8일 일본 나가사키 주교좌 성당에서 일본 남부 대목구 소속의 로켄(J.-M. Laucaigne, 1838~1885) 보좌 주교, 코스트 신부 및 여러 신자들이 참석한 가운데 일본 남부 대목구장 프티장 주교로부터 주교 서품을 받았다. 이때를 전후하여 프랑스에서는 4명의 신임 선교사를 조선 대목구에 파견하였다. 프와넬(V.L. Poisnel, 朴道行, 1855~1925) 신부와 조스(J.-B. Josse, 趙, 1850~1886) 신부, 그리고 마라발(G.-E.-J. Maraval, 徐若瑟, 1860~1916) 신부와 보두네(F.X. Baudounet, 尹沙勿, 1859~1915) 신부가 그들이었다.

드게트 신부와 함께 일본 나가사키를 출항하여 부산항과 인천항을 거쳐서 조선으로 들어온 프와넬 신부는 1883년 4월 17일 서울에 도착하였다. 그리고 조스 신부는 일본에서 주교 서품을 받고 조선으로 돌아가는 블랑 주교를 모시고 1883년 10월 2일에 서울로 들어왔다. 그 뒤 마라발 신부는 1885년 5월 5일, 보두네 신부는 1885년 10월 26일 서울에 당도하였다. 한편 일본에서 활동하던 코스트 신부도 1885년 11월 8일 서울로 왔다. 이렇게 신임 조선 대목구 선교사들이 앞서거니 뒤서거니 하며 임지인 조선으로 입국하던 시기였던 1884년 6월 20일 리델 주교가 고향인 프랑스의 반에서 세상을 떠났다. 이에 따라 블랑 주교는 자동적으로 대목구장직을 승계하여 제7대 조선 대목구장이 되었다.

이리하여 블랑 주교가 이끄는 조선 천주교회는 개항과 근대화의 시기에 본격적인 활동을 개시하기에 이르렀다. 주교와 모든 성직자들이 조선 국내에서 활동을 펼치기 시작한 것이다. 개항으로 시작된 근대 조선사회에서 천주교회가 정착하는 데는 여러 가지 선결 과제들이 있었다. 그 가운데서도 우선적으로 해결해야 할 과제는 유럽인 선교사들이 조선인들에게 선교 활동을 펼칠 수 있는 자유(선교의 자유), 나아가 조선인들이 천주교를 받아들여 신앙할 수 있는 자유(신앙의 자유)를 보장받는 일이었다. 이것은 조선과 프랑스 사이에 수호통상조약을 체결하는 과정에서 불거져 나왔다.

2. 조불조약 체결 과정

1) 1차 협상의 결렬

조선 대목구 소속의 프랑스 선교사들은 조선 내에서 체포된 주교와 신부의 안전과 관련하여 북경의 프랑스 공사관과 접촉하는 과정에서 조선과 프랑스 사이에 수호통상조약을 체결하는 것이 필요하다는 데 의견 일치를 보았다. 그러다가 1882년 조선과 미국 사이에 수호통상조약이 체결되면서 프랑스도 조약의 협상을 위해서 적극적인 교섭을 벌이게 되었다. 당시 북경 주재 프랑스 공사 부레(A. Bourré)는 우선 미국과 영국의 선례를 따라서 조선을 방문하고 있던 청나라 관리 마건충(馬建忠, 1845~1899)에게 보내는 추천장을 얻어내기 위해 천진 주재 프랑스 총영사 딜롱(C. Dillon)을 총리아문으로 보냈다. 그런데 총리아문에서는 조선과 협상할 때 선교사 문제를 거론하지 않는다는 조건을 내세웠다. 이처럼 조선과의 통상조약을 체결하는 외교적 안건에서 선교사 문제가 불거지는 것을 중국도 조선도 달가워하지 않는 상황이었다.

우여곡절 끝에 추천장을 받은 딜롱은 조선과 협상을 추진하기 위해 1882년 6월 5일 제물포에 도착하여 조선 대표들과 만났다. 조선의 대표들은 프랑스와의 조약을 체결하는 협상에서 전제 조건을 제시하였다. 즉 "프랑스는 조선과 전쟁을 치른 나라이고, 따라서 사전에 배상을 해야 하므로 다른 나라와는 같은 조건이 아니"라는 것이었다. 또 "프랑스는 특히 선교사를 보호할 권리를 얻어내려고 하는데 이런 의도를 거부하는 이유"들을 설명하였다. 이에 대해서 천주교 신자였던 마건충이 중재하면서 조선 대표들을 설득하여 조약 체결을 위한 협상이 시작되었다.

　그 무렵 조선어-프랑스어 사전과 조선어 문법책을 인쇄하는 문제로 일본으로 건너가 나가사키에 머물고 있던 코스트 신부는 상해에 있던 파리 외방전교회 대표부의 마르티네(J.-B. Martinet, 1844~1905) 신부로부터 급히 체푸로 오라는 연락을 받았다. 딜롱이 추진하기 시작한 조선과 프랑스의 조약 협상 때문이었다. 코스트 신부는 딜롱을 만나 조선과의 협상에 관한 이야기를 전해 들은 다음에 부레 공사에게 대략 다음과 같은 내용을 건의하였다. 즉 "종교 문제에 특별한 관심을 가진 데 대해서 우선 감사한다. 이 문제는 신중함과 함께 인내가 필요하다. 현재 중요한 것은 조약문에 선교사를 반대하는 표현을 삽입시키지 않는 일이다. 이를 위해서는 새 조약문을 작성하기보다는 기존 조약문을 수정하는 편이 나을 것이다. 구체적으로 말하면 제11조를 '상호의 우의를 증진시키기 위해 양국 국민은 상대 국가의 문자와 언어, 법률, 윤리, 과학, 예술을 배우거나 가르치는 노력을 격려할 것이다'로 수정할 수 있겠다." 여기서 '가르치는 것'과 '윤리'를 첨가한 것은 단순히 문구를 수정한 것에 불과하다고 볼 수도 있으나, 종교를 뒷받침하는 데 적절히 원용할 수 있는 구절이기도 하였다. 말하자면 나중에 체결될 조불조약의 조약문 가운데서 선교의 자유를 암시하는 구절로 널리 쓰이게 되는 '가르치다', 즉 '교회'(敎誨)라는 표현을 처음 구상한 것이 코스트 신부였다는 말이다.

코스트 신부는 5년 동안 계속 수정을 가하면서, 또 협상이 벌어질 때에는 종교에 이해가 깊은 전권대신을 파견하면 좋은 결과를 기대할 수 있겠다는 말로 건의를 끝맺었다. 여기서 '5년 동안 협상을 계속한다'는 말은 코스트 신부 개인의 의견이 아니라, 프랑스 공사관의 외교관들이 갖고 있던 생각이었을 것이다. 즉 협상을 서두르지 않고 신중을 기해서 추진하겠다는 의지가 담긴 것으로 보아야 한다. 실제로 조불조약 체결을 위한 협상은 그 뒤 완전히 중단되고 말았는데, 아마 종교 문제로 인한 지연으로 추측된다. 당시 조선의 여론도 마찬가지였다. 딜롱이 다녀간 뒤에 조선에서는 "프랑스가 천주교 나라여서 종교 문제를 제일 먼저 내세웠다. 프랑스 사람들은 종교 자유를 얻어내기 위해 왔다"는 말이 널리 퍼졌다고 한다. 이와 같이 조선 사람들도 프랑스의 최대 관심사가 종교 문제라는 사실을 알고 있었던 것이다.

2) 2차 협상의 개시

조선과 프랑스가 다시 협상을 시작하려는 조짐은 1885년에 가서야 나타났다. 여기에는 묄렌도르프(P.G. von Möllendorff, 穆麟德, 1848~1901)의 노력이 컸다. 블랑 주교와도 친분이 있었던 묄렌도르프는 중국으로 떠나면서 "오는 봄에 조선으로 다시 올 수 있도록 최선을 다할 것이고, 금년(1885년)에 프랑스 사절이 오지 않은 것이 유감인데, 중국에 가서도 조약 체결을 위해 노력하겠다"는 내용의 서신을 블랑 주교에게 보냈던 것이다. 실제로 묄렌도르프는 중국에서 조불조약의 협상을 진전시키기 위하여 노력하였다. 그리하여 1886년 3월경 조선과의 협상을 진행할 준비가 갖추어진 대표단이 북경에서 조선으로 출발할 예정이었다.

프랑스 정부는 조불조약을 체결하고자 북경 주재 프랑스 공사 코고르당(F.G. Cogordan, 戈可當)을 전권대신으로 임명하였다. 코고르당은 5월 1일 수행원 일행과 함께 프리모게(Le Primauguet) 호를 타고 제물포에 도착하였다. 코고르당은 수석보좌관 팔레올로그(Paléologue)를 서울로 보내고 자신은 제물포에서 대기하였다. 5월 2일 팔레올로그는 조선 주재 총리교섭통상대신(總理交涉通商大臣) 원세개(袁世凱, 1859~1916)를 방문하고 조선 정부로 하여금 선교 활동을 허락하도록 주선해 달라고 요청하였다. 이에 대해서 원세개는 "선교사는 중국과는 관계가 없는 일이다. 만일 코고르당이 직접 협상한다면 협조는 하겠다. 그러나 선교를 허락할 수는 없다"라고 하였다. 원세개는 이 사실을 조선의 외무독판 김윤식(金允植, 1835~1922)에게 알렸고, 김윤식은 선교를 허락할 수도 없고 그렇다고 거절할 수도 없는 난처한 입장에 처하게 되었다. 그러자 원세개는 북양대신(北洋大臣) 이홍장(李鴻章, 1823~1901)에게 전보를 보내 당시 천진과 상해 등지에서 활동하던 미국인 외교관 데니(O.N. Denny, 德尼, 1838~1900)를 속히 서울로 파견하여 협상에 참여시키도록 요청하였다. 그러자 이홍장은 미국과 프랑스 선교사들이 조선에 체류하는 것을 금지하기는 어려울 테니, 협상에 신중을 기하라고 원세개에게 지시하였다.

5월 6일 코고르당도 서울에 도착해 머물면서 블랑 주교를 방문하였다. 그 다음에는 총리아문으로 가서 조선 측 전권대신인 외무독판 김윤식과 첫 회담을 가졌다. 이 회담에서 양측은 선교사 문제로 한나절 동안 논쟁한 끝에 이튿날 다시 만나기로 하고 헤어졌다. 당시 코고르당은 대단히 분개하며 돌아갔다고 한다. 그 뒤에 천주교 관련 조항에 대한 소문이 퍼진 것으로 보아서 아마 제1차 회담에서 조약문 초안이 제출되었던 것 같다. 하지만 프랑스 측의 강경한 요구에도 불구하고 김윤식은 선교 활동은 허락할 수 없다는 입장을 고수하였다.

그로부터 며칠 뒤에 제2차 회담이 열렸을 터인데, 자료의 부족으로 알 수가 없다. 그리고 5월 11일 제3차 회담이 열렸다. 선교사의 보호를 명문화할 것을 요구하는 코고르당의 제의에 대해서 김윤식은 명문화할 수 없지만, 그렇게 하지 않는다고 해서 선교사들이 해를 입지는 않을 것이라고 대답하였다. 김윤식은 선교를 허락하는 일의 가부가 중요한 것이 아니라 조약을 맺는 일이 더 중요하다고 덧붙였다. 하지만 코고르당은 끝까지 이 사안을 국왕에게 품달할 것을 요구하였다. 5월 12일에 열린 제4차 회담에서도 비슷한 일이 반복되었다. 하지만 김윤식이 민씨 일파와 서리독판 서상우(徐相雨, 1831~?)의 시기 때문에 외무독판 자리에서 밀려나는 바람에, 회담은 교착 상태에 빠지고 말았다.

3) 쟁점 해소와 조약의 체결

회담의 교착 상태에서 코고르당은 5월 18일 데니를 만나서 사태를 의논하였다. 묄렌도르프의 후임자인 데니는 이홍장의 추천을 받아 1886년 3월에 외교 고문의 자격으로 이미 조선에 도착해 있었다. 이튿날인 5월 19일에는 김만식(金晩植, 1834~1900)이 한성판윤 겸 전권대신으로 임명되었다는 사실이 공포되었고, 아울러 5월 21일에는 데니가 전권대신으로 임명되었다. 이날 데니를 만난 코고르당은, 데니 자신이 그날 저녁 국왕을 만나게 될 것이라는 말을 들었다. 과연 데니는 그날 저녁에 국왕을 만났고, 데니가 국왕에게 한 조언이 회담을 진전시키는 데 결정적인 역할을 하였다. 데니는 국왕에게 프랑스를 무례하게 대하면 불길한 정치적 결과로 돌아올 위험이 크다는 점을 설명하였다. 그러자 비로소 진퇴양난에 빠졌음을 깨달은 국왕은 특별조항으로 선교의 자유를 명시하는 대신에 기존 조항에 수정을 가하여 선교의 자유를 암시하는 타협안을 제시하였다. 이때 코스트 신부가 제안했던 '교회'라는 용어가 다시 등장하게 되었다.

하지만 코고르당은 블랑 주교에게 보낸 서한에서 회담의 결과를 낙관할 수 없다고 토로하였다. 아울러 그는 5월 25일 오후에 회담이 있을 예정인데, 좋은 결과를 기대하기는 어려우며 최악의 경우에는 영국이 조선과 맺은 조약문 정도에 만족해야 할 것임을 전달하였다. 그래도 선교사가 학살당하는 일은 앞으로 없을 것이라고 하였다. 예정대로 회담이 열리자 조선 측은 제4조에서 조선 왕국의 내륙에 거주한다는 것은 허락할 수 없으며, '교회'라는 낱말도 삭제하라고 요구하였다. 데니는 '교회'라는 두 글자에 대해서 굳이 수정할 필요는 없을 것이라는 취지로 발언하였다.

5월 26일에 열린 제6차 회담에서는 분위기가 달라져 있었다. 이 회담에서 프랑스 측은 '거주' 그리고 '하색지인'(何色之人) 등의 구절은 삭제하는 것이 좋겠지만, '교회' 두 글자는 남겨 두어도 해롭지 않을 것이라고 발언하였다. 아울러 이틀 뒤에 정식으로 조약문에 조인하자고 제의하였다. 이러한 사실로 미루어 보아 제6차 회담은 국왕의 새로운 지시가 있어 원만하게 진행되었던 것으로 보인다. 이에 코고르당은 블랑 주교에게 서한을 보내 거의 만족스러운 조건으로 합의가 이루어졌다고 전하면서, 조인을 위해 조약

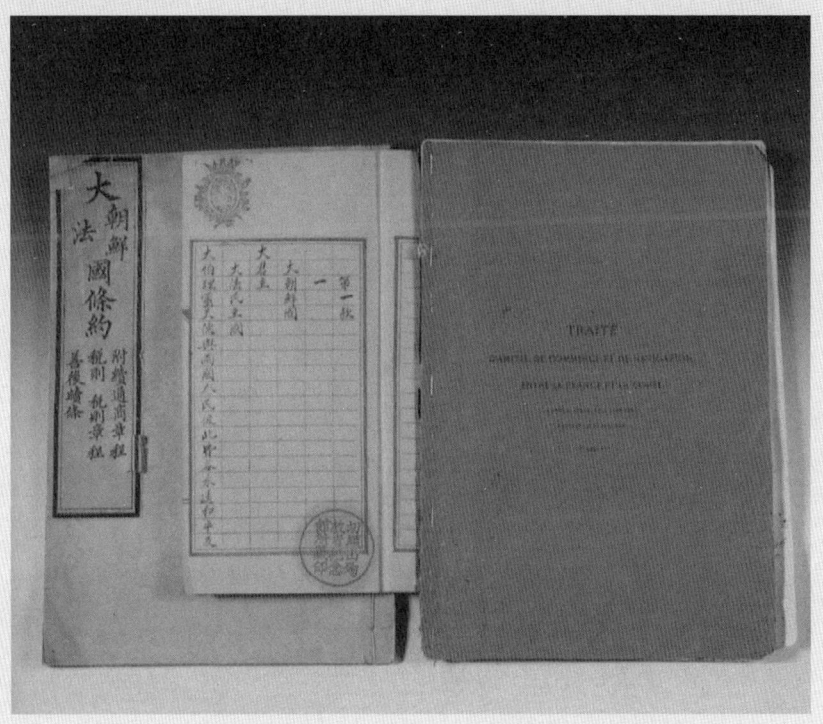

1886년 6월 4일 조인된 조불수호통상조약문의 인쇄본. 이 협상에서 조선의 전권대신 김만식과 데니, 그리고 프랑스의 전권대신 코고르당이 조약문에 서명하고 조인하였다. 조약 내용 가운데 '교회'(敎誨)를 두고 조선과 프랑스의 해석이 일치한 것은 아니었으나, 이로써 프랑스 선교사들은 선교 활동이 가능해졌다.

> **호조**
> 조선 후기에 내지(內地)를 왕래하는 외국인에게 통리기무아문(統理機務衙門)에서 발급하던 일종의 여행 허가증.

문을 복사해 주도록 부탁하였다.

그러면 제6차 회담에서 어떤 합의가 이루어진 것일까? 먼저 쟁점이 되었던 두 가지 사안, 즉 교회와 내지거주에 대해서 상호간에 양해가 있었다. 조선과 영국의 조약 제9조에 들어 있던 '학습'(學習)이라는 말 다음에 '교회'라는 말이 조불조약의 조약문 초안에 첨가된 것을 보면, 프랑스 측의 제의를 조선 측이 동의하여 수용한 것이다. 그리고 내지거주는 프랑스 측의 양보로 삭제되었다. 대신 영국과 맺은 수호통상조약에서와 같이 여행 목적을 구체적으로 밝히지 않더라도 호조(護照)만 소지하고 있으면 내지여행도 할 수 있도록 조선 측이 양보하였다. 이로써 프랑스 선교사는 프랑스인의 자격으로 '교회', 즉 선교를 위해서도 내지를 여행할 수 있게 되었으며, 반면에 조선 측으로 본다면 금지령을 풀거나 선교 자유를 명문화하지 않겠다는 당초의 주장을 고수한 셈이 되었다.

조약의 조인식에 대해서 프랑스 측은 5월 28일을 제의하였다. 하지만 '해관세칙'(海關稅則)에 규정된 관세율을 재조정하는 데 시일이 걸리는 바람에 6월 4일로 조인식 날짜가 옮겨졌다. 마침내 1886년 6월 4일 예정대로 통리아문에서 조인식이 거행되었다. 이날 조선의 전권대신 김만식과 데니, 그리고 프랑스의 전권대신 코고르당이 참석하여 〈조불수호통상조규〉에 서명하고 조인하였다. 조선 측에서는 외아문의 대신들과 비서들, 그리고 통역관 2명이 배석하였고, 프랑스 측에서는 팔레올로그, 비세르(Vissère), 베르네(de la Roche Vernet), 델피(Delpit) 등이 자리를 함께하였다. 조인식이 끝나자 코고르당은 수행원들, 그리고 레위니에(Réunier) 제독과 승무원을 대동하고 고종을 알현하였으며, 그 다음 날 통리아문이 주최한 축하연에 참석한 다음 서울을 떠났다.

　조불조약은 본문 14관(款)과 부속통상장정(附屬通商章程), 세칙(稅則), 세칙장정(稅則章程), 선후속약(善後續約)으로 구성되어 있었다. 조불조약은 영국과의 조약을 원형으로 하였지만, 몇몇 조항에서 천주교의 입지를 넓힐 수 있는 가능성을 지니고 있었다. 이 경우 제2, 3, 4, 9관의 조항들을 특별히 눈여겨볼 필요가 있다. 제2관과 제3관에서 프랑스 국민의 치외법권과 영사재판 제도가 명시되었다. 이로써 조선 내에서 프랑스 선교사가 법적인 보호를 받으면서 활동할 수 있게 되었다. 그리고 제4관 6항에는 "프랑스 사람은 호조를 지니면 상점이나 상설 무역 시설을 개설하지 않고도 조선 각처에서 여행할 수 있다"는 내용이 명시되어 있다. 그렇다면 비록 선교를 목적으로 하는 내지여행이 분명하게 인정된 것은 아니지만, 선교사들이 필요한 경우에 호조를 지니고 조선 국내를 여행할 수 있는 것이다.

　한편 제9관에는 "언어와 문자, 법률과 예술 등을 학습 또는 교회하고자 조선에 가는 프랑스 국민은 항상 우호적인 도움을 받을 것이고, 프랑스에 가는 조선국인도 같은 대우를 받을 것이다"라는 내용이 들어 있었다. 이 때문에 선교사들이 조선의 내지를 여행하는 목적에 대해 포괄적으로 해석할 수 있는 여지가 남겨졌던 것이다. 물론 제9관에 삽입된 '교회'라는 문구에 대해서 두 나라의 해석이 일치한 것은 아니었다. 그러므로 이때를 신앙의 자유가 확보된 시점으로 보기는 어려우며, 선교의 자유조차 공식적으로 인정되지는 않았다. 선교의 자유, 나아가서 신앙의 자유가 선포된 것은 좀 더 세월이 흐른 뒤의 일이다.

참고문헌

1. 연구서

최석우,《한국 교회사의 탐구》, 한국교회사연구소, 1982.
최석우 외,《한불수교 100년사》, 한국사연구협의회, 1986.
한국정치외교사학회 엮음,《한불 외교사 : 1886~1986》, 평민사, 1987.
장동하,《한국 근대사와 천주교회》, 가톨릭출판사, 2006.

제2장 교회의 정비

제1절 교세의 확장과 본당의 설립

1. 교세의 증가

1866년에 일어난 병인박해는 조선 천주교회에 큰 상처를 남겼다. 교회 공동체는 파괴되었고, 2만 3,000명을 헤아리던 신자들 가운데 약 8,000명 이상이 희생되었다. 박해를 피한 신자들은 전국의 산간벽지로 뿔뿔이 흩어져 숨거나 비신자들 사이에 끼여 살면서 겨우 목숨만 부지하였다. 선교사들이 교회 재건에 노력하였음에도 교세가 1894년에 이르러서야 겨우 박해 이전의 수준으로 회복되었다는 사실은 병인박해가 조선 천주교회에 얼마나 큰 타격을 주었는지 잘 말해 준다.

이러한 상황에서 조선에 입국한 선교사들은 무너진 교회의 재건을 위해 매진하였다. 1877년 9월 23일 입국에 성공한 리델 주교는 기도서와 교리서 발간을 위한 인쇄소의 건립을 추진하였고, 조선인 사제 양성을 위한 소신학교를 세우고자 하였다. 리델 주교에 이어 조선 천주교회를 이끌어 나가게 된 블랑 주교는 1884년 9월 초순에 조선 대목구 제3차 시노드를 개최하여

1857년과 1868년의 시노드에서 거론되고 결정된 내용을 정리하고 시대 변화에 부응하는 선교 정책을 확립하였다.

이와 같은 교회 재건 정책은 1886년 조불조약의 체결로 더욱 탄력을 받았다. 선교사들은 조약에 근거하여 프랑스 국민으로서 치외법권의 보호를 받으며 조선 각지에서 활동할 수 있게 되었기 때문이다. 이제 선교사들은 이전과 같은 박해의 대상이 아니라 '양대인'(洋大人)이라 불리는 특권적 존재로 바뀌었다. 이와 같은 변화에 따라 선교사들은 선교 활동을 적극적으로 펼쳤고, 그 결과 신자 수가 크게 늘었다.

1885년부터 1909년까지의 교세 변화를 정리한 〈표 1〉을 보면, 신자 수는 1888년부터 매년 1천 명 이상씩 증가하였고, 그 결과 1892년에 2만 명을 넘어섰다. 또한 성인 세례자의 수도 1891년부터 매년 1천 명 이상을 꾸준히 기록하였다. 이러한 교세의 성장은 1896년 이후에 더욱 두드러졌는데, 신자 수가 전년도에 비해 2,804명 늘어났고, 성인 세례자도 2,724명으로서 전년에 비해 약 1천 명 이상이 많았다. 1903년에 이르러서는 신자 수가 전년도에 비해 8,015명 증가하였고, 성인 세례자는 8,049명을 기록함으로써 개항기 천주교회의 교세 통계상 최고의 성장을 보였다.

그렇다면 이처럼 개항기에 조선 천주교회의 교세가 크게 증가한 이유는 무엇이었을까?

첫째, 조불조약의 체결 이후 선교사들이 호조를 지니면 조선 내지로의 여행이 가능해졌고, 선교사들의 숫자가 크게 늘면서 적극적으로 선교 활동을 펼 수 있었기 때문이다. 조불조약이 체결되기 이전에는 선교사의 숫자가 적었던 까닭에 담당 구역이 매우 광범위하였다. 그래서 신자들은 1년에 한두 차례밖에 성사를 받지 못하였다. 선교사들도 넓은 지역에 흩어져 있는 공소

⟨표 1⟩ 조선 천주교회의 교세 및 성직자 수(1885~1909년)

연도	신자 수	성인 세례자 수	선교사 수	조선인 신부 수
1885	14,039	570	11	
1886	?	661	13	
1887	14,247	583	13	
1888	15,416	1,183	14	
1889	16,589	871	18	
1890	17,577	963	20	
1891	19,015	1,216	22	
1892	20,840	1,892	23	
1893	22,419	1,724	22	
1894	24,733	1,740	23	
1895	25,998	1,871	25	
1896	28,802	2,724	30	3
1897	32,217	3,498	28	3
1898	35,546	3,964	32	6
1899	38,230	3,824	34	9
1900	42,441	5,353	35	12
1901	46,860	5,203	40	11
1902	52,539	5,807	41	11
1903	60,554	8,049	43	11
1904	60,554	4,161	42	10
1905	64,070	4,091	41	11
1906	61,290	4,096	46	10
1907	63,340	4,034	46	10
1908	68,016	4,655	47	10
1909	71,252	4,580	49	13

파리 외방전교회 연보인 *Compte Rendu*(1885~1909)와 장동하, ⟨한국 천주교회에 대한 프랑스 교회의 재정 지원 연구⟩, 《개항기 한국 사회와 천주교회》, 가톨릭출판사, 2005, 102쪽의 ⟨표 3⟩을 참고로 작성하였다.

조불조약의 체결로 파리 외방전교회 선교사들은 치외법권의 보호를 받게 되었다. 프랑스 선교사들이 박해 시대 때와는 달리 군인들과 자유롭게 담소하는 모습에서 변화한 조선교회의 상황을 엿볼 수 있다(서울, 1899). 또한 선교사들은 호조를 지니면 개항장을 벗어나 조선 내지로 여행할 수 있게 되었기에 선교 활동이 가능해져 신자 수가 늘어났다. 미알롱 신부의 호조(아래).

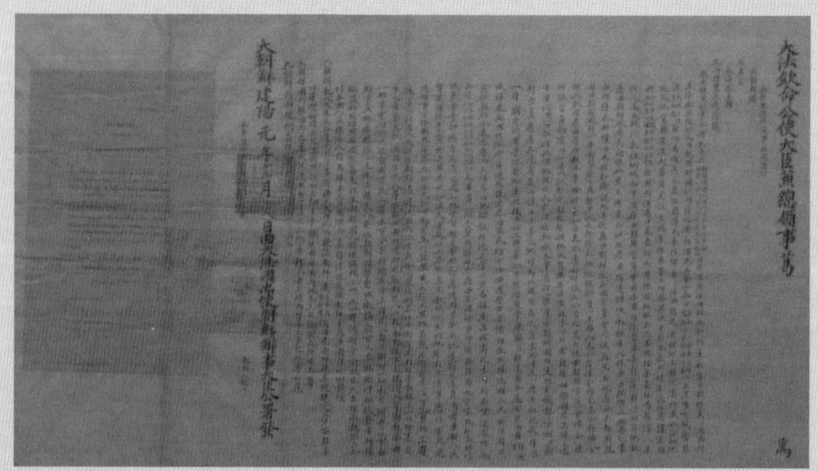

를 방문하느라 아직 신앙이 전파되지 못한 지역에서 적극적으로 선교 활동을 펼치기가 어려웠다. 그러나 조불조약의 체결 이후에는 이러한 양상이 크게 바뀌었다. 선교사들이 지속적으로 입국하고 조선인 사제들이 배출되면서 성직자의 숫자가 크게 늘었다. 예컨대 1885년에는 11명에 불과했던 성직자의 숫자가 18년 후인 1903년에는 54명으로 약 5배 증가하였다. 그들은 각 지역의 행정 및 경제 중심지에 정주하면서 본당을 설립할 뿐만 아니라 황해도, 평안도, 제주도 등과 같은 신앙의 불모지에도 신앙을 전파하였다. 이로 인해 개항기 조선 천주교회의 교세가 크게 신장되었던 것이다.

둘째, 전교 회장들의 활약을 들 수 있다. 1889년 블랑 주교는 신앙의 효과적인 전파를 위해 서울에 '순회 전교 회장 양성학교'(l'école de catéchistes ambulants)를 설립하였다. 전교 회장은 일정한 교육을 받고 품성이 바르며, 복음 전파에 필요한 확고한 신앙과 열정을 가진 신자들 가운데 선교사들의 추천으로 선발되었다. 1890년에 신자 9명이 두세 신부의 후원으로 교육을 받았는데, 이들 전교 회장의 활동은 시작하자마자 곧바로 성과를 거두었다.

신자들이 시작한 예비자 교리 교육을 우리 전교 회장들 ― 돌아가신 블랑 주교님이 마지막으로 만드신 제도 ― 이 보충하도록 되어 있습니다. 이 제도는 벌써 우리에게 도움이 되었습니다. 여러 비신자들이 입교한 것은 순전히 이 회장들의 선교 덕택입니다. 그러나 그들이 한 일 가운데 가장 중요한 성과는 사람들 사이에 퍼져 있는 교회에 대한 편견을 없애고, 복음의 길을 터놓은 것이었습니다. 우리 회장들이 침투한 곳 어디서나 그들의 말을 흥미 있게 듣게 하는 데 성공하였고, 그들의 말을 듣고 천주교가 참되고 따를 만하다고 말하지 않는 사람이 한 명도 없었습니다(〈1891년도 보고서〉, 《서울교구 연보》 I, 106~107쪽).

셋째, 천주교회가 시행한 각종 사회 사업도 선교에 도움이 되었다. 그 가운데 가장 대표적인 것이 천주교식 무료 장례였다. 1890년대에도 조상 제사 문제는 여전히 천주교에 대한 비난과 박해의 원인이었다. 1890년 2월 경상도 함안에서 천주교식 장례를 치렀다는 이유로 박해가 발생하여 신자들이 고초를 겪은 것이 대표적인 예였다. 이러한 상황에서 천주교회는 천주교식 장례예식을 정착시키고 가난한 이웃 주민들을 위해 기도하고 장사를 지내줄 목적으로 무료 장례 사업을 시작하였다. 1880~1881년경 대구의 신자들은 자발적으로 무료 장례 사업을 전개하였고, 로베르 신부가 이를 적극적으로 지원하였다. 그리고 1882년에는 블랑 신부가 인애회(仁愛會)를 조직하였는데, 이 회의 목적은 첫째, 죽어가는 사람들을 위해 기도하고, 방문과 기부를 통하여 그들이 편히 세상을 떠날 수 있도록 도우며, 둘째, 가난한 이웃들과 다른 신자들을 무료로 장사 지내 주는 것이었다. 블랑 신부는 1882년 10월에 리델 주교에게 승인을 받은 후 인애회의 활동을 시작하였다. 인애회의 운영을 위해 선교사들은 매달 소액의 기부금을 내고 '선종(善終)의 주보'인 요셉 성인에게 기도를 바쳤다. 무료 장례 사업은 대구와 서울 이외에 제물포, 전주 등지에서도 실시되었다. 이러한 사업은 신자들 사이에 유대를 공고히 하였을 뿐만 아니라 비신자들에게는 효과적인 선교 방법이 되었다.

    그[인용 주 : 로베르 신부]가 일상 머무르는 대구에서 그는 학교 사업과 장례 사업도 훌륭하게 세워 놓았습니다. 특히 장례 사업은 '아무런 인간적 동기로도 움직이지 않는 천주교의 애덕(愛德)이 무엇을 할 수 있는지를 모든 비신자들에게 보여 줌'으로써 많은 이익을 냅니다. 사실 전염병이 돌 때 무서워서 모든 사람이 집에 돌아가 문을 꼭꼭 잠그고 있는데, 우리 착한 신자들은 병자를 찾아다니고 죽은 이들을 할 수 있는 대로 성대한 예식을 갖추어 장사를 지내 줍니다. 그들은 여러 날 밤을 죽은 이들 곁에서 밤샘을 하면서 번갈아 가며 예식서와 회칙의 규정을 따라 관례의 기도문을 외는 것도 주저하지 않았습니다. 저〔인용 주 : 뮈텔 주교〕는 얼마 전에 비신자들이 부모가 임종대세를 받았기 때문에 부모를 신자들에게 내맡기며 천주교 예식에 따라 장례를 치르도록 하는 것까지 보았습니다(〈1893년도 보고서〉,《서울교구 연보》I, 134쪽).

넷째, 순수한 종교적 동기에서가 아니라 정치·사회적 혼란을 피하거나 교회 세력에 의지하여 현실적인 이익을 얻고자 천주교회에 입교하는 이들도 많았다. 조선사회는 1894년 동학 농민 운동과 청일전쟁(淸日戰爭), 1895년 을미개혁(乙未改革), 1896년 아관파천(俄館播遷) 등 연이은 정치·사회적 혼란으로 크게 동요하였다. 이러한 상황에서 비신자들 가운데는 천주교회를 보호처로 여기고 입교하고자 하는 이들이 적지 않았다.

이러한 모든 사건들(동학 농민 운동, 을미사변 등)로 인하여 이 나라가 혼란에 빠져 버리기는 하였습니다만, 우리는 이것을 선교 사업에 이용할 수 있었습니다. 어찌할 바를 모르는 성실한 많은 비신자들이 뭔가 의지할 것을 찾아 우리에게로 왔습니다. …사실 성인 세례자의 수는 보기 드물 정도로 급증하여 보통 때보다 거의 1천 명 정도가 많은 2,724명이 되었습니다(〈1896년도 보고서〉,《서울교구 연보》I, 187쪽).

이와 함께 교회에 의지하여 현실적인 이익을 획득하고자 세례를 받는 이들도 있었다. 1890년대 선교사들은 주한 프랑스 공사관과 뮈텔 주교의 지

1882년 서울에 종현 본당이 설립되자 이를 시작으로 파리 외방전교회 선교사들은 각자가 담당한 관할 구역 내에서 장차 사목의 중심지가 될 곳을 찾아 본당을 설립하기 시작하였다.

지 및 후원을 받아 향촌사회에서 막강한 영향력을 행사하였다. 그들은 치외법권을 이용하여 지방 행정에 간섭하거나 신자와 비신자 간의 분쟁에 직접 개입하여 문제를 해결하기도 하였다. 이처럼 선교사들이 향촌사회에서 영향력을 발휘하게 되자 교회에 의지하여 개인적인 문제를 해결하거나 현실적인 이익을 얻기 위해 세례를 받는 이들이 있었다. 그들 중에는 교회에 의지하여 부정행위를 저지르는 이들이 있었기 때문에, 천주교회는 그들을 경계하지 않을 수 없었다.

이와 같은 이유들로 인해 급격한 성장세를 보이던 천주교회는 1905년을 기점으로 이전과는 다른 양상을 보였다. 신자 수의 증가세는 1900년 이전의 수준으로 되돌아갔고, 성인 세례자 수도 4,000명대에 머물렀다. 이는 교안(敎案)과 러일전쟁(1904~1905) 등의 여파로 성사 집행과 통계 조사가 어려웠고, 신자들이 간도 등지로 집단 이주하는 사례가 적지 않았기 때문으로 보인다. 게다가 1905년 을사조약 체결로 조선의 외교권이 박탈되고 1906년 주한 프랑스 공사관이 철수함에 따라 천주교회가 더 이상 주한 프랑스 공사관의 후원을 받지 못하게 되었다는 점도 또 하나의 이유였다.

2. 본당의 설립

선교사들은 각자의 관할 구역을 담당하면서 장차 사목의 중심지가 될 지역에 본당을 설립하였다. 1882년 서울에서 종현 본당(지금의 명동 주교좌 본당)이 설립된 것을 시작으로 각 지역에 본당이 설립되었는데, 1882년부터 1910년까지의 설립 상황을 정리해 보면 다음의 〈표 2〉와 같다. 그리고 이를 토대로 연도별·도별 본당 설립 상황을 정리하면 〈표 3〉과 같다.

〈표 2〉 한국 천주교회 본당 설립 상황(1882~1910년)

번호	설립 시기	본당 명칭	설립 지역	비고
1	1882	종현	서울	현 명동 주교좌 본당
2	1884	이천(망답)	강원 이천	
3	1885	부엉골	경기 여주	1896년 장호원으로 이전, 장호원 본당(충북 음성 소재, 현 감곡 본당)이 설립됨
4	1886	대구	대구	현 계산 주교좌 본당
5	1887	원산	함남 원산	
6		안변	함남 안변	1896년 내평으로 이전, 내평 본당(함남 안변 소재)이 설립됨
7	1888	갓등이	경기 화성	현 왕림 본당
8		풍수원	강원 횡성	
9	1889	전주	전북 전주	현 전동 본당
10		배재	전북 완주	1895년 김제로 이전, 수류 본당이 설립됨
11		제물포	인천	현 답동 주교좌 본당
12	1890	초량	부산	현 범일 본당
13		양촌	충남 예산	1899년 합덕으로 이전, 합덕 본당(충남 당진 소재)이 설립됨
14		간양골	충남 예산	1894년 본당 폐쇄
15	1891	되재	전북 완주	현 고산 본당
16	1892	약현	서울	현 중림동 약현 본당
17	1894	가실	경북 칠곡	
18	1895	공세리	충남 아산	
19	1896	평양(관후리)	평양	
20		미리내	경기 안성	
21		원주	강원 원주	현 원동 주교좌 본당
22		마렴(매화동)	황해 안악	
23		이천(포내)	강원 이천	
24	1897	나바위	전북 익산	
25		명례	경남 밀양	임시 본당. 1903년 폐쇄
26		공주	충남 공주	현 공주 중동 본당
27		목포	전남 목포	현 목포 산정동 본당
28	1898	청계동	황해 신천	
29		장연	황해 장연	

번호	설립 시기	본당 명칭	설립 지역	비고
30	1898	섶가지	평양	1902년 영유로 이전, 영유 본당(평남 평원 소재)이 설립됨
31	1899	제주	제주도	현 제주 중앙 주교좌 본당
32		재령	황해 재령	
33		진주	경남 진주	1900년 마산으로 이전, 마산 본당(현 완월동 본당)이 설립됨
34	1900	우적동(무안)	전남 무안	1908년 본당 폐쇄
35		한논	제주 서귀포	1902년 홍로로 이전. 현 서귀포 본당
36		어은동	전북 진안	현 진안 본당
37		봉산(검수)	황해 서흥	
38		진남포	평남 진남포	
39		개성	경기 개성	
40		하우현	경기 의왕	
41		안성	경기 안성	
42	1901	부여	충남 부여	현 금사리 본당
43		김천	경북 김천	현 김천 황금 본당
44	1902	황주	황해 황주	
45		은율	황해 은율	1905년 8월~1914년 6월 장연 본당에서 관할
46	1903	신성리	전북 정읍	현 시기동 본당
47	1904	용소막	강원 원주	
48	1905	진주(소촌)	경남 진주	현 문산 본당
49	1906	옥천	충북 옥천	
50	1907	용평	경북 영천	임시 본당. 1903년 폐쇄
51	1908	양평(마룡리)	경기 양평	현 용문 본당
52		나주	전남 나주	현 노안 본당
53		수곡(결성)	충남 홍성	
54	1909	행주	경기 고양	
55		용정	간도 연길현 용정	
56		삼원봉	간도 화룡현 영암촌	
57	1910	비현	평북 의주	
58		조양하	간도 연길현 팔도구	

한국교회사연구소에 소장되어 있는 교세 통계표와 《한국가톨릭대사전》을 참고로 작성하였다.

〈표 3〉 연도별·도별 본당 설립 상황(1882~1910년)

연도	서울·경기	강원	충청	경상	전라
1882	종현				
1884		망답			
1885	부엉골				
1886				대구	
1887					
1888	갓등이	풍수원			
1889	제물포				전주·배재
1890			양촌·간양골	초량	
1891					되재
1892	약현				
1894				가실	
1895			공세리		(수류)
1896	미리내	원주·포내	(장호원)		
1897			공주	명례	나바위·목포
1898					
1899			(합덕)	진주	우적동
1900	개성·하우현·안성			(마산)	어은동
1901			부여	김천	
1902					
1903					신성리
1904		용소막			
1905				진주	
1906			옥천		
1907				용평	
1908	양평		수곡		나주
1909	행주				
1910					
합계	11	5	7	8	9

황해	평안	함경	제주	간도	합계
					1
					1
					1
					1
		원산·안변			2
					2
					3
					3
					1
					1
					1
					1
마렴	평양	(내평)			5
					4
청계동·장연	섶가지				3
재령			제주		4
봉산	진남포		한논		7
					2
황주·은율	(영유)		(홍로)		2
					1
					1
					1
					1
					3
				용정·삼원봉	3
	비현			조양하	2
7	4	2	2	3	58

괄호 안의 본당은 타 지역에서 이전한 본당으로, 합계에는 포함하지 않았다.

시기별 본당 설립 추이를 보면, 크게 세 부분으로 나눌 수 있다. 1882~1895년에는 매년 평균적으로 1.5개의 본당이 설립되었다. 그러나 1896~1902년에는 매년 약 3.9개의 본당이 설립되어 전 시기보다 2.4개가 더 많았다. 그러다가 1903~1910년에는 본당의 설립이 감소하여 매년 약 1.6개에 그쳤다. 이러한 본당 설립 추이는 교세의 변동과도 궤를 같이하였음을 확인할 수 있다. 즉 1896년 이후부터 교세가 급격하게 성장하였고, 그에 따라 본당의 설립도 활발하게 이루어졌던 것이다.

다음으로 도(道)별 설립 상황을 살펴보자. 1882~1895년에는 서울·경기도, 강원도, 충청도, 경상도, 전라도, 함경도에 본당이 설립되었지만 황해도, 평안도, 제주도에는 본당이 1개도 없었다. 그러나 1896~1902년에 황해도, 평안도, 제주도에도 본당이 설립됨으로써 전국적인 분포를 보이게 되었다. 본당 설립이 활발하였던 도는 서울·경기도, 전라도, 경상도, 충청도, 황해도였다. 이 가운데 특히 주목되는 지역은 황해도로, 1896~1902년에 모두 7개의 본당이 설립되었다. 이 시기 황해도는 전국에서 가장 풍성한 수확을 거둔 지역으로 평가되었다. 1898년도 통계 자료에 따르면, 황해도에서는 2년 동안에 신자 수가 2배 이상으로 늘어났고, 등록된 예비 신자의 수도 500여 명에 이르렀다. 이처럼 교세 신장이 두드러진 것은 빌렘(N.J.M. Wilhelm, 洪錫九, 1860~1938) 신부의 사목과 안태훈(安泰勳, 베드로, 1862~1905)의 선교 활동 등에 기인하기도 하였지만, 향촌사회에 영향력을 발휘하는 교회에 의지하고자 하는 이들이 적지 않았기 때문이다. 그러나 이와 같은 비약적인 성장은 향촌사회에서의 갈등도 야기하였다. 결국 1900년을 전후하여 해서 교안(海西敎案)이 발생하자 교안으로 천주교회는 타격을 입었고, 신자 수도 크게 감소하였다.

서울·경기도, 전라도, 충청도, 경상도와는 달리 강원도, 평안도, 함경도에는 본당 수가 2~5개에 머물렀다. 본당도 도(道) 권역에 고루 분포한 것이 아니어서 강원도 영동 지역, 평안북도, 함경북도에는 본당이 1개도 없었다. 그 이유로는 당시 천주교회가 평야지대를 중심으로 선교 권역을 확보해 나갔기 때문에 산악지형이 많은 위의 세 지역에 본당 설립이 상대적으로 늦을 수밖에 없었다는 점, 의화단 운동(義和團運動)이나 러일전쟁 등 국경지대의 혼란으로 선교 활동이 원활히 이루어질 수 없었다는 점 등을 들 수 있다.

다음으로 본당이 설립된 지역을 보면, 감영(監營) 소재지와 읍치(邑治) 지역, 개항장 등지에도 다수 설립되었음을 확인할 수 있다. 평양·수원·공주·대구·전주 등은 감영 소재지로서 통치·행정의 중심지였고, 진남포·원산·인천(제물포)·부산(초량)·마산·목포 등은 개항장으로서 무역 및 경제 중심지였다. 박해시대에는 신자들이 탄압을 피해 거주한 산간지대에 교우촌이 형성되었지만, 조불조약의 체결 이후에는 행정 및 경제 중심지에 본당이 설립되었던 것이다.

한편 조선 천주교회는 1900년대 후반 간도(間島) 지역에 본당을 설립하였다. 간도 지역은 본래 동간도(즉 북간도)와 서간도로 구분되는데, 간도라고

> **의화단 운동**
>
> 중국 청나라 말기인 1900년에 일어난 배외적(排外的) 민중 봉기. 의화단은 원래 의화권(義和拳)으로 알려진 중국의 비밀결사로, 단원들은 자신들이 독특한 권법과 봉술의 연마로 초자연적인 힘을 얻어 칼이나 철포에도 상처를 입지 않는다고 믿었다. 19세기 말부터 의화단은 점차 세력을 확대해 나갔고, 서태후(西太后)의 지원을 받아 '부청멸양'(扶淸滅洋, 청조를 돕고 외국을 멸한다)이라는 기치 아래 중국인 그리스도교 신자들과 서양인 선교사들을 공격하였다. 이에 영국·프랑스·미국·독일 등 8개국은 연합군을 조직하여 의화단과 교전하였다. 1900년 8월 14일 연합군은 북경을 점령하였고, 청 조정을 압박하여 1901년 9월 적대행위를 중단하고 외국 열강에 배상금을 지급한다는 내용의 신축조약(辛丑條約)을 체결하였다.

하면 보통 동간도 지역의 훈춘(琿春)·왕청(汪淸)·연길(延吉)·화룡(和龍) 현을 지칭하였다. 일찍이 함경도 지방의 농민들은 19세기 중엽부터 이곳으로 이주하여 농지를 개간하였는데, 이로 인해 조선과 청나라 사이에 월경(越境) 개간이 종종 문제가 되기도 하였다. '간도의 첫 사도'라 불리는 김영렬(金英烈, 세례자 요한, ?~1931)도 함경도를 떠나 간도에 정착한 이주민이었다. 김영렬은 스승 김이기(金以器)를 통해 천주교를 알게 되었고, 스승의 유언에 따라 교리를 자세히 배우기로 결심하고 상경하던 중, 원산 본당의 베르모렐(J. Vermorel, 張若瑟, 1860~1937) 신부를 만나게 되었다. 그는 1896년 5월 16일 베르모렐 신부로부터 세례와 견진을 받은 후 간도의 호천개〔湖泉浦〕로 되돌아가 친척과 동료들에게 교리를 전하였다. 그의 가르침에 따라 최규여(崔規汝, 그레고리오)와 유패룡(劉覇龍, 라우렌시오)이 세례를 받은 것을 비롯하여 예비 신자들이 꾸준히 늘어났다. 그들 가운데 12명이 1897년에 원산 본당의 브레(L.E.A. Bret, 白類斯, 1858~1908) 신부로부터 세례와 견진성사를 함께 받았는데, 브레 신부는 그들에게 '북관(北關)의 12사도'라는 이름을 붙여 주었다. 이후 김영렬과 사도들의 활약으로 간도 지역에 신앙이 뿌리를 내리게 되었다. 신자들이 늘어나면서 1898년 부처골〔佛洞, 大敎洞〕에 간도 지역 최초의 공소가 설립되었고, 이후 싸리밭골, 삼원봉〔英岩村〕, 서학골〔棲鶴洞〕 등에도 공소가 세워졌다.

이렇듯 신자들에 의해 간도 지역에 천주교가 전파됨에 따라 브레 신부는 1897년 12월 21일부터 이듬해 3월까지 간도 지역의 신자들을 방문하였다. 그리고 1899년 말부터 간도의 신자들을 돕기 위해 뮈텔 주교에게 간도에 신부를

북만주 대목구
1898년 5월 10일 만주 대목구가 북만주와 남만주 대목구로 분할되면서 설정되었다. 북만주 대목구의 사목은 파리 외방전교회에서 담당하였고 주교관은 길림성에 있었다.

파견해 줄 것을 요청하였다. 그러나 뮈텔 주교는 이를 선뜻 받아들일 수 없었다. 당시 간도 지역의 재치권(裁治權)은 북만주(北滿州) 대목구의 주교에게 있어 조선 대목구에서 선뜻 신부를 파견하기가 어려웠기 때문이다. 1897년 브레 신부의 간도 지역 방문도 당시 만주 대목구장이었던 기용(L. Guillon, 1854~1900) 주교가 뮈텔 주교의 요청을 받아들임으로써 이루어진 것이었다. 뮈텔 주교는 이러한 재치권 문제와 함께 당시 조선과 중국 사이에 간도 지역을 둘러싸고 영토 분쟁이 지속되고 있었다는 점도 고려해야 했다. 그러나 브레 신부는 뮈텔 주교에게 간도에 신부를 파견해 주기를 거듭 요청하였고, 간도의 신자들도 이를 간청하였다. 이러한 가운데 1907년 4월에 북만주 대목구장 라루이에(P.-M.-F. Lalouyer, 1850~1923) 주교가 뮈텔 주교에게 간도에 한두 명의 선교사를 파견해 줄 것을 요청하는 서신을 보냈다. 그는 이전부터 조선 대목구의 선교사가 간도의 조선인 신자들을 사목하는 것에 긍정적이었는데, 간도의 상황을 파악하고는 조선 대목구 신부의 파견이 필요하다고 판단하였던 것으로 생각된다. 이에 뮈텔 주교는 1907년 9월 "할 수 있다면 최소한 1년간"이란 단서를 붙여 브레 신부를 간도에 파견하였다.

간도로 건너간 브레 신부는 1907년 11월부터 용정에 거주하면서 본당의 설립을 준비하였으나 건강이 악화되어 1908년 10월 24일에 선종하였다. 그러자 조선 대목구에서는 1909년 5월 1일에 퀴를리에(J.J.L. Curlier, 南一良, 1863~1935) 신부와 라리보(A.J. Larribeau, 元亨根, 1883~1974) 신부를 간도로 파견하였다. 그해 퀴를리에 신부는 용정 본당(이후 용정 하시 본당)을, 라리보 신부는 삼원봉 본당(이후 대랍자 본당)을 각각 설립하였다. 이어 1910년 9월 26일에는 최문식(崔文植, 베드로, 1881~1952) 신부가 조양하 본당(이후 팔도구 본당)을 설립하였다. 이처럼 간도 지역에 3개의 본당이 설립됨에 따라 선교 지역이 확대되었을 뿐만 아니라 성당이나 공소의 건립, 학교의 설립 등 여러 활동이 보다 활발해졌다.

제2절 신학교의 설립과 조선인 성직자 양성

1. 신학생 교육의 재개

리델 주교가 조선에 입국한 직후부터 우선적으로 계획했던 사업은 조선인 성직자 양성이었다. 병인박해로 배론 신학교가 폐쇄된 후, 국내에서는 신학생 교육이 이루어지지 못하였다. 이러한 점을 감안한 리델 주교는 1873년 차쿠에 신학교를 설치하여 조선인 신학생들에게 라틴어를 가르쳤다. 그러다가 1877년 조선 입국에 성공한 후에는 로베르 신부에게 신학교를 설립하여 교장을 맡도록 하였다.

한 달 반이 채 지나지 않아 저는 리델 주교님으로부터 편지를 한 통 받았습니다. 상황과 특히 저희 둘이 함께 지내는 데 따른 위험성을 고려하여, 주교님께서는 제게 ○○지역(○○도)으로 떠날 것을 명하셨습니다. 그곳은 20리외(lieue, 80km) 떨어져 있고 벌써 눈으로 덮인 깊은 산골이었습니다. 거기 도착해서 저는 제게 호의를 보인 마을과 이웃 마을의 교우촌들, 그리고 마을 밖에 있는 두 교우촌을 사목해야 했습니다. 한 곳은 180리, 다른 곳은 120리 떨어져 있는 곳이었습니다. 그리고 드디어, 신학교를 세워야 했는데 리델 주교님은 저를 그곳의 교장으로 임명하셨습니다.
제가 이 편지를 받고 얼마나 놀랐을지 생각해 보십시오. 저는 이것이 꿈인가 생시인가 했습니다. 새파랗게 젊고 경험 없는 저에게 동료를 떠나 산골에 들어가 그렇게 살라뇨. 신자들의 말 중 가장 흔히 쓰는 말만 간신히 알고 있는 데 말입니다. 게다가 어린아이들을 교육시키고, 라틴어를 가르치고, 사제에게

조선인 성직자 양성을 위해 리델 주교는 조선인 신학생들을 1882년부터 페낭 신학교로 유학보냈다. 그러나 적응에 어려움이 있어 이들은 1884년부터 귀국하기 시작하여 용산 예수성심신학교에서 학업을 마쳤다. 그런 가운데 1896년 4월 26일 3명의 신학생이 조선 국내에서는 처음으로 교구장 주교에 의해 사제로 서품되었다. 왼쪽부터 홍병철·이종국·이내수·강성삼·김문옥·김승연·한기근·강도영·김원영·김성학·정규하 신부.

필요한 모든 덕목을 수행하도록 가르치고, 그들을 사제의 지위까지 인도하라니요. 저야말로 저를 가르치고 지도해 줄 선생이 참으로 필요한데 말입니다. 어떻게 놀라고 낙심하지 않을 수 있겠습니까? 그러나 다른 한편으로, 제가 제 뜻대로 하기 위해 선교지에 온 것이겠습니까? 그와는 거리가 멀게, '사랑하고 고통받고 죽는다'가 제가 부모와 고국을 떠날 때 품었던 좌우명이었습니다. 이 먼 나라에는 수많은 영혼들이 그들을 가르치고 신앙을 확고히 해 줄 사제가 없어 길 잃고 헤매고 있습니다. 이곳으로 선교사가 처음 눈길을 돌릴 때, 그가 가슴에 품는 생각은 '주님을 사랑하고 주님을 위해 고통 받고 주님을 위해 죽는 것'이 아니겠습니까? 제게 부여된 직책을 이행하기에 충분한 자격은 갖추지 못하였으나 주교님의 명을 받들어 저는 저의 새 임지로 떠날 준비를 하였습니다(〈로베르 신부가 부모에게 보낸 1878년 3월 9일자 서한〉).

로베르 신부가 처음 교육을 담당했던 신학생은 베드로와 바오로, 2명이었으나, 1878년 7월 이후에는 3명으로 늘어났다. 로베르 신부는 신학생들에게 라틴어를 가르쳤고, 한문 선생으로 하여금 한글과 한문을 가르치도록 하였다. 하지만 로베르 신부가 연중 대부분을 각 지역에 산재해 있는 공소들을 순회하는 데 보냈기 때문에, 신학생 교육은 순회를 마친 후 휴식기간에 주로 이루어진 것으로 보인다.

이처럼 국내에서 신학생 교육이 이루어지는 가운데, 페낭(Penang) 신학교 유학도 재개되었다. 블랑 신부는 1881년에 이내수(李迺秀, 아우구스티노, 1862~1900)와 강성삼(姜聖參, 라우렌시오, 1866~1903)을 일본 나가사키(長崎)에 있는 임시 조선 대표부로 보내 예비 신학생 공부를 하도록 하였다. 조선 신학생들은 그곳에서 코스트 신부로부터 1년간 지도를 받은 후, 1882년 페낭 신학교를 향해 떠났다. 이를 시작으로 1884년까지 다섯 차례에 걸쳐 모두 21명(혹은 22명)의 신학생들이 페낭 신학교에 입학하였다. 조선 신학생들은 "(신학교) 장상들의 헌신적인 가르침에 아주 잘 순종하고 있다"는 좋은 평가를 받기도 했지만, 언어 문제, 음식 및 풍토에 대한 적응 등의 어려움을 겪었다. 그로 인해 1884년 12월 한기근(韓基根, 바오로, 1867/1868~1939)·이내수·전 안드레아가 2년 만에 페낭 신학교를 떠나 조선으로 귀국하였다. 이러한 점을 고려한 블랑 주교는 1884년을 끝으로 페낭으로의 신학생 파견을 중지하고, 국내에서의 신학생 양성을 계획하였다. 그리고 1885년 국내에 신학교가 설립되어 체계적인 신학생 양성이 가능해짐에 따라 페낭으로 신학생을 파견할 필요가 없어졌다. 결국 1892년 6월 페낭에 마지막으로 남아 있던 신학생들이 귀국을 위해 신학교를 떠남으로써 페낭 신학교 유학은 끝을 맺었다.

2. 부엉골 예수성심신학교의 설립

국내에서 신학생 양성을 계획한 블랑 주교는 로베르 신부에게 적당한 장소를 골라 신학교 건물로 사용될 집을 짓도록 하였다. 로베르 신부는 깊은 산골에 위치한 교우촌인 원주 부엉골(지금의 경기도 여주시 강천면 부평 1리)에 신학교를 설립하였다. 로베르 신부가 신학교 설립지로 외진 산골인 부엉골을 선택한 이유는 박해를 의식했기 때문으로 생각된다. 선교사와 신학생들이 공동생활을 해야 하는 신학교였으므로 비신자들의 이목을 피할 수 있는 곳을 택할 수밖에 없었던 것이다. 이러한 이유와 함께 부엉골에는 교우촌이 있어서 신자들의 도움을 받을 수 있으리라는 점도 고려하였을 것이다.

이처럼 신학교 설립이 결정되자 블랑 주교는 마라발 신부를 초대 교장으로 임명하였다. 마라발 신부가 부엉골에 부임함에 따라 1885년 10월 28일자로 신학교가 문을 열었다. 신학교의 주보는 '예수 성심'이었고, 신학교의 정식 이름은 '예수성심신학교'였으나, 학교 소재지가 부엉골이었기 때문에 흔히 '부엉골 신학교'라 불렸다.

신학교 초창기 신학생은 7명으로, 한기근·이내수·전 안드레아·최 루카 등 페낭에서 귀국한 4명과 개교 후에 선발한 유 안토니오·이 바오로·최 요아킴 등 신입생 3명이었다. 교육 과정은 자세히 알 수 없으나 신학교 설립 이전에 실시되었던 신학생 교육과 크게 다르지 않았을 것이다. 마라발 신부가 라틴어를 맡고, 평신도 교사가 한문과 한글 교육을 담당하였을 것으로 여겨진다.

그런데 궁벽한 산골에 위치해 있던 신학교는 시설도 좋지 못하였을뿐더러, 학생 수도 10명을 넘지 못하였다. 이는 신학교가 서울의 한한학교(韓漢學校, Collège Chinois-Coréenne)와 같이 쉽게 성장하리라고 기대했던 블랑 주교에게 실망을 안겨 주었다. 신학교가 당초의 기대와는 달리 발전을 하지 못하자, 블랑 주교는 신학교의 이전을 모색하였다.

3. 용산 예수성심신학교의 사제 양성

1) 신학교의 용산 이전

부엉골 신학교의 더딘 발전에 고심하던 블랑 주교는 신학교를 용산(龍山) 함벽정(涵碧亭) 일대로 이전할 것을 결정하였다. 신학교를 궁벽한 부엉골에서 도성 밖으로 10리 정도 떨어진 용산 함벽정으로 이전할 수 있었던 것은, 1886년에 체결된 조불조약 덕분이었다. 조불조약으로 프랑스인은 조선 정부가 발행하는 호조를 가지고 개항장을 벗어나 국내 각지를 돌아다닐 수 있었고, 선교사들이 복음과 신앙을 전할 수 있는 길이 열렸기 때문이다. 블랑 주교는 이러한 시대 변화에 따라 사제 양성을 보다 활성화시키기 위해 신학교를 용산으로 이전하였던 것이다.

함벽정은 지금의 서울 용산구 원효로 4가에서 한강이 내려다보이는 강변 요지에 서 있던 누정(樓亭)으로, 경치가 아름다운 곳이어서 조선시대에는 자주 시회(詩會)가 베풀어졌었다. 1887년 블랑 주교는 명도회장 김 가밀로에게 신학교 부지를 물색토록 하다가 함벽정 일대를 발견하고 최 시몬의 명의를 빌려 6,470평의 대지와 그 안에 있던 조선 가옥을 매입하였다. 기본적인 정지 작업을 하도록 지시한 블랑 주교는 훗날 신학교 교사의 아래 마당 좌측이 되는 곳에 자리 잡고 있던 기와집을 용산의 첫 교사(校舍)로 사용할 것을 결정하였다. 그리고 1887년 3월까지 신학교의 이전을 마무리하였다. 이로써 예수성심신학교의 부엉골 시기는 2년이 채 되기도 전에 끝을 맺고, 용산 신학교 시기가 시작되었다.

2) 교수진과 교육 과정

신학교 이전이 마무리되자, 블랑 주교는 리우빌 신부를 교장으로 임명하고, 마라발 신부를 교수로 하여 그를 보좌하도록 하였으며, 한문 교사 1명도 별도로 선임하였다. 이후에는 여러 선교사들이 교수 신부로 임명되었는데, 1909년까지 2~4명이 교수 신부로서 학생들을 지도하였다. 그리고

1897년 12월 18일에 사제품을 받은 한기근 신부는 조선인으로는 최초로 교수 신부로 임명되어 소신학생들에게 한문을 가르쳤고, 1900년 9월 22일에 사제품을 받은 김승연(金承淵, 아우구스티노, 1874~1945) 신부도 소신학생들의 교육을 담당하였다.

교육 과정을 보면, 초창기에는 부엉골 신학교와 같이 소신학교 과정만을 운영했던 것으로 여겨진다. 그러다가 대·소신학교 과정을 모두 한 교사에서 교육하는 체제를 갖춘, 다시 말해 대·소신학교를 겸한 형태로 변모하였다. 소신학교는 하급반(minores) 3년과 상급반(maiores) 3년으로, 대신학교는 철학반 2년과 신학반 4년으로 나뉘어 교육 과정이 구성되었다. 소신학교에서는 라틴어 공부와 함께 국어·산수·지리·과학·역사 등 보통학교 과정의 교육을 실시하였다. 이러한 소신학교 과정은 철학반과 함께 신학반 수업을 위한 예비 과정이었다. 이 교육 과정에 따르면, 용산 신학교의 대신학교, 즉 철학반은 1890년 초에, 신학반은 1892년 3월에 처음 시작되었을 것으로 생각된다. 그 이유는 한기근, 구 요한, 박 프란치스코, 방 바오로 등 4명이 1892년 3월 12일에 철학반을 끝내고 처음으로 삭발례를 받았기 때문이다.

학사 일정을 보면, 새 학년은 10월에 시작되었고, 한 학년은 두 학기로 운영되었다. 한 학기가 끝날 때마다 정기적으로 시험을 보았는데, 2월의 학기말 시험과 여름 방학 전에 치러지는 6월의 학년말 시험이었다. 이 시험을 치르고 나면 학생들은 6월 중·하순부터 9월 중·하순까지 3개월간 여름 방학을 보냈다. 이처럼 여름 방학이 긴 반면에 겨울 방학은 2월 중에 약 1주일로 짧았다. 신학생들은 개학하여 신학교에 돌아오면 개학 피정을 하고 다시 학교생활을 시작하였다.

이와 같이 12년간에 걸친 대·소신학교 과정을 무사히 마치고 성품성사를 받아 성직자가 되어 사목 활동에 나서기까지, 신학생들은 자의나 타의로 중도에 학업을 그만두고 퇴교하는 경우가 많았다. 또한 신학생들의 건강 문제는 신학교가 당면한 가장 큰 어려움이었다. 신학교에서 폐병과 열병이 만연하자 1893년 4월 뮈텔 주교는 신학반 학생들의 건강을 염려하여 공부를 일시 중단시킨 후 고향으로 보내 그곳 본당 신부로부터 지도를 받도록 하기도 하였다.

3) 신학생 수의 변화

신학교 초기의 신학생은 페낭에서 유학하다가 귀국하여 편입한 학생들과 새 입학생들로 구성되었다. 조선 천주교회는 용산 신학교가 개교하자, 페낭에서 유학하던 신학생들을 국내에서 교육시키기 위해 귀국 조치를 취하였다. 마지막으로 남아 있던 신학생들이 귀국을 위해 페낭 신학교에서 퇴교한 것은 1892년 6월 20일이었다. 조선으로 되돌아온 신학생들은 용산 신학교에서 학업을 계속하였고, 후에 그들 가운데 11명이 성품성사를 받았다.

개교 초기 입학 자격과 관련된 자료는 없지만, 입학시험이 없었기 때문에 입학 과정은 초기나 후기나 크게 다르지 않았을 것으로 생각된다. 신입생은 연령과 학력의 제한이 없었고, 단지 본당 신부의 추천서만이 필요하였을 것으로 여겨진다. 추천서를 받기 위해 필요한 조건은, 첫째, 정당한 혼인에서 낳은 아들, 둘째, 신체적으로나 정신적으로 결함이 없는 학생, 셋째, 과거에 유전병과 정신병을 앓은 적이 없고 현재도 앓고 있지 않은 학생, 넷째, 신앙적으로나 사회적으로 지탄의 대상이 되지 않는 가정에 속한 학생, 다섯째,

나이가 너무 많지 않은 경우 등이었다.

용산 신학교 초기의 신학생은 모두 14명이었다. 이들은 부엉골 신학교에 다니던 7명과 1887년 페낭에서 귀국한 황 베드로, 그리고 새로 입학한 6명이었다. 그 수는 1891년까지 20명을 넘지 못하다가 1892년에 35명으로 크게 늘어났는데, 신입생이 10명이었고, 귀국한 페낭 신학생들이 편입하였던 까닭이다. 1899년에 40명을 헤아렸던 신학생 수는 1901년에 19명으로 급감하였는데, 당시 몇몇 신학생들과 교장 신부인 기낭(P. Guinand, 陳普安, 1872~1944) 신부와의 알력으로 한꺼번에 21명의 학생이 자진하여, 또는 학교의 퇴학 처분으로 학교를 떠났기 때문이다. 하지만 이후 점차 신입생 충원이 이루어지면서 1908년에는 신학생이 61명에 이르렀다.

4) 교사의 신축 및 별장의 설치

신학교가 자리를 잡아 가고, 신학생 수가 늘어나면서 교사(校舍)를 확충하는 것이 시급한 과제로 떠올랐다.

리우빌 신부와 마라발 신부가 지도하는 우리 신학교는 만족스럽게 운영됩니다. 거기서 공부하는 학생 20명은 모두 건강이 좋고 정신이 훌륭하며 눈에 띄게 진보합니다. 그러나 우리에게 가장 심한 불안을 느끼게 하는 것은 건물의 부족입니다. 불편하고 또 끊임없이 수리를 해야 하기 때문에 비용도 많이 드는 조선 가옥에 자리 잡은 이 신학교는, 서양식 건축물을 마련해 주지 않는 한 문제가 해결되지 않은 채로 남아 있을 것입니다(〈1889년도 보고서〉, 《서울교구 연보》I, 84쪽).

용산 예수성심신학교는 2층의 서양식 건축물을 지어 1892년 6월 25일 축복식을 거행하였고, 신학생이 늘어나자 부속 성당을 마련하기 위해 1902년에는 신학교 성당(오른쪽 건물)을 건립하였다.

블랑 주교는 이처럼 신학교의 건물 부족을 우려하여 당시 종현 본당 주임이었던 코스트 신부로 하여금 신학교 건물을 설계하도록 하였다. 하지만 블랑 주교가 1890년 2월 21일에 선종함으로써 그 뜻을 이루지는 못하였다.

신학교 건물의 신축은 블랑 주교의 뒤를 이어 조선 대목구장이 된 뮈텔 주교에 의해 실행되었다. 그는 1891년 4월 12일에 신학교 교수 신부들과 본당에서 사목하는 신부들의 뜻에 따라 신학교 건물의 신축을 결정하였다. 이에 따라 공사가 시작되었고, 같은 해 5월 6일에 서울의 모든 신부들이 참석한 가운데 신학교의 정초식을 거행하였다. 이후 1년여의 공사 끝에 'ㄷ'자 형태의 2층 서양식 건물을 완공하고 1892년 6월 25일에 축복식을 거행하였다. 새 건물이 신축되면서 이전의 한옥 기와집은 창고, 세면장 등으로, 일부는 약방으로 이용되었다.

신학교 건물이 완공된 후 2층의 가장 넓은 교실을 부속 성당으로 하여 매일 미사와 신학생들의 기도 및 묵상의 장소로 사용하였다. 그러나 신학생들이 점차 늘어나면서 공간이 비좁아져 여러 가지 불편을 초래하였고, 신학교의 필수 시설인 부속 성당을 독립된 건물로 건립해야 한다는 의견이 제기되면서 용산 신학교는 성당 건축에 착수하였다. 이에 1899년 5월 13일 용산 신학교 앞에 있던 땅을 매입하였고, 6월 9일에 정초식을 가진 후 본격적인 공사에 들어갔다. 공사가 진행되는 도중인 1901년 10월 17일에는 성당 건축 비용을 기부한 은인의 원의에 따라 김대건 신부의 유해를 미리내에서 수습하여 성당에 안치하였다. 성당이 완공되자 1902년 4월 14일에 뮈텔 주교의 집전으로 봉헌식을 거행하였다.

이 성당은 신학교의 주보인 '예수 성심'을 따라 명칭이 '예수 성심 성당'이었지만, 원효로에 있었기 때문에 '원효로 성당'이라고도 불렸다. 성당은

1902년 4월 14일 뮈텔 주교의 집전으로 열린 예수성심신학교 예수 성심 성당 봉헌식. 이 성당은 역사적 의미와 예술성을 인정받아 1911년 완공된 대신학교 건물과 함께 1977년 사적 제255호로 지정되었다.

기존의 신학교 건물 뒤편 위쪽으로, 순교 사적지인 새남터를 바라보는 곳에 자리 잡았다. 그 출입구 안쪽 상부에는 성당의 건축 기간(1899~1902)과 김대건 신부의 라틴어 이름 머리글자(AK) 및 생몰 연대(1821~1846)가 로마자로 기록되었다. 예수 성심 성당은 약현 성당(지금의 중림동 약현 성당, 1892년 9월), 종현 성당(1898년 5월)에 이어 한국에서 세 번째로 건립된 고딕식 성당이었다. 이러한 역사적 의미와 함께 그 예술성을 인정받아 1911년에 완공된 대신학교 건물과 함께 '용산 신학교와 원효로 성당'이라는 명칭으로 1977년 11월 22일 사적 제255호로 지정되었다.

한편 뮈텔 주교는 신학교 제4대 교장 로(J.L. Rault, 盧若望, 1860~1902) 신부가 1896년 2월 25일 한강의 나루터인 동작나루[銅雀津] 부근에 매입한 기와집을 신학교 별장으로 개조하여 1902년 5월 15일 축복식을 거행하였다. 별장 이름은 용산 신학교의 지명인 함벽정과 비슷하게 '연벽정'(蓮碧亭)이라고 불렀다. 뮈텔 주교가 신학교의 별장을 조성한 이유는 신학교에서 학업과 수덕생활에 전력하는 신학생들과 그들을 지도하는 교수 신부들에게 쉴 수 있는 장소를 마련해 주기 위해서였던 것으로 여겨진다. 실제로 신학생들은 연벽정 별장에 다녀오는 날을 제일 고대하였다고 한다. 이후 연벽정 별장은 동작리 공소 강당으로 이용되다가 1950년 6·25 전쟁 이후 그곳에 국립묘지가 조성되면서 헐렸다.

5) 사제 배출

용산 신학교가 사제 양성의 결실을 처음 얻게 된 것은 1896년 4월 26일의 일이었다. 이날 강도영(姜道永, 마르코, 1863~1928)·정규하(鄭圭夏, 아우구스티노, 1863~1943) · 강성삼(姜聖三, 라우렌시오, 1866~1903)이 약현 성당에서 사제품을 받았다. 이들 세 명은 조선 대목구가 조선인 성직자를 양성하기 위해 국내에 설립한 신학교를 졸업하고 국내에서 교구장 주교가 집전한 최초의 사제 서품식에 의해 성직자가 되었다.

이들의 뒤를 이어 용산 신학교 출신 사제들이 계속 배출되었는데, 이를 정리하면 〈표 4〉와 같다.

〈표 4〉에서 보듯 1896년부터 1909년까지 모두 16명의 조선인 사제들이 배출되었다. 그 가운데 11명이 페낭 신학교에서 유학 생활을 하다가 귀국한 후 신학교에 편입하여 학업을 계속한 이들이었다. 1900년 9월 22일 사제품을 받은 김문옥(金紋玉, 요셉, 1873~1941) 신부와 김승연 신부를 끝으로 용산 신학교에는 페낭 유학생 출신이 없게 되었다. 국내 신학교에서 소신학교와 대신학교 과정을 모두 이수하고 사제품을 받은 이는 김양홍(金洋洪, 스테파노, 1874~1945) 신부가 처음이었다.

〈표 4〉 용산 신학교 출신 수품자(1896~1909년)

수품일	수품자	수품자 수
1896. 4. 26	강성삼* · 강도영* · 정규하*	3
1897. 12. 18	한기근* · 김성학* · 이내수*	3
1899. 3. 18	김원영*	1
1899. 10. 1	홍병철* · 이종국*	2
1900. 9. 22	김문옥* · 김승연* · 김양홍	3
1905. 4. 8	손성재	1
1908. 12. 19	김명제 · 이상화	2
1909. 6. 5	김윤근	1

*는 페낭 신학교에서 유학하다 귀국한 신학생이다.

이와 같이 예수성심신학교는 선교사들이 배론 성 요셉 신학교를 통해 이루고자 했으나 박해 때문에 이룰 수 없었던 소기의 목적을 달성해 주었다. 비록 교육 시설이나 교수 및 예산의 부족 등으로 어려움이 있었지만, 예수성심신학교는 충실하게 사제 양성이라는 그 역할을 다하였다.

제3절 《조선교회 관례집》의 간행

1. 성직자 시노드의 개최

1883년 7월 8일 일본 나가사키 주교좌 성당에서 주교 서품을 받은 블랑 주교는 이듬해인 1884년 6월 20일 리델 주교가 프랑스의 고향 마을에서 선종하면서 자동적으로 제7대 조선 대목구장에 올랐다. 당시 조선에 파견된 선교사들은 모두 9명이었다. 블랑 주교와 뮈텔 신부, 드게트 신부, 두세 신부, 리우빌 신부, 조스 신부, 로베르 신부, 프와넬 신부, 그리고 일본에서 인쇄소와 경리를 담당하고 있던 코스트 신부 등이었다. 블랑 주교의 1884년도 활동 보고(실제로는 1883년도 상황임)에 따르면, 블랑 주교 본인과 뮈텔 신부는 서울에서 활동하였는데, 대목구 재정을 담당하였던 뮈텔 신부는 순교자들의 시복 조사를 겸하고 있었다. 또한 드게트 신부는 강원도, 프와넬 신부는 황해도에 정착한 생태였고, 두세 신부는 충청도, 리우빌 신부는 전라도, 그리고 로베르 신부는 경상도에서 활동하고 있었다. 조스 신부는 한국어 학습 중이었는데, 두세 신부나 로베르 신부의 활동 구역 가운데 일부를 넘겨받아 활동할 예정이었다. 전반적으로 새 영세자의 숫자는 꾸준히 증가하였으며, 개항으로 말미암아 선교사들의 활동 반경도 점차 확대되고 있었다.

대목구장이 된 블랑 주교는 무엇보다 먼저 조선 대목구 소속의 성직자들 사이에 단결력과 동료애를 높이고, 변화하고 있던 조선 국내외의 정세에 맞추어 선교 방침과 제반 활동 규칙들을 재점검할 필요를 느꼈다. 조선 정부의 문호 개방으로 인하여 서양 열강과 수호통상조약을 체결하는 일이 잇달아 이루어지면서 교회 안팎으로도 커다란 변화의 조짐이 보이고 있었던 것이다. 게다가 조금 뒤의 일이기는 하지만 프로테스탄트인 미국의 북장로회가 중국에 있던 알렌(H.N. Allen, 安連, 1858~1932)을 의료 선교사로 임명하여 1884년 9월에 조선으로 입국하도록 한 이후에 미국 프로테스탄트 목사들이 의료와 교육을 명분으로 속속 조선에 진출하였다. 이로써 개항기 천주교회는 프로테스탄트와 경합을 벌여야 하는 상황에 놓이게 되었던 것이다.

이상과 같은 이유로 블랑 주교는 병인박해 이후 최초로 조선 국내에서 조선 대목구 전체 성직자들이 참석하는 회합, 즉 시노드를 추진하였다. 1884년 9월 초순에 열린 시노드에는 일본에 있던 코스트 신부와 열병을 앓고 있어서 서울로 올라올 수 없었던 드게트 신부를 제외한 7명의 선교사들이 참석하였다. 블랑 주교는 〈1885년도 보고서〉에 다음과 같이 적어서 조선에서 성직자 시노드를 개최하였다는 사실을 파리 본부에 알렸다.

> 작년 9월, 천주 섭리의 특은을 받아 본인은 동료 신부 모두를 서울에 모이게 했습니다. 먼저 피정을 한 다음, 일종의 성직자 회의를 열어 성사 집전과 교우들을 보살피는 데 관한 중요한 문제들을 결정지었습니다. 조선에 선교사가 입국한 이래 처음으로 소집되었던 이 회의는 모두에게 큰 기쁨과 위안을 주었으며, 선교사들로 하여금 열의와 더욱 온전한 헌신의 마음으로 고무되어 임지로 떠나게 했습니다(〈1885년도 보고서〉, 《서울교구 연보》I, 39쪽).

블랑 주교는 시노드를 통해 조선 선교지의 실제적이면서 구체적인 선교 활동의 규칙, 교회가 직면한 여러 문제들 등 광범위한 영역에 걸쳐서 선교사들의 의견을 물었다. 또한 개항 이후 정치 및 사회 변화가 밀어닥치면서 교회가 앞으로 풀어 나가야 할 문제들로 떠오른 것들에 대해서 활발하게 견해를 나누고, 문제 해결을 위한 합의를 도출하고자 하였다. 아울러 블랑 주교는 동료 선교사들과 함께 시노드를 통해서 조선 선교지에 대한 자신들의 사명을 재확인하고, 교회 재건의 길을 모색하였다.

이미 살펴보았듯이 블랑 주교는 1868년 만주 차쿠에서 성직자 회의가 열렸을 때 참석한 바 있었다. 그래서 시노드 개최의 중요성을 누구보다도 잘 알고 있었을 것이다. 특히 블랑 주교는 박해시대를 거치면서 선교지에서 가장 중요한 것은 성직자들 사이의 일체감과 동료의식이라고 생각하였다. 따라서 대목구장으로서의 직무를 시작하는 시점에 가장 먼저 동료 선교사들과의 일체감을 확인하고자 한 것이다. 아울러 블랑 주교는 신뢰와 일체감을 바탕으로 하여 통일된 선교 방침을 결정하고 선교 활동의 일관성을 마련하고자 하였다. 그것은 개항 이후의 사회적 변화 속에서 교회는 어떻게 대처해야 하는가, 박해로 인하여 발생한 문제들을 어떻게 풀어야 하는가라는 문제였다. 즉 블랑 주교는 박해시대에 드러났던 선교 정책과 신자들의 신앙생활과 관련한 문제점들을 종합적으로 검토하여 변화하는 시대를 대비하고자 하였던 것이다.

블랑 주교는 시노드를 통해서 리델 주교가 이미 추진해 오던 선교 방침을 확립하였고, 시노드를 거치는 동안 논의하고 결정하였던 지침들을 《조선교회 관례집》에 수록하여 앞으로 선교사들의 규칙서로 쓰이도록 하였다. 이 관례집은 조선교회에서는 최초로 성문화된 법규들의 규정집이었다. 멀리는 사천 시노드에 연원을 두고 있었으며, 직접적으로는 1857년 베르뇌 주교가 개최한 시노드의 사목 서한, 1868년 차쿠 회의의 결정 사항 등을 종합적으로 재정비하면서, 변화된 시대의 상황을 반영한 조문을 추가한 형태를 취하고 있었다. 관례집은 1887년 프랑스어로 편찬되어 서울에서 인쇄·배포되었다.

2. 조선교회의 신앙생활 지침

《조선교회 관례집》에 실린 몇 가지 주요한 사안들을 중심으로 당시 조선 대목구의 지침들을 검토해 보자. 먼저 제1장은 교회의 칠성사에 대한 규정이다. 제2장은 신부, 신자, 회장, 복사 등 교회 구성원들의 직분에 따른 상호 관계와 권한에 대한 상세한 규정이다. 제3장은 사도적 직무에 대해서 적시하였다. 관례집의 말미에 첨부되어 있는 부록에는 베르뇌 주교가 반포한 이른바 〈장주교윤시제우서〉와 사천 시노드 교령 요약문, 1857년 성영회 운영 규정, 교회가 감독하는 신심 단체들, 한국어의 로마자 표기 방식, 한국에서 해가 뜨고 지는 시각표, 1886년에 체결된 조불조약 발췌문 등이 실려 있다.

이 부록의 내용들을 보면 《조선교회 관례집》이 조선 대목구에서 이루어진 역대 시노드들을 계승하고 있다는 점이 분명하게 드러난다. 특히 조불조약의 체결 이후에 지방 공소를 방문하면서 맞닥뜨릴지 모를 상황들에 대처하기 위하여 조약문을 발췌하여 실어 두었다. 이는 선교사들이 활동하는 중에 발생하는 문제에서 불이익을 방지하기 위한 용도로 보인다.

조금 더 구체적으로 관례집에 어떤 내용들이 실려 있는지 살펴보자. 먼저 서문에서 블랑 주교는 이미 그 이전부터 조선교회를 이끌어 왔던 선임자들이 만든 규정을 이 기회를 통해서 다시 한 번 확인하였음을 밝혔다. 그리고 새로운 시대와 상황이 요청하는 사안에 따라 필요한 몇 가지 조항들을 첨가하였다는 점도 명시하였다. 특별히 모든 성직자들에게는 회장 양성을 위한 학교를 세우거나 유지하는 일에 관심을 기울일 것, 교세 통계표를 작성할 때 주의할 점들, 새로운 시대를 맞게 되었으니 신부와 신자들이 모두 언행에 각별히 신경을 쓸 것을 당부하였다. 또한 차쿠 회의에서 다루었던 문제들을 포함하여 조선 대목구 내에서 제기되는 다양한 상황에 대한 지침들이 제시되어 있다. 이것들을 간추려서 요목별로 정리하여 나열하면 다음과 같다.

- 유아 세례는 3일 이내에 해야 하고, 8일을 넘기면 처벌받는다.
- 예비자가 세례를 받으려면 적어도 40일간의 시련 기간과 십이단, 삼본요리(三本要理)를 알아야 하고, 노인이면 진교문답(眞敎問答)을 배워야 한다.
- 선교사는 대목구장의 허락 없이 대부를 설 수 없다.
- 배교자는 5번 내지 10번의 대재와 2개월 동안 묵주 신공을 바친 사람이 아니고는 고해소에 받아들일 수 없다.
- 어린아이에게 고해성사의 결과를 묻는 어른은 보속(補贖)으로 천주경과 성모경을 한 번 외워야 한다.
- 독자(獨子)는 일반적으로 신학생으로 받아들일 수 없고, 더욱이 장자(長子)를 받아들여서는 안 된다.
- 혼배를 하려면 최소한 남자는 만 14세, 여자는 만 12세를 넘겨야 한다.
- 선교사는 공소전(公所錢)을 임의로 사용해서는 안 된다.
- 정부를 비방하는 말을 신자들 앞에서 하지 말아야 한다.
- 신자들에게 존대어를 사용하여 조선의 관습을 따라야 한다.
- 복사는 한문을 알아야 하며, 연봉으로 교구에서 130냥을 보조할 것이며, 가정부는 38세 이상이어야 한다.
- 신부는 공소 방문을 농번기를 피해 가을에 할 것이고, 적어도 15일 전에 방문하려는 공소에 배정기(排定記)를 발송해야 한다.
- 동정 허원은 조선사회의 사정으로 아직 허락할 수 없다.
- 자녀가 없는 청상과부에게는 재혼을 권한다.

위의 내용들 가운데 신자와 관련한 부분들은 대부분 신앙생활과 관련해서 지켜야 할 규정들이었다. 여기에서 주목되는 것은 병인박해 기간 중에 배교한 신자들을 다시 교회에 받아들이는 문제로 고심하는 모습이다. 이 문제는 이미 1868년 차쿠에서 열린 회의에서도 논의되었던 것이다. 박해 때문에 일시적으로 교회를 떠났지만 다시 신앙생활로 돌아오려는 의사를 지닌 신자에게 《조선교회 관례집》은 먼저 자신의 잘못을 뉘우치는 기간과 필요한 기도 방법을 제시하였다. 그리고 배교자들은 이러한 절차를 거친 다음에야 비로소 고해를 통해 죄를 고백하고 보속을 한 후에 신앙생활을 계속할 수 있었다.

한편 선교사들의 행동 규범에 관한 내용은 대부분 금지 사항들로 이루어졌다. 그 까닭은 선교사들이 활동하는 가운데 조선의 문화나 관습 또는 언어적 차이로 인해 빚어지는 다양한 문제들이 있었기 때문이다. 가령 "정부를 비방하는 말을 신자들 앞에서 하지 말아야 한다"는 지침은 정부나 지방관의 탄압이나 비방을 막기 위한 조치로 보인다. 그러니까 신자나 성직자들이 어느 정도 자유가 허용된 분위기를 이용하여 정부나 지방관에 대해 비방함으로써 발생하게 될지도 모를 다양한 갈등과 분쟁들에 대해서 미리 주의를 환기시킨 것이었다. 공개적인 박해는 완화되었으나 아직 완전한 신앙의 자유를 확보하지 못한 교회로서는 정부나 지방 관리들과 원만한 관계를 유지할 필요가 있었던 것이다.

아울러 성직자들이 신자들을 대할 때 존경을 가지고 대하라는 지침은 박해시기와는 다른 시대를 맞게 됨으로써 다양한 계층의 개종자들을 예상하고 내린 조치였던 것으로 이해될 수 있다. 또는 "신자들에게 존대어를 사용하며 조선의 관습을 따라야 한다"는 규정을 놓고 본다면, 선교사들이 활동하면서 연로한 신자들에게도 하대를 하여 빈번히 이 문제가 거론되었을 가능성도 있겠다. 뿐만 아니라 부록에 실린 한글의 로마자 표기법 역시 차쿠 회의에서 거론되었던 문제이다. 아마 당시에 리델 주교의 주도 하에서 조선어-프랑스어 사전 및 조선어 문법서를 편찬하면서 로마자 표기법 통일안 역시 어느 정도 완성되었던 것으로 보인다.

그 밖에도 《조선교회 관례집》은 당시의 사회적 관습과 전통을 존중하여, "외아들은 일반적으로 신학생으로 받아들일 수 없고, 더욱이 큰아들을 받아들여서는 안 된다"고 규정하였다. 그리고 "동정 허원은 조선사회의 사정으로 아직 허락할 수 없다"고 하여 결혼을 하지 않으려는 문제를 중요하게 다루었다. 그러나 관습이나 전통 때문에 재혼하는 일이 용이하지 않았던 과부 문제에 관해서는 "자녀가 없는 청상과부에게는 재혼을 권한다"고 규정하여 적극적인 대응과 해결을 모색하기도 하였다.

선교사들을 도와 직무를 수행하는 복사들에 대해서는 최소한의 어학 능력을 갖추어 선교사들을 실질적으로 도와주도록 하였다. 그리고 "복사는 한문을 알아야 하며, 연봉으로 대목구에서 130냥을 보조할 것"이라고 하여 정액의 봉급을 책정하였다. 이것은 복사로 하여금 선교사를 돕는 일에 전념하도록 배려하는 차원에서 결정된 일이었다. 또한 선교사의 생활을 위해서 일하는 "가정부는 38세 이상이어야 한다"는 규정을 마련하여 젊은 여성이 선교사와 함께 생활하는 문제가 발생하지 않도록 조치하였다. 이러한 규정으로 미루어 본다면, 선교 활동을 할 때 한문을 잘 모르는 선교사들이 봉착할 어려움을 미연에 방지하기 위해서 한문에 대한 지식을 지닌 신자를 복사로 활용하려는 계획을 가지고 있었던 것 같다. 또한 처녀나 젊은 여성이 선교사와 함께 거처하는 것은 신자나 주민들로부터 오해를 불러일으킬지도 모르므로 이를 막았다.

아울러 시대적인 변화와 관련하여 특히 주목되는 규정도 들어 있다. 즉 "선교사는 공소전(公所錢)을 임의로 사용해서는 안 된다"는 규정은 선교사들이 교회 재산을 임의적으로 사용하는 경우들이 있었음을 보여 준다. 그리고 신자들이 생업에 종사하는 기간을 피하여 사목 활동을 하도록 규정하였다. "신부는 공소 방문을 농번기를 피해서 가을에 할 것이고, 적어도 15일 전에 방문하려는 공소에 배정기를 발송해야 한다." 이처럼 《조선교회 관례집》에서는 아직 성직자의 숫자가 태부족한 상황에서 일관된 절차에 따라서 공소 방문과 성무 활동이 이루어지도록 지도하였다.

제4절 샬트르 성 바오로 수녀회의 초청과 정착

1. 블랑 주교의 수녀회 초청

1854년경 메스트르(J.A. Maistre, 李, 1808~1857) 신부가 조선에서 처음 시작했던 고아구제 사업(영해회 또는 성영회)은 병인박해로 중단되었다가 개항 이후 신앙의 자유가 묵인되면서 다시 시작되었다. 블랑 주교는 1885년 3월 서울 곤당골(지금의 을지로 1가)에 집 한 채를 구입하여 고아원을 설립하였다. 고아원은 곧 번창하여 설립된 직후에 39명이었던 원아 수가 1886년에는 80명에 이르렀다.

한편 서울에 고아원이 설립된 지 4개월 후인 1885년 7월 2일 블랑 주교는 종로의 동골(지금의 관철동)에 큰 기와집 한 채를 매입하여 의지할 곳 없는 노인들을 위한 양로원을 설립하였다. 설립 직후 양로원에는 예상보다 많은 무의탁 노인들이 모여들면서 신청자들을 전부 다 받아들일 수 없게 되었다.

블랑 주교는 고아원과 양로원 사업이 확장됨에 따라 이 시설들을 보다 충실하게 운영할 수 있는 방안에 대해 고심하였다.

> 지난 3월〔인용 주 : 1885년 3월〕불안한 상황에서도 우리는 서울에 고아원을 설치했습니다. 그 후 5개월 동안 39명의 어린이들을 받았는데, 그중 13명은 대세를 받고 사망했으며, 지금 26명이 남아 있습니다. 만일 우리가 유모를 구할 수 있고, 또 한 집에 너무 많은 어린이를 모아 놓음으로써 비신자들의 눈총을 받거나 공연한 의구심을 자극할 염려만 없다면 어린이를 더 많이 받을 수 있었을 것입니다. 우리에게 좀 더 자유가 있고, 이 고아원을 맡아 줄 몇 명의

수녀만 있으면 얼마나 좋겠습니까?(〈1885년도 보고서〉,《서울교구 연보》 I, 40쪽).

이처럼 수녀회가 고아원과 양로원의 운영을 맡아 주기를 고대하였던 블랑 주교는 샬트르 성 바오로 수녀회(Sœurs de Saint Paul de Chartres)에 도움을 요청하기로 결심하였다. 이 수녀회는 1696년 프랑스의 샤르트르 시 인근 러버빌-라-셔날(Levesville-la-Chenard)이라는 작은 마을의 본당 신부였던 쇼베(L. Chauvet, 1664~1710) 신부에 의해 설립되었다. 수녀회는 동아시아 선교 활동에 눈을 돌려 1848년에는 홍콩, 1860년에는 베트남, 1878년에는 일본에 수녀들을 파견하고 있었다. 블랑 주교는 샬트르 성 바오로 수녀회가 가난한 사람들의 교육과 환자 방문 등을 중심으로 사도직을 수행하고 있어 고아원과 양로원의 운영에 적격이라고 판단하였던 것 같다. 게다가 샬트르 성 바오로 수녀회가 조선과 가까운 홍콩·베트남·일본에서 활동하고 있었기 때문에 조선에 분원을 설치하기가 용이하리라고 생각하였다. 이러한 점을 고려한 블랑 주교는 1887년 7월 26일에 샬트르 성 바오로 수녀회 총장 라 크루아(La Croix) 수녀에게 수녀 파견을 요청하는 편지를 보냈다.

모든 프랑스 사람들에 대한 조선 정부의 호의적인 대우를 이용하여 지난 4, 5년간 우리는 신자나 비신자를 막론하고 조선 사람들이 겪는 큰 곤란을 덜어 주기 위해, 또 우리가 도와주지 않을 경우에 길에서 추위와 배고픔으로 죽을 수밖에 없는 70세 이상 남녀 노인들을 위한 양로원을 설립하였습니다. 설립 당시에는 33명을 정원으로 하였는데, 현재는 40명 이상입니다.

블랑 주교는 고아원과 양로원 사업이 확장되자, 가난한 사람들과 환자 방문 등을 중심으로 사도직을 수행하던 샬트르 성 바오로 수녀회에 수녀 파견을 요청하였다. 4명의 수녀들은 1888년 7월 한국에 도착하여 9월 초순부터 고아원 운영을 인수받았다. 초기 고아원 전경.

양로원을 설립하는 동시에 우리는 길거리에서 방황하는 불쌍한 고아들의 영혼과 육신을 구하기 위해 보육원을 시작하였습니다. 원아의 수는 현재 100명이 넘습니다. 그리고 더 큰 사업체를 운영할 능력이 있었더라면 조선 사람으로만 구성된 직원의 수는 두 배로 늘었을 것입니다. 이러한 이유 때문에 우리는 남아들과 여아들을 따로 분리해야만 했으며, 건물도 두 배가 있어야 하고 비용도 더 듭니다.

여기에 종사하는 남녀 신자들의 좋은 뜻과 정성에도 불구하고 고쳐야 할 점들도 많고 개선해야 할 점도 있습니다. 그러므로 우리는 훌륭한 정신과 열성과 애덕의 소유자로서 자신들이 활동하는 선교지 주교들의 좋은 평가를 받고 있는 샬트르 성 바오로 수도회 수녀들에게 도움을 청할 것을 오래전부터 생각하고 있었습니다. 그래서 저는 총장 수녀님께 우리의 어려운 입장을 고려하시어 우리에게 많은 수녀들을 보내 주시기를 요청합니다. 가능한 한 속히 저의 이 청을 받아들여 주실 것을 감히 기대하고 있습니다. 여러분의 분원이 코친차이나, 홍콩, 그리고 일본과 같은 가까운 지역에도 있기 때문에 제가 제의하는 새 본원 신설은 매우 용이하게 이루어질 수 있으리라고 생각합니다. 우리는 수녀님들에게 진료소도 병설할 수 있는 양로원의 관리를 맡기고, 두 개의 건물로 되어 있는 보육원을 전적으로 맡기고 싶은데 원하신다면 이것을 하나로 합쳐도 좋겠습니다. 물론 수녀님들과 어린이들을 위한 새 건물을 신축하는 동안 우리 교회에 속한 집을 한 채 제공하겠습니다(블랑 주교가 샬트르 성 바오로 수녀회 총장에게 보낸 1887년 7월 26일자 서한, 샬트르 성 바오로 수녀회 옮김, 《자카리아의 여행일기》, 기쁜 소식, 22~23쪽에서 재인용).

블랑 주교는 양로원과 고아원의 운영 상황과 어려움을 말하면서 수녀들의 봉사가 절실함을 피력하였다. 또한 양로원과 고아원의 운영을 수녀회에 전적으로 위임하고, 진료소를 병설할 수 있도록 하였으며, 수녀회의 활동에 대한 지원도 약속하였다. 이 편지는 파리 외방전교회 본부를 통해 샬트르 성 바오로 수녀회에 전달되었다.

 샬트르 성 바오로 수녀회에서는 블랑 주교의 요청을 받아들여 조선으로 파견할 수녀로 자카리아(Zacharie Heurtault) 수녀와 에스텔(Estelle West) 수녀를 선발하였다. 라 크루아 총장 수녀는 그들과 함께 베트남 사이공 수녀원의 두 중국인 수련 수녀들을 조선에 보내기로 하고, 이러한 사실을 1888년 5월 초에 블랑 주교에게 정식으로 통보하였다. 자카리아 수녀와 에스텔 수녀는 당시 파리에 있던 뮈텔 신부로부터 한국어 사전, 문법책 등을 받았고, 조선에 관한 정보를 전해 들었다. 출발 준비를 마친 그들은 1888년 6월 3일 마르세유에서 조선으로의 긴 여정에 올랐고, 6월 29일 사이공에 도착하여 중국인 비르지니(Virginie Axung) · 프란치스카(Francisca Si Mouille) 수녀와 합류하였다. 자카리아 수녀 일행이 7월 22일 제물포항에 상륙하여 새로운 선교지인 조선에 첫발을 내딛음으로써 조선에서 샬트르 성 바오로 수녀회의 역사가 시작되었다.

 처음 수녀회는 샤르트르 모원과 사이공 관구의 재정적 도움을 받다가 1891년부터는 관구로 승격된 일본 관구에 속하게 되었다. 일본 관구의 관구장 마리 오귀스타(Marie Augusta) 수녀는 매년 정기적으로 조선의 수녀원을 방문하였고, 파악한 내용을 모원에 보고하여 필요한 도움을 받을 수 있도록 하였다. 조선의 수녀원은 일본 관구와의 관계를 유지하면서도 필요할 때는 직접 모원의 총장 수녀와 연락하기도 하였다.

2. 수녀회의 정착

조선 대목구에서는 입국한 수녀들을 위해 서울의 정동에 임시 수녀원을 마련하였다. 임시 수녀원은 조선식 가옥으로, 원래는 교구 경리 책임자인 프와넬 신부의 숙소와 인쇄소로 사용되던 곳이었다. 그러다가 1887년 11월 프와넬 신부가 종현으로 거처를 옮기고, 1888년에 인쇄소도 종현으로 이전되었다. 교구에서는 그 집을 매매하려 하였는데, 수녀들을 파견하겠다는 라크루아 수녀의 회신을 받고 수녀들의 임시 수녀원으로 정하였다.

수녀들이 임시 수녀원에서 수도 생활을 하는 동안 교구에서는 종현의 고아원 구내에 수녀들이 지속적으로 거주할 곳을 마련하고자 하였다. 그리하여 프와넬 신부는 고아원의 남아 숙소와 여아 숙소 사이에 있는 낡은 사랑채 건물을 수녀원으로 개조하는 작업을 진행하였다. 건물의 수리가 끝나자 수녀회는 1888년 9월 7일 정동에서 이곳으로 옮겨 정착하였다. 그러나 이 건물은 너무 낡고 협소하여 수녀들이 생활에 불편을 겪었기 때문에 수녀원을 신축할 필요가 있었다. 그리하여 수녀원 건축 공사에 착수하였고, 목조 2층의 양옥 건물을 완공하여 1889년 9월 8일에 봉헌식을 거행하였다. 이후에도 몇 차례에 걸쳐 수녀원 시설을 확장하였으나 고아원의 원아들과 수녀 및 수련자들의 수가 계속 늘어나면서 건물이 비좁아져 전염병 환자가 발생해도 병자를 격리시켜 치료할 방이 부족하였다. 이에 1897년 8월부터 수녀원 신축 공사를 시작하여 공사를 마무리한 후 1900년 9월 8일에 축성하였다.

이처럼 샬트르 성 바오로 수녀회가 조선에 정착하는 데는 수녀원 지도 신부들의 역할이 컸다. 처음 수녀원의 지도 신부로 임명된 이는 코스트 신부였다. 그는 수녀원 경당에서 미사를 집전하여 수녀회에 영적 활력을 불어넣어 주었고, 고해성사, 어린이들의 세례 준비와 세례, 병자성사 등을 맡아 주었으며, 한국어에 서툰 수녀들을 위해 통역을 해주기도 하였다. 코스트 신부의 뒤를 이어 샤르즈뵈프(E. Chargeboeuf, 宋德望, 1867~1920) 신부, 비에모(M.P.P. Villemot, 禹一模, 1869~1950) 신부, 빌렘 신부 등이 지도 신부로 활동하였다.

하지만 수녀회의 정착이 순탄했던 것만은 아니었다. 수녀들은 낯선 기후와 생활 환경에 적응해야만 하였고, 고된 일들을 처리해야 했기에 밤낮으로 쉴 틈이 없었다. 게다가 수녀원의 열악한 환경, 영양이 충분하지 못한 음식, 미흡한 의료 시설 등 때문에 수녀들의 건강은 그리 좋지 못하였다. 이로 인해 1889년 2월 3일에 자카리아 원장 수녀가 입국한 지 6개월 만에 장티푸스로 선종한 것을 비롯하여 수녀들은 피로와 질병으로 인해 고통을 겪어야 했다.

3. 조선인 수녀의 양성

블랑 주교는 샬트르 성 바오로 수녀회가 조선에 정착하기 전부터 조선인 수녀의 양성을 계획하여 신자 가정에서 바른 지향으로 신앙생활을 하고 있던 몇 명의 처녀들을 지목하고 만일 입회할 의향이 있으면 주선해 주려고 생각하였다. 1888년 7월 자카리아 수녀 일행이 조선에 입국하자, 블랑 주교는 자카리아 수녀에게 조선인 수녀의 양성에 관한 의견을 물었다. 긍정적인 답변을 받은 블랑 주교는 지목해 둔 처녀들에게 통지를 보냈고, 1888년 7월 29일 5명의 처녀들이 임시 수녀원으로 찾아왔다. 이들 첫 지원자들은 김해겸(마리아)·김순이(金順伊, 마리아)·김복우지(마리아)·박황월(朴黃月,

글라라) · 심 바르바라였다. 그녀들은 당시 나이가 15~17세 사이였고, 순교자의 후손들이었다.

지원자들은 다른 선교 수녀들과 함께 생활하면서 미사 및 전례 생활에 참여하였다. 또한 이들은 고아원의 각 부서에서 일손이 필요한 대로 일을 하며 분주한 생활을 보냈다. 하지만 교육 과정이 제대로 갖추어지지 않았기 때문에 수녀가 되기 위한 체계적인 교육을 받지는 못하였다. 이에 1889년 제2대 원장 스타니슬라(Stanislas Joseph Chauvire) 수녀는 샤르트르의 모원에 수련장의 파견을 요청하는 편지를 보냈다. 또한 1889년 9월 초에 내한하였을 당시, 지원자들이 수련장도 없이 생활하는 것을 보았던 일본 수녀원의 마리 오귀스타 수녀도 모원에 수련장의 파견을 촉구하였다. 모원에서는 이 문제를 논의한 후, 엘리사벳(Sainte Elisabeth) 수녀를 수련장으로 선임하기로 결정하였다. 1890년 3월 3일에 엘리사벳 수녀는 뱅상(Vincent Fourneaux) 수녀와 함께 서울 수녀원에 도착하였고, 이로써 수련원이 정식으로 개원하였다. 수련원의 개원은 수녀원이 설립된 지 2년도 채 되지 않은 시점의 일로, 일본보다도 이른 시기에 이루어진 것이었다. 일본에 수녀원이 설립된 것은 1878년으로 조선보다 10년이 빨랐지만, 수련원의 개원은 1898년으로 오히려 조선보다 늦었다.

지원자들은 수련장으로부터 수도회 규칙, 기도문, 프랑스어, 성가 등을 배웠다. 이와 함께 수녀원 내의 업무, 고아원의 원아들을 돌보는 일 등을 하면서 수녀들을 도왔다. 1890년 8월 15일에는 입회한 지 만 2년이 넘은 7명의 지원자들이 청원복을 받는 예절이 있었고, 이때 청원 수녀들은 각각의 수도명을 받았다. 이어 1894년 6월 30일에는 청원 수녀들이 수도복을 입고 수련 수녀로 받아들여지는 착복 예식이 있었다. 그리고 마침내 1898년 8월

28일에 박황월(프란치스코 사베리오) 수녀 · 김해겸(쌘뽈) 수녀 · 최복동(골롬바) 수녀가 첫 서원을 하였다. 1888년에 입회했던 5명의 지원자 가운데 3명은 도중에 선종하였고, 박황월 수녀와 김해겸 수녀만이 10년 만에 서원을 하게 된 것이었다.

이후 수녀 지원자들은 계속 늘었고, 수련자들을 위한 착복식과 서원식이 계속 거행되었다. 조선인 수녀 외에 외국인 수녀들도 기한이 되면 서원을 하였다. 1888년 7월 자카리아 수녀와 함께 입국했던 두 중국인 수련 수녀들은 1892년 4월 18일에 첫 서원을 하였다. 또한 유럽인 수녀들 가운데 유기 서원자로 왔던 수녀들은 기한이 되었을 때 종신 서원을 하였다. 그리하여 샬트르 성 바오로 수녀회는 1911년 당시 지원자 9명, 청원자 14명, 수련 수녀 9명과 서원 수녀 33명(한국인 21명, 외국인 12명)의 수녀회로 성장하였다.

4. 제물포 수녀원의 설립

서울의 수녀원이 자리를 잡아 갈 무렵인 1892년 제물포에도 수녀원을 설립하자는 문제가 논의되기 시작하였다. 이는 수녀회가 조선에 정착한 지 불과 4년 만의 일인데, 설립 동기는 샬트르 성 바오로 수녀회의 원장 신부인 르게(M. Legué) 신부가 뮈텔 주교에게 보낸 1893년 3월 6일자의 서한에서 확인된다.

조선의 당가 신부〔인용 주 : 코스트 신부〕가 (파리 외방전교회 본부가 있는) 박(Bac) 가(街)에서 우리와 함께 가진 대담을 주교님께서도 알고 계시리라 믿습니다. 우리 엘리사벳 수녀의 건강 상태가 우리의 서울 수녀들과 사이공의

캉디드(Candide) 수녀로 하여금 제물포에 요양소로 사용할 자그마한 집을 빌릴 생각을 불러일으켰습니다. 캉디드 수녀는 이 기회에 임대하는 대신 우리의 비용으로 아담한 요양소를 개설하는 것이 좋지 않겠느냐고 물어왔습니다. 캉디드 수녀로부터 이러한 제의를 받기도 전에 우리는 이미 샤르트르에서 이러한 의도에서 상의를 했으며, 제가 이 계획 외에도 자그마한 영해회 집과 조촐한 경당을 짓는 데 필요한 대략적인 비용에 대해 당가 신부의 의견을 물어보기 위해 박 가로 갔던 것입니다. 당가 신부는 대단히 기뻐하며 주교님께 즉시 편지를 쓰겠다고 약속했습니다. 따라서 우리는 주교님의 회답과 주교님의 생각을 기다리고 있습니다. 그리고 저는 이미 캉디드 수녀에게 그녀의 견해에 찬성한다고 답변했습니다. 제물포에다 요양소를 개설하게 되면 비르지니 수녀를 한국에 다시 불러들이는 좋은 계기가 될 것입니다. 마리 오귀스타 일본 관구장 수녀에게도 이러한 생각을 알렸습니다.

이나르(F. Hinard, 1850~1917) 신부는 제가 예상했던 것보다 훨씬 욕심이 많습니다. 이나르 신부는 무크덴(奉天) 대신 만주 포교지에 수녀를 줄 수 없느냐고 말했습니다. 하지만 저는 이 방면이 한국 수녀들에게 가능한 진출로가 아닐까 생각했습니다. ···우리의 신입 회원인 베트남인들과 중국인들(그리고 잠시 후면 일본인들)은 우리가 그토록 많은 사업을 이행하는 데 아주 큰 도움이 되고 있습니다. 따라

샤르트르 성 바오로 수녀회 원장 신부
샤르트르 교구의 클로셀 드 몽탈(C.-H. Clausel de Montals) 주교는 1837년 8월 4일자로 샤르트르 성 바오로 수녀회의 행정에 관한 지침을 공포하였다. 이 지침의 제1조에는 '우리(주교를 칭함)는 회칙에 의하여 샤르트르 주교에게 부여된 본 수도회의 장상권(長上權)을 보유하되, 이 장상권은 다음과 같이 한정될 것이다. 샤르트르의 주교는 본 수도회에 원장 신부 1명을 임명할 것이며, 이 신부는 회칙이 그에게 명시한 모든 권리를 행사할 것이다'라고 규정되어 있다. 르게 신부는 1885년부터 1910년까지 25년 동안 수녀회의 원장 신부로 활동하였다.

초기의 샬트르 성 바오로 수녀회 제물포 수녀원. 1894년에 서양식 3층 벽돌조로 건축된 이 수녀원 건물은 한국 전쟁 때 폭격으로 파괴되었다.

서 서울의 수련 수녀들에 대해서도 문제를 제기해 보는 것입니다. 이 신출내기 수녀들은 우리의 수녀들이 우리에게 보내준 예쁜 사진을 통해 우리에게 아주 좋은 인상을 주었으니만큼 더욱 그러합니다. 또 한 가지 문제는 모든 점에서 비현실적이기 때문에 주교님께서는 웃어버리고 말겠지만, 엘리사벳 수녀가 수련원이 된 제물포에 있게 된다면, 엘리사벳 수녀와 함께 마리 엘리즈(Marie Elise) 수녀를 선생 자격으로 제물포에 파견하는 것이 어떻겠습니까?

제물포 수녀원의 설립 동기는 첫째, 질병을 앓고 있는 수녀들을 위한 요양소를 설치하기 위해서였다. 그 무렵 서울 수녀원은 수녀들의 건강 문제로 어려움에 봉착해 있었다. 이에 서울 수녀원의 스타니슬라 원장 수녀는 수녀들을 위한 요양소가 필요하다고 생각했고, 이 문제를 샤르트르의 모원과 당시 서울 수녀원을 재정적으로 지원하고 있던 사이공 관구의 캉디드 수녀와 협의하였던 것으로 보인다. 서울 수녀원에 있는 수녀들의 건강을 염려하던 캉디드 수녀는 이에 적극적으로 찬동하였다. 르게 신부도 요양소 설치 계획에 동의하면서 영해회 건물과 경당도 세우는 방안을 뮈텔 주교에게 제안하였고, 뮈텔 주교는 이를 허락하였다. 이러한 논의 과정을 거치면서 처음에는 수녀들을 위한 요양소를 설치하려던 계획이 수녀원의 설립으로 귀결되었던 것으로 생각된다. 수녀원이 설립될 장소로 제물포를 선택한 이유는 "바다의 미풍이 피로나 혹은 병으로 인하여 약해진 수녀들이 보다 나은 건강을 회복하는 데 도움이 될 것"으로 여겼기 때문이다.

둘째, 수련원을 확장하기 위해서였다. 당시 만주 지역에서 선교하던 이나르 신부가 선교 수녀의 파견을 샤르트르의 모원에 요청하고 있었다. 이에 대해 모원에서는 만주 지역의 선교를 조선인 수녀들이 맡을 수 있기를 기대하며 서울 수련원의 확장을 계획하였고, 그 결과 제물포 수녀원의 설립이 추진되었던 것이다.

뮈텔 주교는 수녀회로부터 제물포 수녀원의 설립을 제안받고 이를 수락하였다. 그는 수녀원의 설립이 제물포 성당의 건립에 도움이 될 것이라고 생각하였다. 제물포 본당은 1889년 7월 1일에 설립되었지만, 변변한 성당을 갖추지 못하고 있었다. 그곳에 성당을 건립하기 위해서는 적어도 2,000달러를 교구에서 선금으로 지원해 주어야 하는데, 교구에서는 재정적인 어려움 때문에 지원할 수 없었다. 그러던 차에 수녀회로부터 수녀원 외에 고아원 및 경당도 설립할 것이라는 계획을 듣자, 이를 수락하였던 것이다. 수녀회의 제안대로라면 교구의 자금을 들이지 않고도 제물포 성당을 건립할 수 있으리라고 판단하였기 때문이다.

이렇듯 제물포 수녀원의 설립에 대한 합의가 이루어짐에 따라 서울 수녀원은 1893년 4월 12일 수녀원 및 부속 시설의 건축 공사를 진행하기로 결정하였다. 제물포 성당의 부지 3,212평 가운데 일부분을 수녀원 부지로 하고 1893년 7월경부터 수녀원 건립을 위한 기초 공사가 시작되었다. 당시 제물포 본당의 3대 주임이었던 마라발 신부의 감독 하에 수녀원의 건립 공사가 진행되었다. 그러다가 1894년에 발발한 청일전쟁의 여파로 공사가 일시 중단되었다. 하지만 이미 제물포로 파견될 수녀들이 그해 3월 29일 조선에 입국하여 서울 수녀원에 머물고 있었기 때문에 수녀들의 제물포 파견을 무기한 지연할 수도 없는 상황이었다. 그래서 수녀원 건물이 아직 완공되기 전인 8월 18일에 원장으로 임명된 마리 클레망스(Marie Clémence Fontaine) 수녀와 함께 엠마누엘(Emmanuel Lariviere) 수녀가 제물포에 파견됨으로써 제물포 수녀원이 설립되었다. 수녀원 건물은 이후에 공사를 재개하였는데,

완공된 건물은 수녀 20여 명이 거주하기에 충분한 서양식 3층 벽돌 건물이었다.

수녀원이 설립되었으나 당초의 계획과는 달리 정식으로 수련원이 설치되지는 못하였다. 그렇다고 제물포 수녀원에 수련 수녀들이 없었던 것은 아니었다. 1894년에 수련 수녀였던 박황월 수녀가 프랑스인 수녀들과 함께 제물포 수녀원에 파견되었고, 이후에도 수련 수녀들이 그곳에서 활동하였다. 하지만 이는 수련 수녀들의 사목 실습을 위해서였던 것으로 여겨진다. 수련원이 설치되지는 못하였으나, 계획대로 고아원의 병설을 추진하여 1896년 8월 15일에 고아원 건물을 낙성하였다. 이러한 영해회 사업은 수녀원 설립 직후부터 전개한 무료 진료소 운영과 함께 제물포 수녀원의 주된 활동이 되었다. 한편 제물포 본당은 수녀회의 기금 지원을 받은 성당 건립 공사를 시작하여 1895년 8월 11일에 정초식을 가졌고, 공사를 마무리하여 1897년 7월 4일에 봉헌식을 거행하였다.

제5절 교회의 사회 복지 사업

1. 영해회 사업의 재개

영해회 사업이 조선에서 시작된 시기는 1854년경부터였다. 이는 고아를 맡아 키우기에 적합한 신자 가정을 선발하여 아이를 맡긴 뒤 양육비를 지원하는 방식으로 운영되었다. 조선교회는 영해회 본부의 지원을 받아 사업을 전개하였는데, 1859년에는 43명, 1862년 11월에는 78명의 고아들을 양육하였다. 이처럼 영해회 사업이 점차 확장되자, 베르뇌 주교는 서울에 고아원을 설립하여 고아들에 대한 양육과 교육을 동시에 실시하려 하였으나 병인박해로 그 뜻을 이루지 못하였고, 영해회 사업은 중단되었다.

영해회 사업은 1870년대 말 프랑스 선교사들이 조선에 입국하면서 재개되었다. 충청도와 전라도 일부 지역을 사목하던 두세 신부가 블랑 주교에게 보낸 1884년 4월 21일자 보고서에는 1883년부터 1884년 4월까지 영해회 어린이 4명의 부양비로 124냥을 썼다는 기록이 있다. 또한 경상도 지역을 사목하던 로베르 신부도 1885년부터 영해회 사업을 시작하였다. 이와 같이 영해회 활동은 선교사가 파견된 각 지역에서 이루어지고 있었다.

이러한 가운데 블랑 주교가 1885년 3월 서울 곤당골에 고아원을 설치하였다. 이는 영아들에게 체계적인 양육과 교육을 실시하려 하였던 베르뇌 주교의 계획을 23년 만에 실현한 것이었다. 블랑 주교는 원아의 수가 점차 늘어나자 1887년 9월경에는 종현에 새 고아원 건물을 매입하였는데, 곤당골의 고아원은 이 시기쯤 종현으로 이전된 것으로 여겨진다. 그리고 이에 앞선 1887년 7월 26일에는 고아원을 보다 충실하게 운영하기 위해 샬트르 성 바오로 수녀회에 도움을 요청하였다. 그 결과 1888년 7월 22일에 4명의 수녀들이 조선에 입국하였고, 9월 8일에 정식으로 고아원을 인수받았다.

수녀회가 고아원을 인수한 후, 자카리아 원장 수녀는 고아원의 운영과 경리를, 에스텔 수녀는 여아부를, 프란치스카 수녀는 남아부를 맡았으며, 비르지니 수녀는 세탁일과 주방을 담당하였다. 이들과 함께 조선인 수녀 지원자들도 고아원의 각 부서에서 일손이 필요한 대로 수녀들을 도우며 분주한 생활을 하였다. 수녀들은 영해회 사업의 목적에 따라 원아들의 영혼 구원을 위한 세례와 종교 교육에 각별한 관심을 가졌다. 서울 고아원에서는 적지 않은 숫자의 세례자들이 배출되었는데, 예컨대 1896년도 통계에 따르면 임종대세 21명을 합쳐 모두 232명이 세례를 받았다. 수녀들은 일요일이 되면 원아들을 깨끗한 옷으로 갈아 입혀 종현 성당의 미사에 참여시켰고, 기도문과 성가도 가르쳤다. 이 밖에도 국문·한문·산술·재봉·세탁 등의 기초 교육과 실업 교육을 병행하였다.

수녀회가 고아원의 운영을 담당한 이후 원아들이 증가하여 1886년에는 80명이었으나 1888년에는 175명에 이르렀다. 이에 시설 확충에 나서 고아원 건물을 신축하고 1889년 9월 8일에 축복식을 거행하였다. 하지만 원아들이 계속 증가하였기 때문에 수녀회는 그들을 모두 수용할 수 있는 방안을 고심해야 했다. 이와 함께 남녀 원아들이 한 건물에서 생활함으로써 발생할 수 있는 문제도 고려해야 했다. 그리하여 1894년 스타니슬라 원장 수녀는 약현 본당 부근에 남아들을 위한 고아원을 건립할 계획을 세웠지만, 재정적인 문제 등으로 실행하지 못하였다. 대신 남아들보다 여아들을 주로 수용해 갔고, 1901년 4월 1일부터는 남아들의 신규 수용을 중지하고, 고아원에 있던 남아들도 신자 가정에 위탁하여 양육하는 방향으로 전환하였다.

> **'영아매식'의 유언비어 사건**
> 길거리에 버려진 고아들을 구제하는 선교사들의 행위를 오해한 데서 발생한 사건. 서양인들이 어린이들을 유괴하여 잡아먹고 눈을 빼어 사진 현상액으로 사용한다는 유언비어가 전국으로 확산되었다.

이와 같이 원아들을 보살피고 교육하기 위해서는 재정이 넉넉해야 했지만, 실상은 그렇지 못하였다. 고아원 운영에 필요한 주요한 재원은 프랑스 영해회의 지원금이었다. 프랑스 영해회 본부는 파리 외방전교회를 통해 1885년부터 1906년까지 매년 약 2만 7,505프랑을 조선 대목구에 지원하였다. 이 밖에 샤르트르의 모원에서도 사업비를 지원하였고, 국내에 거주하고 있던 유럽인들도 의연금을 모금하여 뮈텔 주교를 통해 수녀원에 전달하였다. 그러나 이러한 지원에도 재정적인 어려움은 이어져 1893년에는 스타니슬라 원장 수녀가 주한 프랑스 공사관에 지원을 요청하기도 하였다. 이처럼 재원이 부족했기 때문에 수녀들은 당시 손탁 호텔(Sontag Hotel) 혹은 서울에 거주하는 외국인들의 빨랫감을 세탁해 주고 받은 돈으로 부족분을 충당하였다.

한편 제물포에서도 1894년 8월 18일 수녀원이 설립된 직후부터 수녀들이 고아들을 받아들여 양육하기 시작하였다. 당시 수녀회는 15명의 어린이들을 받아들였는데, 이것이 제물포 고아원의 시작이었다. 수녀회는 원아들을 위해 고아원 건물을 신축하고 1896년 8월 15일에 축성하였다. 그리고 고아원 외에 탁아소도 운영하였던 것으로 보이며, 고아원에 위탁된 영아들을 외부의 유모에게 보내어 양육시켰던 것으로 생각된다. 1909년에는 새로운 고아원 건물을 신축하여 수용 공간을 확충하였다.

이상에서 보듯이 개항기에 재개된 영해회 사업은 신자 가정에 맡기는 기존의 위탁 양육 방식과 함께 고아원을 운영하는 방식이 병행되었다. 이러한 영해회 사업은 신자들의 자발적인 참여와 지원으로 운영된 것이 아니라, 영해회 본부의 지원에 거의 전적으로 의존하였다는 점에서 한계를 가졌다. 그러나 1888년 6월에 일어난 '영아매식'(嬰兒買食)의 유언비어 사건과 같은 천주교에 대한 잘못된 인식을 바로잡는 계기가 되었고, 선교에도 큰 역할을 하였다. 그리고 단순히 굶주린 어린이나 고아들을 구제하는 것에 그치지 않고, 원아들에게 교리 교육, 기술 교육 등을 통한 전인적 교육을 시행하였다는 점에서 그 의의를 찾을 수 있다.

2. 양로원의 개설

블랑 주교는 1885년 7월 2일 종로의 동골에 의지할 곳이 없는 노인들을 위한 양로원을 개설하였다.

> 서울에서는 성모님의 보호 아래 매우 필요한 사업을 시작했는데, 우리 주님의 마음에 드는 흡족한 것이라 믿고 있습니다. 이 집은 의지할 곳 없는 노인들을 위한 양로원입니다. 7월 2일 이후 이 집에 들어온 남녀 노인들의 수는 20여 명에 달하며, 현재 입원 신청자의 수도 상당합니다. 그러나 이것도 고아원의 경우처럼 어떤 불행을 초래하지 않을까 하는 두려움 때문에 우리의 열성을 좀 조정해야 할 정도입니다. 그러나 동냥으로 연명하거나, 비신자 집에 살면서 죽을 위험에 있어도 성사마저 받을 수 없는 불쌍한 노인들의 사정이 얼마나 딱한지요!(〈1885년도 보고서〉, 《서울교구 연보》 I, 41쪽).

신자나 비신자를 구분하지 않고 받아들였던 까닭에 많은 무의탁 노인들이 양로원에 모여들었다. 그러나 운영을 담당할 인원과 수용 공간이 부족해서 양로원에 들어오고자 하는 노인들을 다 받아들일 수가 없었다. 블랑 주교는 이러한 점을 감안하여 샬트르 성 바오로 수녀회에 고아원과 양로원의 운영을 맡아 줄 것을 요청하였고, 1888년 7월 22일에 수녀회가 조선에 입국하였다. 그러나 수녀들의 숫자는 한정되어 있었고, 양로원이 수녀원이 있는 종현에서 떨어져 있었기 때문에 수녀들이 직접 양로원의 노인들을 돌보기가 어려웠다.

양로원은 개설된 직후부터 재정난으로 어려움을 겪었다. 영해회 본부의 지원을 받을 수 있었던 고아원과는 달리 양로원의 재정은 오직 교구에서 책임져야 했기 때문이다. 재정난은 해결되지 못한 채 계속되었고, 결국 1893년 9월경 양로원이 폐쇄되고 말았다. 뮈텔 주교는 양로원으로 쓰던 관철동의 집을 팔고, 양로원의 비품을 종현의 인쇄소 옆에 있는 집으로 옮겨 두게 하였다.

3. 의료 활동

블랑 주교는 1886년경 양로원의 노인들과 일반 환자들의 치료를 위해 양로원에 진료소를 병설하였다. 1850년대에 선교사들이 영해회 사업의 일환으로 시약소를 설치하여 의료 활동을 전개한 적이 있었는데, 이때에 이르러 진료소를 설치하여 본격적인 의료 활동을 시작한 것이다.

양로원은 계속해서 신자들과 비신자들로 꽉 차 있습니다. 성교회의 자녀가 되어 이 세상을 하직하는 노인들을 보며 우리는 위안을 받고 있으며, 다만 영양실조로 길에서 쓰러지지 않기 위해 양로원에 들어오는 노인들도 있었습니다.

상황에 따라서 이 양로원 사업에 다른 목적을 추가할 필요가 생겼습니다. 즉, 이 양로원은 진료소를 겸하게 되었습니다. 젊을지라도 중한 환자이면 이 진료소에 입원시켜 치료해 주고 있는데, 환자들은 너무 가난한 자들이거나 비신자인 부모 밑에서 임종대세도 제대로 받을 수 없는 신자들입니다(〈1886년도 보고서〉,《서울교구 연보》I, 51쪽).

이러한 의료 활동은 샬트르 성 바오로 수녀회가 조선에 정착하면서 더욱 확대되어 갔다. 고아원에서는 재정적인 한계로 입원을 희망하는 아동들을 모두 수용하지 못하고, 병약하거나 죽을 위험에 처한 아동들을 선별하여 받아들이고 있었는데, 이것이 수녀회가 의료 사업을 적극적으로 추진하게 된 계기가 되었다. 서울 수녀원의 초대 원장이었던 자카리아 수녀는 서인도제도 마르티니크(Martinique, 서인도 제도 남동부의 프랑스령 섬) 지방의 선교 병원에서 근무한 경험이 있었고, 1894년 제물포에 파견되었던 마리 클레망스 수녀도 베트남 통킹(Tonking, 베트남 북부 홍강의 삼각주를 중심으로 하는 지역)의 야전 병원에서 간호사로 근무한 경험이 있었기 때문에 수녀들이 고아원을 운영하며 의료 활동을 병행할 수 있었다.

수녀회의 의료 사업이 본격적으로 추진된 것은 1894년 여름부터였다. 제물포 수녀원이 설립된 직후부터 수녀들은 진료소를 개설하여 무료 진료 활동을 시작하였다. 제물포 수녀원의 제2대 원장이었던 줄리엔(Julienne de la Croix Martin) 수녀가 뱅상 수녀와 함께 환자들의 무료 진료에 임하였다. 수녀들의 의료 활동이 알려지면서 진료소에 환자들이 몰려들었는데, 1898년 5월부터 1899년 4월 사이에 진료소에서 치료를 받은 환자가 5,373명이었고, 수녀들이 직접 방문하여 치료한 환자가 435명에 이를 정도였다. 이는 진료소에서 하루 평균 14.72명의 외래환자를 진료하고, 1.19명의 환자를 방문해서 치료한 셈이었다. 이처럼 외래환자의 수가 방문환자보다 훨씬 많았지만, 1909년경을 전후해서는 방문 진료에 중점을 둠으로써 외래환자의 비율이 감소한 반면, 방문환자의 비율이 높아졌다.

한편 1899년경 서울 수녀원에서도 진료소를 개설하여 무료 진료에 나섰다. 그러나 개설 초기에는 제물포 수녀원의 진료소에 비해 그 활동이 상대적으로 저조하였다. 이것은 당시 서울 수녀원의 주력 사업이 고아원의 운영이었고, 진료소는 일종의 부수적인 사업으로 진행되었기 때문으로 여겨진다. 하지만 이후 서울의 진료소는 꾸준히 의료 활동을 전개하였고, 그 결과 1909년에 이르러서는 외래환자 진료 수가 제물포의 진료소보다 많아졌다.

수녀들은 질병을 치료할 뿐만 아니라 환자들의 영혼 문제도 중요하게 다루었다. 수녀들은 환자의 영혼을 구해야 할 필요가 있을 때는 외래환자를 치료하는 바쁜 업무에도 불구하고 환자를 방문하여 진료하였고, 임종을 앞둔 환자들에게는 대세를 베풀어 주었다. 이러한 수녀들의 의료 활동은 비신자들이 세례를 받는 계기가 되기도 하였다.

    1896년, 원장이며 환자 방문 일을 맡은 십자가의 줄리엔 마르탱 수녀와 보육원 출신 한 명이 활동하는 것을 볼 수 있다. 줄리엔 수녀는 조선말을 몇 마디 할 수 있게 되자 곧 고통 중에 있는 조선 사람들을 찾아나섰다. 그는 거리를 오가면서 집들을 찾아다니며 모든 사람들의 건강에 대해서 열심히 물어보았는데, 몇 달 후에 이렇게 말할 수 있었다.
    "나는 조선 사람이 되었습니다. 조선의 집들은 매우 낮기 때문에 허리를 반쯤 굽혀야만 그 집에 들어갈 수 있습니다. 나는 방에 들어가서 의자도 침대도 모르는 조선 사람들이 하는 것처럼 즉시 바닥에 앉습니다. 내가 그들과 함께하는 것을 보고 그들은 편안함을 느낍니다. 그들이 나에게 그들의 육체적 병이나 어려움을 말하면 나는 힘을 다하여 그 어려움을 고쳐 주려 합니다. 나는 그들의 영혼을 잊지 않고 그들의 영혼의 문제도 도와주려고 노력합니다. 그리스도인들은 마음을 열고 자기들이 하느님에 대해 가진 생각을 말합니다. 몇몇 미신자들은 벌써부터 나에게 세례 받고 싶다고 말했는데, 나는 그 생각을 격려하며 도와주고 있습니다. 그들은 무엇보다도 먼저 세례성사·고해성사·성체성사와 기도에 대해서 교리를 배워야 합니다"(장 보동(C. Jean Vaudon) 신부, 《한국의 성 바오로의 딸들》(Les Filles de Saint Paul en Corée) : 샬트르 성 바오로 수녀회 옮김, 《자카리아의 여행일기》, 기쁜 소식, 150~152쪽에서 재인용).

이처럼 수녀들에게 치료를 받았거나 혹은 치료를 받는 모습을 지켜보고 수녀들의 애덕에 감명을 받아 천주교 신자가 되기를 원하는 이들이 생겨났다. 수녀들은 그들이 믿음을 유지할 수 있도록 격려하고 도움을 주었다.

당시 교회의 의료 사업은 그 규모나 시설, 의료 행위의 수준에 있어서 부족한 면이 많았다. 수녀들은 전문 의료인이 아니었고, 진료소도 전문적인 의료기관으로 발전하지 못하였다. 그러나 교회의 의료 사업은 조선사회에 근대 의술이 보급되는 계기가 되었다. 또한 무료 진료 활동을 전개함으로써 많은 환자들이 의료 혜택을 받을 수 있었다는 점에서 그 의미를 찾을 수 있다.

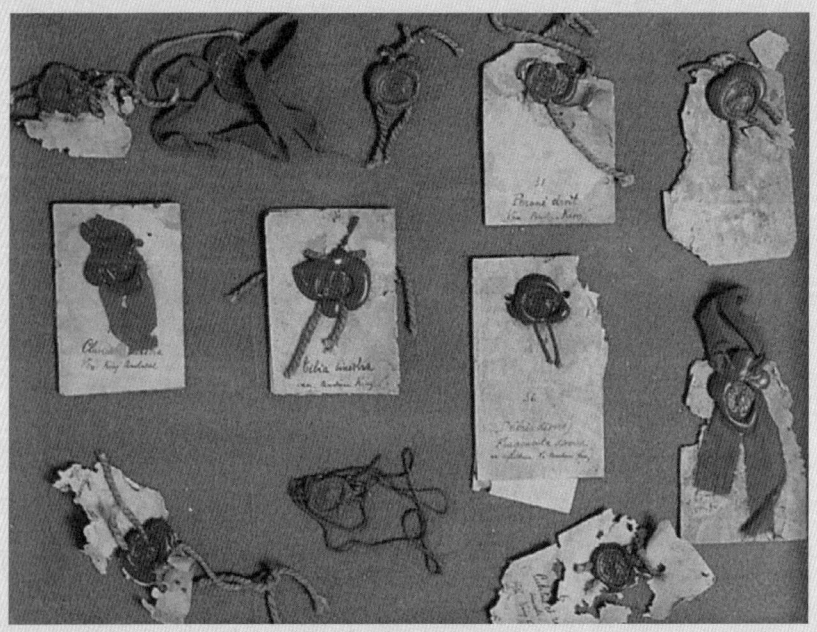

김대건 신부의 유해를 쌌던 각각의 봉인들. 개항기에 시복을 위한 조사 작업과 교회 재판이 진행되는 가운데 순교자들의 유해 발굴 작업도 활발하게 이루어졌다. 그러는 가운데 1901년 5월 21일에는 미리내에 묻혀 있는 김대건 신부의 유해를 이장하여 같은 해 10월 17일 용산 예수성심신학교 성당에 안치하였다. 당시 관을 덮고 있던 횡대(아래).

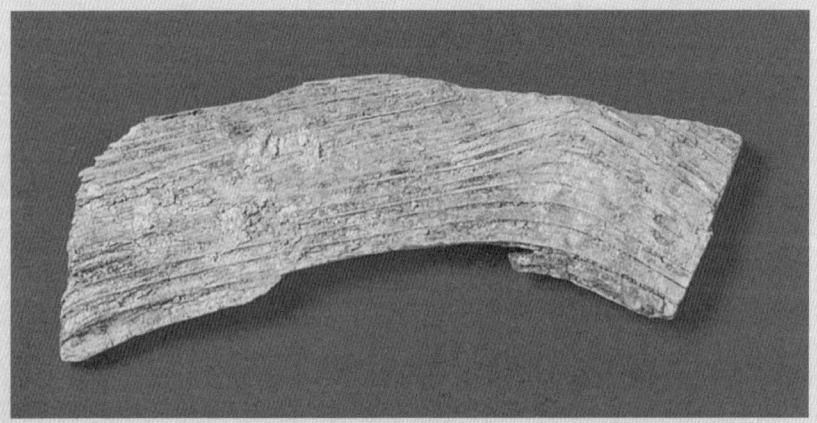

제6절 순교자 시복 추진

1. 기해 · 병오박해 순교자의 시복 추진

조선에 입국한 선교사들은 기해 · 병오박해 순교자의 시복을 위한 조사 작업에 착수하였다. 1857년 9월 24일 교황청 예부성성(지금의 시성성)에서는 기해 · 병오박해 순교자 82위를 가경자(可敬者)로 선포하고 이들의 시복을 위한 교황청 수속을 위한 조사를 시작하라는 지시를 내린 바 있었다. 그리고 1864년 12월 23일과 1866년 9월 17일에 시복 조사 위임장을 조선교회에 발송하였으나 이 서류는 박해 때문에 전달되지 못하였다. 하지만 병인박해가 종식되고, 조선교회가 재건되기 시작하자 예부성성에서는 1879년 5월 8일에 조선 순교자들에 대한 시복에 아무런 장애가 없음을 선포하였다. 조선 대목구는 이미 교황청으로부터 시복 조사 위임장을 받은 상태였기 때문에 교구장의 주관 아래 기해 · 병오박해 순교자들에 대한 조사 수속(교구 재판)과 교황청 수속(교황청 재판)의 절차를 동시에 진행하였다. 당시 조사 수속위원회의 판사는 블랑 신부가 맡았고, 1882년 4월 26일에는 뮈텔 신부가 위임 판사에, 로베르 신부가 기록 서기에 임명되었다.

뮈텔 신부는 순교 사실을 증언해 줄 증인들을 수소문하였으나 박해가 발생한 지 오랜 시간이 지나 주요 증인들이 사망하였던 까닭에 조사 작업에 어려움을 겪었다. 그러나 그는 이러한 가운데서도 신자들 사이에서 전해져 오던 《긔히일긔》 원본의 전사본(轉寫本)과 정하상(丁夏祥, 바오로, 1795~1839)의 〈상재상서〉(上宰相書), 천주가사(天主歌辭)인 민극가(閔克可, 스테파노, 1787~1840)의 〈삼세대의〉(三世大義)와 이문우(李文祐, 요한, 1809~1840)의 〈옥중제성〉(獄中提醒) 등 순교자에 관한 자료들을 발굴하여 예부성성으로 보냄으로써 시복 추진에 큰 역할을 하였다. 이처럼 자료 발굴에 많은 성과를 거두고 있던 뮈텔 신부가 1885년 파리 외방전교회 신학교의 지도자로 임명되어 귀국함에 따라 시복 판사가 프와넬 신부로 변경되었다. 교회 재판은 1882년 5월 11일에 시작되어 1887년 4월 3일에 종결되었는데, 모두 42명의 목격 증인들이 나와 심문을 받았다.

이와 같이 교회 재판이 진행되는 가운데 순교자들의 유해 발굴 작업도 병행되었다. 1886년 프와넬 신부는 미리내에 있던 김대건 신부의 봉분 중앙을 헤치고 횡대를 확인하였다. 그리고 1901년 5월 21일에 시복 판사 프와넬 신부와 서기 드망즈(F. Demange, 安世華, 1875~1938) 신부는 안성 본당의 공베르(A. Gombert, 孔安國, 1875~1950) 신부, 미리내 본당의 강도영 신부 그리고 신자 30여 명이 참관한 가운데 김대건 신부의 유해를 발굴하였다. 그들은 횡대를 무덤 안에 다시 넣고 원상대로 봉분을 쌓았고, 발굴된 유해를 강도영 신부의 사제관에 안치했다. 그리고 5월 23일에 유해를 궤에 담아 무덤에서 나온 관과 함께 용산 예수성심신학교에 옮겼다가 10월 17일에 다시 건축 중이던 신학교 성당 내부로 옮겨 안치하였다. 김대건 신부의 유해 발굴에 이어 1901년 10월 21일에는 삼성산(三聖山, 서울시 관악구 신림 6동 산 57-1번지)에 묻혀 있던 앵베르(L.-J.-M. Imbert, 范世亨, 1796~1839) 주교와 모방(P.P. Maubant, 羅伯多祿, 1803~1839) 신부 · 샤스탕(J.H. Chastan, 鄭牙各伯, 1803~1839) 신부의 유해가 발굴되어 신학교로 옮겨졌다. 그 후 같은 해 11월 2일에 다시 종현 성당 지하 묘지로 옮겨져 안치되었다.

조사 수속과 교황청 수속이 끝나자, 1899년

면례
무덤을 옮겨서 다시 장사를 지내는 것을 말한다.

에는 병인박해 순교자들의 시복 판사로 임명된 르 장드르(L. Le Gendre, 崔昌根, 1866~1928) 신부가 기해·병오박해 순교자들에 관한 증인 심문을 확인하였고, 1901년에는 용산 예수성심신학교 교수로 재직하던 드망즈 신부가 뮈텔 주교와 함께 이를 다시 검토·확인하였다. 이와 같은 과정을 거쳐 조선 대목구에서는 《기해·병오박해 시복 조사 수속록》의 증언 내용을 라틴어로 번역하고 관련 자료를 첨부하여 1905년 7월 26일 예부성성에 제출하였다. 이에 교황청에서는 수속록 내용을 심의한 뒤, 1910년 7월에 그 적법성, 즉 '교황청 수속의 유효성'을 발표하였다.

2. 병인박해 순교자 조사 진행

조선 대목구에서는 기해·병오박해 순교자들에 대한 시복 작업을 진행하면서 병인박해 순교자들에 대한 조사 작업에도 착수하였다. 1876년 블랑 신부는 순교를 목격한 증인들을 찾아 순교자들에 관한 정보를 수집하였다. 이처럼 이른 시기에 병인박해 순교자들에 대한 조사를 진행한 이유는 시간이 지체될수록 조사 작업이 어려워지리라고 판단하였기 때문이다. 그래서 조선교회는 서둘러 증인들을 수소문하여 정보를 수집하였고, 순교자들의 유해를 찾아 발굴하는 데 진력하였다. 그러한 노력의 결과, 블랑 신부는 충청도 남포의 서짓골(지금의 충남 보령시 미산면 평라리의 서재골)에 다블뤼 주교·오메트르 신부·위앵 신부와 장주기 등 4명의 유해가 묻혀 있음을 확인하였다. 그는 1881년에 이 이냐시오 등에게 4명의 유해를 면례(緬禮)할 것을 지시하였다. 이에 이 이냐시오 등이 1882년 3월 10일(음력 1월 21일)에 묘를 발굴하여 유해를 수습하자, 3월 28일 블랑 신부는 직접 유해를 확인한 후 일단 한 신자에게 맡겨 두었다. 그 후 유해를 이장하는 대신 안전을 위해서 조선 대목구의 성서 활판소가 있던 일본 나가사키로 옮겨 안치하였다가 1894년 5월 23일 용산 예수성심신학교로 다시 옮겨왔다. 유해는 6년 동안 신학교에 안치되었다가 1900년 9월 5일 종현 성당 지하 묘지에 안장되었다.

조선교회는 이와 같이 순교자들의 유해를 발굴 조사한 후, 병인박해 순교자들의 시복 절차를 위한 준비 조사를 시작하였다. 그러나 박해의 위협으로 선교사들이 한자리에 모이는 것도 위험했기 때문에 본격적인 조사를 실시하기가 어려웠다. 이처럼 더디게 진행되던 예비 조사 작업은 1890년 뮈텔 주교가 제8대 조선 대목구장으로 임명되어 이듬해 다시 조선에 입국한 후부터 본격적으로 이루어졌다. 1895년에는 르 장드르 신부에 의해 조사·정리된 병인박해 순교자 877명의 전기가 《치명일기》로 간행됨으로써 조사 수속이 시작되었다. 뮈텔 주교는 《치명일기》가 간행된 후 이를 각 본당에 배포하여 자료의 미비한 점을 보충하고 수정할 수 있도록 하였다.

병인박해 순교자들에 대한 조사 수속은 교구 재판의 형식으로 진행되었다. 이를 위해 뮈텔 주교는 1899년에 르 장드르 신부를 위임 판사에, 한기근 신부를 시복 조사 청원자에, 홍병철(洪秉喆, 루카, 1874~1913) 부제를 서기에 임명하여 조사위원회를 구성하였다. 그리고 그해 6월 19일부터 증인이 거주하는 지역별로 재판을 시작하여 1900년 11월 30일에 종결하였는데, 100명의 증인을 대상으로 135회에 걸친 재판이 있었다. 조선 대목구에서는 이러한 조사 결과를 정리하여 1901년에 병인박해 순교자 29위의 《병인 순교자 시복 조사 수속록》(전 10책)을 예부성성에 제출하였다. 한편 이에 앞서 1899년 10월 30일에는 왜고개(지금의 용산구 한강로 3가)에 안장되어 있

〈표 6〉 종현 성당에 안치된 순교자 명단(1910년)

	순교자	이전 일자
1	베르뇌 주교	1900년 9월 5일
2	브르트니에르 신부	〃
3	프티니콜라 신부	〃
4	푸르티에 신부	〃
5	볼리외 신부	〃
6	도리 신부	〃
7	우세영 알렉시오	〃
8	다블뤼 주교	〃
9	오메트르 신부	〃
10	위앵 신부	〃
11	장주기 요셉	〃
12	앵베르 주교	1901년 11월 2일
13	모방 신부	〃
14	샤스탕 신부	〃
15	남종삼 요한	1909년 5월 28일
16	최형 베드로	〃

출전 : 한국교회사연구소, 《명동본당사》 Ⅰ

던 병인박해 순교자 베르뇌 주교·브르트니에르 신부·볼리외 신부·도리 신부·프티니콜라 신부·푸르티에 신부와 우세영 등 7명의 유해를 발굴하여 예수성심신학교로 옮겼다. 그 후 1900년 9월 5일 이들의 유해는 신학교에서 종현 성당 지하 묘지로 옮겨져 안치되었다.

참고문헌

1. 연구서

Coutumier de la Mission de Corée, Seoul: Typographie de la mission catholique, 1887.
《블랑 문서》
《교세 통계표》(1882~1910)
샬트르 성 바오로 수도회 85년사 편찬위원회 편,《바오로 뜰안의 애환 85년》, 가톨릭출판사, 1973.
주재용,《배론 성지》, 가톨릭출판사, 1975.
최석우,《한국천주교회의 역사》, 한국교회사연구소, 1982.
한국교회사연구소 역편,《서울교구 연보》I · II, 명동천주교회, 1984 · 1987.
한국교회사연구소 편,《병인박해 순교자 증언록》, 한국교회사연구소, 1987.
샬트르 성 바오로 수녀회 100년사 편찬위원회 편,《한국 샬트르 성 바오로 수녀회 100년사》, 샬트르 성 바오로 수녀회, 1991.
인천교구사 편찬위원회 · 한국교회사연구소 편저,《천주교 인천교구사》, 천주교 인천교구, 1991.
한국교회사연구소 편,《함경도 천주교회사》, 함경도 천주교회사 간행사업회, 1995.
한국교회사연구소 역편,《함경도 선교사 서한집》I, 함경도 천주교회사 간행사업회, 1995.
한국교회사연구소 편,《성 김대건 신부의 체포와 순교》(전기 자료집 제3집), 한국교회사연구소, 1997.
심흥보,《한국 천주교 사회 복지사》, 한국 천주교 중앙협의회, 2001.
장동하,《개항기 한국 사회와 천주교회》, 가톨릭출판사, 2005.

──────,《한국 근대사와 천주교회》, 가톨릭출판사, 2006.
한국가톨릭대사전편찬위원회 편,《한국가톨릭대사전》, 한국교회사연구소, 2006.
한국교회사연구소,《서울 가톨릭 사회복지회 30년사》, 서울가톨릭사회복지회, 2006.
──────,《명동본당사》I · II, 천주교 서울대교구 주교좌 명동성당, 2007.
이원순,《소신학교사》, 한국교회사연구소, 2007.
박찬식,《한국 근대 천주교회와 향촌사회》, 한국교회사연구소, 2007.
가톨릭대학교 신학대학 150년사 편찬위원회 편,《가톨릭대학교 신학대학 150년사 1855~2005》, 가톨릭대학 신학대학, 2007.
샬트르 성 바오로 수녀회 옮김,《자카리아의 여행일기》, 기쁜 소식, 2008.
한국교회사연구소 역주,《뮈텔 주교 일기》I · II · III · IV, 한국교회사연구소, 2008 · 2009.

2. 논문
박태봉,〈한국 천주교회와 의료 사업의 전개 과정〉,《한국 교회사 논문집》II, 한국교회사연구소, 1985.
장동하,〈부엉골 예수성심신학교의 위치 문제〉,《교회와 역사》156호, 1988. 5.
최석우,〈한국 교회와 한국인 성직자 양성─예수성심신학교를 중심으로〉,《한국 교회사의 탐구》II, 한국교회사연구소, 1991.
장동하,〈개항기 교회 재건 운동과 선교 정책〉,《한국 근 · 현대 100년 속의 가톨릭 교회》(상), 가톨릭출판사, 2003.
노길명,〈조선 후기 천주교 아동 복지 사업의 전개와 성격〉,《민족사와 천주교회》, 한국교회사연구소, 2005.
노용필,〈예수성심신학교의 사제 양성 교육〉,《한국 근 · 현대 사회와 가톨릭》, 한국사학, 2008.
백병근, 〈한국 교회의 성인 유해 발굴에 대한 고찰〉,《부산교회사보》 64, 부산교회사연구소, 2009.

제3장 교회와 근대사회의 충돌

제1절 조불조약 이후의 교회

1. 교회의 안정과 확산

오랜 협상 끝에 프랑스와의 수호통상조약이 1886년 6월 4일 조인되고 이듬해 5월 30일 비준서(批准書)가 교환되었다. 이 조약에 따라 프랑스 선교사들은 치외법권의 보호를 받으며 조선의 각 지역에서 선교 활동을 하게 되었다. 더욱이 1880년대에 들어 천주교에 대한 정부의 탄압도 다소 완화되었기에, 당시는 신자가 늘어나던 상황이었다.

본인〔인용 주 : 프와넬 신부〕의 담당 지역에서 현저한 증가 추세를 보이고 있습니다. 금년 고해자 수는 전년에 비해 200명이나 증가했습니다. 증가 이유는 우선 먼 타 지방 교우들이 종교의 자유를 기대하면서 서울 근교에 자리를 잡으려 이동해 오기 때문이고, 둘째는 작년에 많은 세례자가 나왔던 점, 그리고 마지막 이유는 1866년 박해 후 포기했던 성사생활을 재개한 구교우들의 회두 때문으로 볼 수 있습니다(〈1886년도 보고서〉,《서울교구 연보》I, 47쪽).

조불조약이 체결되자 프랑스 선교사들은 교회의 재건을 도모하고 각종 사업을 전개하기 시작하였다. 이들은 기본적으로 선교 활동에 관심을 기울이되, 조선의 정치적 상황이나 외교 관계에는 관여하지 않으려는 입장이었다. 이는 당시 프랑스 선교사들이 소속되어 있던 파리 외방전교회의 방침이었을 뿐만 아니라, 조약에서 분명하게 신앙과 선교의 자유가 천명되지 않았기 때문이기도 하였다. 교회는 선교사들에게 조선 정부와 충돌을 일으킬 만한 어떠한 행동도 하지 말도록 지시하였다. 조불조약이 체결된 다음 해 발표된 《조선교회 관례집》에는 선교사들이 신자들의 소송에 관여하거나, 주교의 허락 없이 관가에 출입하거나 관장(官長)과 논쟁하는 것이 엄격하게 금지되었다. 또한 신자들 앞에서 조선 정부를 비난하는 말도 하지 못하도록 규정되었다. 교회와 정부 사이에 발생할 수 있는 만일의 충돌을 피하고자 하였던 것이다.

실제로 조선 정부는 프랑스 선교사들의 선교 활동을 묵시적으로 허용하였을 뿐, 선교 활동의 자유를 완전히 보장한 것은 아니었으며, 천주교를 전파하거나 믿을 경우에 처형할 수 있는 국법을 여전히 유지하고 있는 상태였다. 1887년 블랑 주교는 조선 정부의 근본적인 정책이 변하지 않은 가운데 잠재되어 있는 장벽과 긴장에 대해, "조불조약이 체결된 후에도 비약적 개종을 방해한 요인들이 없어지지 않고 있으므로, 우리는 여기저기서 이삭을 주워 추수에 보태는 수밖에 없습니다"라고 하였다. 그의 표현처럼 조선에서의 선교는 여전히 조심스러운 일이었다. 하지만 박해시대와 비교할 수 없을 만큼 상황은 나아지고 있었다.

본인[인용 주 : 블랑 주교]은 서울에서 800명 이상의 사규 고해자와 67명의 성인 세례자를 냈습니다. 본인이 서울에서 이렇게 많은 숫자를 낸 것은 처음입니다. 프와넬 신부가 맡고 있는 성 밖을 아직 보지 못했습니다. …조불조약 이후 서울에서 시작된 개종의 움직임을 유지시키기 위해 공소집이라기보다는 교리 강의실로 사용할 목적으로 성 밖에 집을 한 채 샀습니다. …우리가 임명한 두 명의 회장이 얼마 전부터 아침부터 저녁까지 바쁘게 교리를 가르치고 있습니다. 하느님께서 복음의 풍성한 열매를 맺게 하시고 또 믿기 시작한 이들에게 항구함을 주시기를!(《1887년도 보고서》, 《서울교구 연보》 I, 61~62쪽)

서울을 중심으로 교세 확대가 두드러질 수 있었던 것은, 특히 지역적인 조건 덕분이었다. 서울은 주교를 비롯한 대부분의 선교사들이 근거지로 삼고 있던 곳이며, 모든 외교 공관도 위치해 있으므로 훨씬 자유롭게 선교 활동을 전개할 수 있었기 때문이었다. 1888년에는 박해시기 동안의 세례자 수를 모두 합한 것보다도 훨씬 많은 세례자(성인 1,183명, 어린이 1,758

> **성교사규(聖敎四規)**
> 가톨릭교회가 신자들의 영신적 이익을 위하여 부과하는 네 가지 법규. 즉 주일과 축일을 지키고 미사에 참례할 것, 교회에서 정한 날에 단식재와 금육재를 지킬 것, 최소한 1년에 한 번 고해성사를 받을 것, 최소한 1년에 한 번 부활시기에 영성체할 것 등을 말한다.

명)가 배출되는 성과를 거두었다. 교세가 급속도로 증가하자 블랑 주교는 새로 회장을 임명하고 교리를 가르치는 장소를 마련하는 등 이 추세를 이어 나가기 위한 노력을 기울였다.

서울에서는 교우 수가 점점 더 늘어갑니다. 문안에서는 내가 582명의 사규 고백을 듣고 어른 83명에게 세례를 주었습니다. 문밖에서는 프와넬 신부가 483

명의 사규 고백을 들었고 어른 70명에게 세례를 주었습니다. 그러니까 서울만으로도 성인 세례자가 150명이 넘는 셈입니다. 이러한 위안을 우리가 받게 된 것은 이것이 첫 번째입니다(〈1888년도 보고서〉,《서울교구 연보》I, 72쪽).

이처럼 블랑 주교가 '처음 받는 위안'이라고 표현할 정도로 신자 수가 증가하였다. 블랑 주교의 보고서에 나타나듯이 개종자도 있었지만 기존의 신자들도 몰려와 판공 성사를 받았다. 교세의 신장은 지방으로도 확산되었다. 특히 향리나 하급 관리와 같은 중간 계층에서도 천주교 신자가 되는 경우들이 나타났다. 극히 일부 지역에 한정된 사례이지만 양반층도 천주교로 개종하는 경우가 있는 등 신자들의 신분이나 사회·경제적 지위도 다양해졌다. 무엇보다 지방에서 교세가 신장한 것은 새로 신자가 된 사람들도 있었지만, 다시 신앙생활을 시작하는 사람들이 많기 때문이었다.

지방에서 있었던 성사 집행은 사고 없이 좋은 조건 속에 진행되었습니다. 드게트 신부는 동부 지역을 담당하고 있는데, 40개 공소에서 약 1,400명의 사규 고해성사를 들었고, 60명의 성인들에게 세례를 주었습니다. 지난해보다 감소한 세례자의 숫자는 냉담자들과 1866년 박해 당시 배교한 자들이 돌아옴으로써 충분히 보상되었다고 봅니다. …제천에서 멀지 않은 곳에 12~13가구로 시작되었던 교우촌은 경이롭고도 기적에 가까운 개종에 의해 3가구가 증가되었습니다(〈1887년도 보고서〉,《서울교구 연보》I, 53~54쪽).

비록 1887년의 성인 세례자 수는 전년에 비해 줄었다지만, 박해와 이런저런 이유로 신앙에서 멀어졌던 사람들이 교회로 많이 돌아왔다는 분석이다. 그런데 블랑 주교는 지방에서도 비교적 좋은 조건에서 성사 집행이 이루어지고 있다고 하면서 충청도에서 활동하고 있던 두세 신부에 관해 다음과 같이 기록하였다.

> 두세 신부는 중서부 지방 약 32개의 공소에서 1,400여 명의 사규 고백을 들었고, 성인 42명에게 세례를 주었습니다. 여기에 그의 보고서를 요약합니다. "…우리 교우들 모두가 이 고귀한 은총[대사, 大赦]을 받기 위해 의무를 다했습니다. 공소마다 자식을 등에 업은 아버지와 어머니들, 지팡이에 의지한 노인들, 양반집 규수나 부인들에 이르기까지 수십 리 길을 외교인들의 눈을 피해 심야에 어둠 속을 뚫고 도착해 오는 것을 보며 본인은 눈물을 금치 못했습니다. 모두가 한결같이 지쳐 있었습니다. 그렇지만 교우들의 얼굴에 빛나던 기쁨은 말로 다 표현할 수 없을 정도입니다…"(《1887년도 보고서》, 《서울교구 연보》 I, 57쪽).

이처럼 당시 신자들은 공소에 갈 때 여전히 비신자들의 눈을 피하려고 밤을 이용해 이동하였다. 이는 지방은 물론 서울 지역에서조차 천주교에 대한 부정적인 인식과 선교사에 대한 배타적인 인식이 여전히 남아 있기 때문이었다.

블랑 주교는 이런 편지를 보냈다. 지난해는 비교적 훌륭하고 성과가 많았고, 특별한 사건도 없었고 전반적인 박해도 없었습니다. 여기저기서 성가시게 구는 일이 있었고 교우들이 동네에서 쫓겨나고 매를 맞고 약탈을 당하고 하는 등의 일이 있기는 했습니다. 그러나 우리 새 신자들에 대한 이런 부당한 폭력은 국지적 성격을 띠고 있는 데 지나지 않는다는 것 외에도 결과적으로 우리 교우들에게 경각심을 가지게 했고, 종교 자유가 아직 조선 법률에 기입되어 있지 않다는 것을 그들에게 일깨워 주었습니다. 이런 사정을 그들은 쉽게 잊어버리는 경향이 있을 것입니다(〈1889년도 보고서〉,《서울교구 연보》I, 74쪽).

블랑 주교의 보고처럼 법적으로 완전히 종교의 자유가 허락된 것도 아니었고, 특히 지방의 경우는 '척사위정'(斥邪衛正)의 분위기가 여전히 남아 있는 상황이었다. 그 결과 선교사들이 선교를 위해 적극적인 활동을 전개하는 과정에서 지방 관리나 백성들과 충돌을 빚는 경우도 발생하였다. 완전한 종교 자유가 없는 상황에서 눈에 띄는 신자 수의 증가와 선교사들의 활발한 활동은 충돌을 일으킬 소지를 충분히 갖고 있었다.

2. '양대인'(洋大人) 선교사

이 당시 선교사들은 성직자 복장을 하고 프랑스 국민으로서의 치외법권을 누리면서 선교 활동을 하였다. 그 과정에서 치외법권을 누리는 서양 선교사에게 의지하려는 사람들도 교회로 몰려들었다.

오늘날은 숨는 곳도 필요 없게 되었고 상복(喪服)도 필요 없게 되었습니다. 우리에게 이 변화를 가져다 준 조약에는 신앙의 자유[奉敎]에 대한 말이 없는 것은 사실이지만, 우리는 프랑스 국민으로서 보호를 받고 있습니다. 선교사들은 전국을 돌아다닐 수 있게 하는 통행증[護照]을 가지고 있는데, 우리는 마지막 장애가 제거되기를 기다리면서 이것을 널리 활용하고 있습니다. 서울과 그 근방에서는 선교사들이 성직자 복장을 하고 다니며, 지방에서도 변화가 차차 일어나 몇 해만 지나면 모두가 교회법의 이 규정을 지장 없이 지킬 수 있을 것입니다(〈1891년도 보고서〉,《서울교구 연보》I, 103쪽).

선교사들은 당시 조선인들에게는 낯선 수단(soutane)을 입고 자신들의 신분을 드러냈으며, 프랑스인이라는 치외법권을 들어 천주교 신자를 적극 보호하고 나섰다. 그 과정에서 때로는 지방관의 권한을 무시하였고, 일반인들에게 사사로이 징계나 질책을 가하기도 하였다. 신자를 위협한 향반(鄕班)이나 백성을 사적으로 불러 경고하거나 형을 집행하기도 하고, 지방관의 권한을 무시하고 감옥에 갇힌 신자를 석방시키기도 하였다.

이처럼 박해의 대상이던 선교사들이 이제는 '양대인'으로서의 위세를 행사하였다. 그 결과 이른바 '양대인자세'(洋大人藉勢), 즉 선교사의 위세에 의지하려는 동기를 가진 사람들이 상당수 신자가 되었다.

개종의 진실성에 아주 세심한 주의를 기울여야 할 것입니다. 예비자들이 세속일에 교우 이름을 내세우거나 외교인들과의 사이에서 생길 수 있는 충돌에서 교우란 이름을 무기로 삼지 못하도록 해야 할 것입니다. …우리가 때로 관청에서 정중한 대접까지 받는 것을 보는 외교인들은 우리를 영향력 있는 사람으로 쉽게 생각하게 되고 큰 힘과 굉장한 권한이 있는 사람으로 보기까지 합니다(〈퀴를리에 신부 서한〉,《파리 외방전교회 선교사 서한집》I, 76~77쪽).

개종의 진실성을 세심하게 살펴야 한다는 말이 교회 안에서 나올 정도였으니, 이 문제에 대해 언론의 비판이 이어진 것은 당연하였다. 〈황성신문〉

1899년 11월 2일자에서는 천주교 신자들이 선교사의 위세를 이용하여 날이 갈수록 횡포를 부리는 사태를 개탄하였다. 그런데 이 기사는 탐관오리들이 죄 없는 백성들의 재산을 빼앗고 아내와 자식을 흩어지게 하는 등의 압제를 가하는데 정부가 있어도 하소연할 수도 없으니, 결국 자신의 생명과 재산을 지키기 위해 서양 종교의 세력에 의지하게 되었다고 지적하였다. 그러니 결국 백성들을 내몰아 천주교 신자가 되게 한 것은 탐관오리라고 언급하였다. 국법과 인심을 개의치 않고 폐행(弊幸)을 자행한다는 이유로 신자들을 비판하였지만, 그렇게 된 원인은 결국 관리들이 부패하였기 때문이라는 분석이었다. 탐욕을 일삼는 관리에 맞서 일반 백성들이 생명과 재산을 지키기 위해 천주교회를 택하였다는 것은 천주교회의 위상은 물론 한국사회 자체도 질적으로 완전히 달라지고 있었음을 보여 준다.

신자들의 거주지도 교우촌 등의 산간벽지에서 벗어나 점차 넓은 계곡이나 평야지역으로 내려왔다. 1889년 조선에 입국하여 활동하던 파스키에(P.J. Pasquier, 朱若瑟, 1866~?) 신부는, "사방에서 나타나는 개종 운동은 저에게 좀 더 자유로운 환경을 갈망케 하는데 적어도 은둔자처럼 산꼭대기에 있을 것이 아니라 넓고 사람들이 많은 그런 곳에 집을 마련하고 거기에 정착하게 되었으면 합니다"라는 전망을 피력하였다. 신자들의 거주지가 달라지면서 자연히 각 권역별 중심 본당도 감영 소재지와 고을의 중심지역, 개항장 등 사람이 많이 오가는 지역에 설립되었다. 이러한 변화 속에 교회는 자연히 여러 가지 일상적인 이권 다툼이나 갈등에 개입될 여지가 높아졌다. 이제 천주교회는 한국사회 내부로 스며들어 신앙생활만이 아니라 사람들의 일상생활과도 긴밀하게 얽히면서 '교안'(教案)이라는 새로운 분쟁을 맞게 되었다.

제2절 교안의 특성

1. 발생 시기와 원인

교안(敎案)은 시기적으로는 조불조약 체결 (1886) 이후부터 발생하기 시작하여 대한제국이 외교적 자주성을 상실하게 되는 무렵인 1904년 이후에는 거의 종식되었다. 그리고 교안 발생 초기에는 교회가 관·민의 공격을 받는 양상이었지만, 1890년대 후반부터는 교회가 관·민에게 영향력을 행사하는 형태로 바뀌어갔다. 특히 1897년 이후에는 지방 관리들

> **교안**
> 천주교에 대한 박해 정책이 종교 자유 정책으로 옮겨가는 시기에 발생한 교민(敎民) 분쟁을 말한다. 대체로 선교사와 지방 관료의 협상으로 타결되었으며, 때로는 선교사와 중앙의 주교-지방 관료와 내부(內部)로 이어져 대한제국(大韓帝國)과 프랑스와의 외교적 절충으로 해결된 사례도 있었다.

의 책임과 권한이었던 조세 징수권과 공유지 관할권 등에 신자들이 개입하여 분쟁이 일어나는 사례가 부쩍 늘어났으며, 선교사나 신자들의 월권 사례도 거의 이 시기에 집중되었다. 그러므로 1897~1903년의 교안은 종교적 이유로 인한 신자와 비신자의 충돌이라기보다는 사회·경제적 이해관계에 천주교가 개입된 사건의 성격을 지닌다. 1904년 이후에는 교회가 일본을 등에 업은 친일 세력이나 프로테스탄트 등 또 다른 세력과 충돌하게 되었다.

이처럼 교안의 원인은 여러 가지 문제가 복잡하게 얽혀 있지만, 크게 보아 다음 몇 가지로 정리할 수 있다.

첫째, 몇 세대를 걸쳐서 지속되어 온 천주교에 대한 부정적 인식이 바탕에 깔려 있었기 때문이다.

우리 처지가 이처럼 변화하고 있음에도 불구하고 우리에 대한 외교인들의 심적 경향은 별로 바뀌지 않았습니다. 모든 사람에게, 특히 양반 계급과 관직에 있는 사람들에게는 우리가 외국인들이며, 순전히 조선 것이 아닌 모든 것에 대해서 수 세기 전부터 가져온 불신은 도무지 사라지지 않았습니다. …천주교에 대한 오래전부터의 편견과 박해에 대한 두려움도 남아 있습니다(뮈텔 주교의 〈1891년도 보고서〉,《서울교구 연보》I, 104쪽).

사교(邪敎)로 간주되어 엄격히 금지되어 온 천주교를 국가가 허용했다고 해서 사람들의 인식도 금방 바뀐 것은 아니었다. 그래서 일상적으로 일어날 수 있는 분쟁에 성직자나 신자 등 천주교가 연관되면 오랫동안 지속되어 온 천주교에 대한 척사론적인 적대감이 일어 곧잘 충돌로 이어졌다. 양반과 관료들만이 아니라 일반인들 가운데서도 천주교에 반감을 품고 행패를 부리는 경우가 있었다.

둘째, 개항 이후 급변하는 상황 속에 서양 국가와 문화에 대한 반발로 서양인 자체에 대해 반감을 가졌기 때문이다. 그래서 프랑스인 신부가 호조를 가지고 각 지방을 다니며 선교 활동을 펼치는 과정에서 사람들에게 일방적인 공격을 받거나, 신부가 개인적으로 지닌 호신용 무기를 사용하여 충돌이 일어나기도 하였다.

셋째, 신자와 비신자의 분쟁에 신부가 개입하여 월권행위를 행사하는 일이 있었기 때문이다. 조불조약 체결 후 4~5년간의 교안은 신자와 비신자 사이의 분쟁에 신부가 직접 개입하여 문제가 된 것이었다.

넷째, 천주교회의 전례와 예식이 공공연히 행해지면서 조선의 전통적인 관습과 충돌하였기 때문이다. 신자들은 민족 전래의 관습이나 전통을 미신

⟨표 1⟩ 교안의 시기별 · 지역별 발생 건수

연도\지역	1887	1888	1889	1890	1891	1892	1893	1894	1895	1896	1897	1898	1899	1900	1901	1902	1903	1904	1905	1906	1908	합계
평안		1																				1
함경	1	1		1		1	1		1			3	1	1								11
황해											1		1	1	4	6	10					23
경기				3	1	1			1		2	2	3	2	1	1						17
서울		1										1	1									3
강원			1	1	1				1				1	3	2							10
충청				3	1	2	5	3	1		5		2	4	2		4					32
경상		1	1	2	1	3					1		5			2						16
전라		1	4	1	1		1				4	3		2	4	1		2	2	2	1	29
합계	1	5	1	7	6	10	5	7	4	2	14	9	14	13	15	10	14	2	2	2	1	167

출처 : 박찬식, 《한국 근대 천주교회와 향촌사회》

으로 간주하였고, 이를 타파한다는 이유로 신당(神堂)을 부수거나 마을의 신목(神木)을 자르는 등의 충돌을 일으켰다.

다섯째, 묘지를 둘러싼 소송에 신자와 비신자가 얽히는 일이 빈발하였기 때문이다. 산소, 즉 묘지에 관련된 소송인 산송(山訟)은 풍수지리와 연결되어 다른 사람의 무덤을 파내고, 그 자리에 자기 집안사람을 묻거나 심한 경우 살인까지 일어나는 심각한 사회 문제였다. 이러한 산송에 신자와 비신자가 충돌하면 교안으로 이어졌다.

여섯째, 가장 현실적인 문제인 조세, 개인적인 금전 · 토지 거래 등의 경제적 사건에 교회가 휘말리는 경우가 있었기 때문이다.

일곱째, 천주교 신앙이나 조불조약 등을 받아들이지 못하는 지방 관료의 지시가 있었기 때문이다. 1891년에 기장(機張, 지금의 부산광역시 기장군)의 현감은 '외국인은 극악무도한 조선의 불량스러운 백성과 가장 친근하니, 조선 내의 외국인을 모두 죽여야 한다'는 등의 격렬한 문구로 서양인을 비방하는 글을 거리에 붙였다. 이에 프랑스 공사관이 항의하여 외교 문제로 번진 일이 있었다. 1892년 전라도 광주에서는 관할 지역 내에 사학 하는 사람들의 명단을 작성·보고하라는 지시가 내려졌다. 또 경기도 이천의 부사(府使)는 '천주교는 유교와 다르고 민간에도 많은 폐단을 남기므로 통탄할 일이니 일절 금해야 한다'고 고시한 일도 있었다. 그리고 천주교를 빙자하여 악행을 저지르는 사람들을 단속하는 동시에 지방관의 과잉 탄압도 단속하라는 중앙 정부의 지시가 내려오기는 하였지만, 지방관은 오랫동안 지속된 천주교 박해를 고수하는 조처를 취하곤 하였다.

여덟째, 선교사가 치외법권을 누리고 교회가 성장하면서 신자임을 내세워 불법과 악행을 저지르는 사람들이 교안의 원인이 되기도 하였다.

2. 교안의 유형

여러 문제가 뒤얽혀 연구자에 따라 수백 건에서 천 건에 가깝게 일어난 것으로 추산되는 교안에는 직접적이든 간접적이든 선교사가 관여되어 있었다. 따라서 교안은 크게 선교사가 중심에 있던 교안, 신자들 사이의 문제에 선교사가 개입한 교안, 신자와 비신자 사이의 문제에 선교사가 개입된 교안 등 세 가지로 나눌 수 있다.

1) 선교사가 중심에 있던 교안

선교사가 문제의 직접 원인이 된 경우는 다음의 몇 가지로 정리할 수 있다. 첫째, 선교사가 폭행의 피해자가 된 교안이다. 선교사가 치외법권을 누렸다지만 실제 선교 활동에서는 폭행, 모욕, 숙소 약탈 등의 피해자가 되곤 하였다. 1892년 보두네 신부는 전주 본당의 운영기금을 신자인 최재우(崔在宇)에게 맡기고 필요에 따라 찾아 사용했었다. 그런데 최재우와 채무관계가 있던 서울의 최 감찰이 빚 독촉을 하면서 최재우의 집과 다른 신자들의 집까지 수색하고 약탈하였다. 이에 보두네 신부가 전주 관아에 호소하였지만, 오히려 전주 포교가 신부의 집에 난입하였다. 1899년에는 전라도에서 사목하던 베르모렐 신부가 집에서 군중들로부터 난폭한 공격을 받았다.

> 그[인용 주 : 베르모렐 신부]의 거처는 침입당하고 약탈당해서 엉망이 되었으며, 그는 매 맞고, 수모당하고, 마침내 흥분한 군중들에게 죄수처럼 끌려갔습니다. 이와 같은 과격한 행동은 당국의 개입을 불가피하게 하였으며, 다행히도 그는 그날 저녁에 풀려났습니다. 프랑스 공사의 요청으로 주모자들이 체포되었습니다. 이 협상으로 관리들의 공범관계와 끝없는 그들의 탐욕이 세상에 드러나 관리들 중 3명이 엄중한 처벌을 받게 되었습니다(〈1899년도 보고서〉, 《서울교구 연보》 I, 252쪽).

로베르 신부는 1899년 11월 대구 근방에서 지낼 때 호조를 지녔음에도 불구하고 김영옥이 이끄는 70여 명에게 습격당하였다. 1900년 1월에도 대구 시민들이 창과 곤봉 등을 들고 신부를 폭행하였다. 로베르 신부가 급히 피하여 경상 감사에게 구호를 요청했지만 감사는 오히려 외국인 추방을 명령하였고, 3천여 명이 달려들어 폭행을 가하는 가운데 신부는 간신히 탈출하고 숙소는 약탈당하였다. 이에 프랑스 공사관이 나서 수습책을 제안하고 잃어버린 물건과 재물의 배상을 요구하였다.

1900년 11월에는 강원도 이천군 귀당(龜塘)에서 뒤테르트르(L.P. Dutertre, 姜良, 1866~1904) 신부 사건이 일어났다. 프랑스 공사관과 교회 측은 귀당의 김순식(金淳植), 김응섭(金應燮) 등이 뒤테르트르 신부에게 모욕을 가하고 성당을 파괴한 데 책임을 물어 가해자를 처벌하고 파괴된 성당에 대해 배상해 줄 것을 요구하였다. 김순식의 청원이나 이천군에 살던 송기재의 소장, 법부의 조사에 따른 외부(外部)의 문건 등을 보면 김씨 가문과 교회 사이에 보다 복잡한 갈등이 드러나 있음을 알 수 있다. 신자인 김주하(金周河)는 가옥을 사들여 성당을 마련하고 뒤테르트르 신부를 맞이했는데, 그 과정에서 김순식 집안의 가묘(家廟)를 훼손하고 신주를 던져 버린 탓에 결국 폭력적 싸움으로 이어졌다는 것이다.

　1900년에는 충청북도 제천군 근우면 산척리(山尺里)에서 토지 문제로 부이용(C. Bouillon, 任加彌, 1869~1947) 신부가 안철순(安哲淳) 등에게 구타당하는 사건이 일어났다. 부이용 신부가 신자들과 거리에 나갔는데 안철순 등이 여러 사람을 동원하여 길을 가로막고 신부를 따라온 신자들을 마구 때렸으며, 나뭇더미를 쌓아 놓고 모두 불태워 살해할 것이라며 위협하였다. 이 소동은 대한제국과 프랑스 사이의 외교 문제로 이어졌다.

　이처럼 지방을 순회하고 교우촌을 방문하는 등 왕성한 활동을 펼치던 선교사들은 종종 폭행의 피해자가 되었다. 원인이 무엇이든 프랑스 신부와 그를 돕는 신자들에 대한 폭력은 법에 어긋나는 일이었기에 이는 외교 문제로 비화되는 교안으로 확대되었다.

　둘째, 서양인 자체에 대한 반감이나 외국인에 대한 유언비어로 말미암아 선교사가 공격당한 것이 교안의 원인이 되었다. 서양 국가들이 진출하면서 동양의 여러 나라에는 서양인들에 대한 악의적인 유언비어가 나돌았다.

한국도 예외가 아니어서 서울은 물론 지방에도 외국인이 갓난아이를 잡아먹는다는 등의 괴기스러운 소문이 유포되어 선교사를 괴롭혔다. 프랑스 공사는 외국인 가운데서도 특히 천주교 선교사들이 그러한 소문의 주범으로 지목되고 있다면서 모든 면에서 각별히 조심할 것을 뮈텔 주교에게 당부해 왔다.

셋째, 깊은 산중을 지나가거나 도적의 위험이 있는 상황에서 종종 프랑스 신부들이 호신용으로 휴대한 육혈포 등의 무기가 소동으로 이어졌다. 1895년 7월에 원산의 브레 신부는 나무꾼인 배중현(裵中玄)이 나무를 하다가 교회 시설에 접근하자 물러날 것을 요구하였다. 브레 신부의 위협 발포에도 배중현이 말을 듣지 않자, 신부는 다시 발포하여 배중현의 어깨와 허벅지에 중상을 입혔다. 또한 이 사건을 조사하는 과정에서 브레 신부는 조사차 찾아온 경무관 이장오를 주먹으로 가격하였다. 이어 브레 신부는 수십 명을 이끌고 서에 들어가 경무관 등 세 사람을 붙잡아 억류하고 폭행을 가한 뒤 풀어주었다. 이 일은 사건의 책임을 놓고 논쟁이 일어 조선과 프랑스 간 외교 문제로 비화되었다. 또 1897년 1월에도 경북 칠곡의 파이야스(C.-C.-P. Pailhasse, 河敬朝, 1868~1903) 신부가 관련된 발포·살인 사건이 일어났다. 파이야스 신부가 소지하던 육혈포를 김오권(金五權)이 발포하여 신자인 김축이(金遫伊)가 피살된 것이다. 본래 김축이는 도둑질 전과가 있던 사람으로 사제관에 출입하면서 상습 절도를 일삼았다고 한다. 참다못해 그를 행랑에 가두어 관에 넘기려 하였는데, 한밤중에 달아나는 것을 몇몇 신자들이 추격하다가 사건이 벌어졌다. 총격으로 피살자가 나왔으므로 이 사건은 외교 문제로 번졌고, 파이야스 신부도 심문을 받았다.

2) 신자들 사이의 문제에 선교사가 개입한 교안

신자가 겪는 세금 관련 분쟁에 선교사가 연루되어 문제가 커진 경우도 있다. 1901년 장호원에서는 징세를 거부하던 신자들이 선교사를 끌어들여 관가에 침입하고 관장을 능욕하였다. 이에 충주 군수가 세금 수취 업무에 외국인이 간섭하였다며 항의하여 문제가 커졌다. 1899년 제주 지역에 파견되어 활동하던 김원영(金元永, 아우구스티노, 1869~1936) 신부는 1901년에 자은도의 교우촌을 방문하였다가 지방관의 극심한 수탈을 절감하였다. 신자들을 통해 상황을 파악한 그는 군수가 보낸 사령들이 지나치게 세금을 착취한 실태를 조사하고 이를 지도 군수와 데예(A. Deshayes, 曺有道, 1871~1910) 신부에게 알렸다. 여기에 목포의 세무관이 나서고 데예 신부가 개입하였다. 군수는 이 일에 크게 불만을 품고 사람들을 이끌고 가 폭력을 행사하였다. 이 경우는 지나친 세금 착취의 진상을 조사하여 신자들의 세금 납부 증빙을 돕던 선교사가 폭행의 피해자가 된 교안이었다.

토지 문제를 둘러싼 분쟁도 만만치 않았다. 1901년 강원도 평강군에서 맹석주(孟錫柱)라는 사람이 신자들이 자신의 논밭과 가옥 등을 빼앗았으니 그 값을 달라고 고소하여 재판이 진행되고 있었다. 그런데 뒤테르트르 신부가 관찰사에게 압력을 가하여 고소를 취하하도록 강요하였고, 재판 비용을 받아낸다는 명목으로 살림 도구를 빼앗고 사당의 문을 부수는 등의 충돌을 일으켰다. 또 신자가 비신자와 벌인 산송에 신부가 개입하는 일도 있었다. 1897년 2월에 용인에 사는 이승두는 경기도 진위에 사는 신자 박승문(朴升文)이 다른 신자들을 이끌고 와서 수십 년 자리한 선영의 이장을 요청하고, 선영에 서 있는 소나무 값을 지불할 것을 강요하였다며 고소하였다. 그런데 이때 박승문은 페네(J.-C. Peynet, 裵嘉祿, 1873~1948) 신부의 위임장〔牌旨〕을 갖고 나타나 이 일을 자행하였다고 한다. 9월에도 신자 홍성삼(洪性三)과 비신자 이헌구(李憲求) 사이에 일어난 산송에 신부가 관여해 분쟁이 일어났다. 이씨 집안의 분묘를 홍성삼의 일가인 홍선명이 몰래 파내다가 체포되었는데, 선교사가 석방을 요구하고 신자들은 이헌구 일행에 위협을 가했다는 내용이다. 1899년 5월에는 인천의 이병서가 신자 이성호와 산송 문제로 다투었는데, 마라발 신부가 여기에 개입되었다. 이병서는 이성호의 주장이 거짓임이 드러났음에도 불구하고 마라발 신부가 수십 명의 신자들과 함께 현장에 와서 말뚝을 박았다는 내용의 소를 제기하였다.

  프랑스 선교사들이 이처럼 토지, 세금, 금전거래 등을 둘러싼 일에 개입하여 교안이 된 사건에는 종교적 이유와 더불어 인도적 배려도 한몫하였다. 선교사들은 신자들이 천주교를 믿는다는 종교적인 이유로 여전히 부당한 대우를 받고 있었으므로 이를 되도록 막아 신자들을 보호하려는 의도였다. 또한 힘없는 신자들이 정부나 지배층의 수탈이나 횡포를 피해 교회에 의지하므로 이 문제를 모르는 척할 수는 없다는 입장도 있었다. 그런데 사건의 진행과 해결 과정에서 선교사가 외교적 특권을 자의적으로 사용하거나 여기에 의지하려는 신자들의 탈선이 얽혀 교안은 이 시기 조선사회와 천주교회에 큰 문제가 되었다.

  3) 신자와 비신자 사이의 문제에 선교사가 개입된 교안

  신자들이 비신자와 충돌하여 일어난 교안은 신자들이 피해를 입은 경우도 있고 가해한 경우도 있었으며, 상반된 주장 속에 판단하기 어려운 사례

> **교폐**
> 특정 종교에 속한 신자들이 정치·경제·사회 등 여러 가지 측면에서 일반 사람들에게 미치는 불법적인 행위를 의미한다. 즉 자신이 속한 종교 공동체, 또는 종교 지도자의 영향력에 의지하여 다른 사람들을 괴롭히는 폐해이다. 개항기 천주교 신자들이 교회의 세력을 믿고 자행한 불법 행위도 교폐에 해당된다.

도 많았다. 그런가하면 신앙보다는 현실적인 이익을 얻으려는 이른바 '가탁교인'(假託敎人)들이 일으킨 '교폐'(敎弊)도 있었다.

어떤 때는 이른바 이 입교자들이 진짜 늑대들이어서 양의 우리에 넣지 않도록 조심하고 그들에 대해 우리를 방위하기까지 해야 하는 경우도 있었습니다. 그들은 교리문답이나 기도서를 장만해서 몇 대목 배워가지고는, 그 조그만 지식을 가지고 나라 안을 돌아다니면서 여봐란듯이 교우로 자처했습니다. 그들은 어떤 선교사나 주교, 심지어 불란서 공사의 사자(使者) 행세를 하며…고지식한 외교인들에게 저지르지 않은 부정행위가 없었습니다. 우리는 그들의 술책 때문에 고통을 많이 겪었습니다(〈1894년도 보고서〉,《서울교구 연보》I, 143쪽).

이러한 사람들은 자신의 이익을 위해 재물을 갈취하거나 다른 사람에게 해악을 끼치고 난동을 부리는 등의 문제를 일으켜 오히려 교회를 곤경에 빠지게 하였다. 하지만 관료의 핍박이나 사회적 모순 속에 하소연할 곳 없이 살아온 피지배 계층 가운데 생명과 재산을 지키기 위해 교회에 의지하려는 사람들도 있었다.

행정은 통탄할 지경이며, 그 때문에 고통을 당하는 국민은 지극히 불행하여 동정할 만합니다. 관속들의 착취를 벗어날 모든 방법을 다 시도해 보고 흔히 아무런 성과를 얻지 못한 여러 사람들은 신자 집단에 의지하기를 희망하며 종교를 찾아옵니다(〈1903년도 보고서〉,《서울교구 연보》I, 317쪽).

힘없는 사람들이 삶을 유지하기 위해 교회에 의지하는 길을 택한다는 것이다. 뮈텔 주교의 보고서에 따르면, 사람들이 교회로 들어오는 이유는 관리들이 서양인들 앞에서는 착취를 조심하고, 또 가급적이면 신자들에게도 조심하기 때문이었다.

한편 교회는 전통적인 향촌의 조직인 향약이나 새로이 형성된 여러 단체나 종교와도 갈등을 겪었다.

> 지방 감사와 군수들의 공공연한 지원을 받는 보부상 조합은 우리에게 나쁜 짓을 많이 했는데, 앞으로는 더욱 많은 고통을 입힐 것 같습니다. …보부상들이 우리와 대적하려고 하는 것 같습니다. 보부상이란 윤리적인 책임이 없는 사람들이기 때문에, 난폭한 사람들의 지지를 얻어 나날이 더욱 대담해지는 것은 조금도 놀라운 일이 아닙니다(〈1900년도 보고서〉,《서울교구 연보》I, 264쪽).

기존의 집권세력과 일정한 연결을 맺고 있는 보부상 조직인 상무사(商務社)는 물론 황국협회(皇國協會)도 교회와 자주 문제를 일으켰다. 천주교를 노골적으로 배격하는 동학과는 특히 심각한 충돌이 일어났으며, 세력을 확장하던 프로테스탄트와의 분쟁도 일어났다. 한편 "이 구역[인용 주 : 강원도 북부] 담당인 뒤테르트르 신부는 이천군의 산속에서 살고 있습니다. 이곳 역시 지난해 청나라 군인들에 의해 모두 약탈당하고 말았습니다"라는 〈1895년도 보고서〉에서 알 수 있듯이 국가가 흔들리는 지경에서 천주교회는 국외 세력으로부터 공격까지 받는 실정이었다.

〈표 2〉 교안의 대립 구도와 원인 · 전개 양상

			대립 구도			교안의 원인							교안의 전개 양상					
													교회			비교회		
	연도	지역	교회對지방관리	교회對향반토호	교회對민인	조세및지대문제	채무및금전문제	토지관련문제	신부·신자의월권·발포	의례및종교문제	서양인에대한반감	산송	기타	관·민공격	신부의개입	민인사형	신자체포·처벌	신자공격	신부공격	민란
1	1887	원산	◎								○								○	
2		진안	◎	○							○						○			
3		거제도	◎								○						○			
4	1888	서울	○					○									○			
5		평안도		○							○							○		
6		안변		○							○									
7	1889	죽전			◎						○								○	
8		전주		○	○						○						○			
9		고산			○						○						○			
10		장성		○	○												○			
11	1890	용안		○							○				○					
12		함안		○						○					○					
13		대구			○						○							○		
14		원산			○						○							○		
15		순창			○						○				○					
16		거제도			○			○							○					
17	1891	예산		○				○							○					
18		남포			○						○							○		
19		아산			○			○			○									
20		양양	○								○				○					
21		전주			○		○								○					
22		부여		○							○							○		
23		수원			○			○							○					
24		수원			○						○									
25	1892	안성			○							○		○						
26		횡성			○						○								○	
27		기장		○							○				○					
28		삼가			○						○							○		
29		김천			◎						○								○	
30		원산	○								○							○		

연도	지역	대립 구도			교안의 원인								교안의 전개 양상						
													교회			비교회			
		교회對지방관리	교회對향반토호	교회對민인	조세 및 지대 문제	채무 및 금전 문제	토지 관련 문제	신부·신자의 월권·발포	의례 및 종교 문제	서양인에 대한 반감	산송	기타	관·민 공격	신부의 개입	민인 사형	신자 체포·처벌	신자 공격	신부 공격	민란
31	천안	O										O	O		O				
32	부여	O	O							O							O		
33 1893	시흥			O						O			O						
34	양양			O				O										O	
35	안변	O								O								O	
36	전주			◎						O									O
37	신창		O	◎	O								O				O		
38	신창		O		O								O						
39 1894	덕산			◎															O
40	간양동			◎															
41	노성			◎															
42	양지		O								O								
43	덕산			◎						O									O
44 1895	한산			O									O						
45	청양	O	O					O									O		
46	원산	O		O					O				O						
47 1896	회덕			O		O							O						
48	양천			O									O						
49	흥양			O															
50	태인	O		O				O					O				O		
51	진안			O	O											O			
52	전주			O				O					O						
53	칠곡			O					O				O						
54 1897	해미		O							O							O		
55	예산	O												O			O		
56	아산			O							O		O						
57	보은	O		O						O						O		O	
58	충주			O										O					
59	양성			O						O			O						
60	양성			O						O			O						

연도	지역	대립 구도			교안의 원인								교안의 전개 양상						
													교회			비교회		
		교회對지방관리	교회對향반토호	교회對민인	조세및지대문제	채무및금전문제	토지관련문제	신부·신자의월권·발포	의례및종교문제	서양인에대한반감	산송	기타	관·민공격	신부의개입	민인사형	교민체포·처벌	신자공격	신부공격	민란
61 1897	고성			O			O						O						
62	신천	O	O	O	O								O		O	O			
63	장성			O		O					O		O	O					
64	진산	O				O							O						
65	용안			O									O					O	
66	서울			O						O			O				O		
67 1898	광주		O	O									O						
68	용인			O							O		O						
69	안변	O						O					O						
70	안변			O						O									
71	회령		O							O								O	
72	하동			O		O							O						
73	진주			O	O								O						
74	함안										O		O						
75	고성			O		O								O	O				
76	산청			O			O								O				
77	강경포		O	◎		O		O					O	O			O	O	O
78 1899	해미		O						O		O		O						
79	서울			O					O					O					
80	인천			O						O				O					
81	안성			O		O							O						
82	강화			O			O						O						
83	화양			O									O						
84	안악	O						O					O						
85	안변		O	◎						O							O	O	
86	정의		O					O	O				O	O			O		
87 1900	목포	O			O									O	O				
88	보령	O					O										O		
89	대흥	O	O				O						O				O		
90	홍주			O									O				O		

연도	지역	교회對지방관리	교회對향반토호	교회對민인	조세및지대문제	채무및금전문제	토지관련문제	신부·신자의월권·발포	의례및종교문제	서양인에대한반감	산송	기타	관·민공격	신부의개입	민인사형	교민체포·처벌	신자공격	신부공격	민란
91	제천			○		○							○				○		
92	인천			○								○	○						
93	용인			○		○							○				○		
94	이천			○				○					○				○	○	
95	1900 / 평강			○		○							○						
96	평강			○								○	○						
97	옹진	○	○	○		○							○				○		
98	안변			○		○											○		
99	제주	○	○	◎	○	○	○	○	○	○	○	○	○	○	○		○		○
100	지도	○	○				○							○					
101	전주			○	○	○							○						
102	김제	○									○						○		
103	진잠			○		○							○						
104	1901 / 제천			○									○						
105	여주		○		○								○						
106	원주			○		○							○	○					
107	원주			○					○				○						
108	해주			○		○							○						
109	송화	○	○	○		○							○			○			
110	서흥			○									○						
111	봉산	○					○						○						
112	낙안							○									○	○	
113	은진		○							○			○						
114	장호원	○			○		○						○						
115	황주			◎	○											○	○		
116	1902 / 해주			○			○						○						
117	재령			○	○									○					
118	재령			○	○														
119	봉산			○							○		○	○					
120	재령			○		○							○						

제3장 교회와 근대사회의 충돌

연도	지역	대립 구도			교안의 원인								교안의 전개 양상						
													교회			비교회			
		교회 對 지방관리	교회 對 향반토호	교회 對 민인	조세 및 금전 문제	채무 및 지대 문제	토지 관련 문제	신부·신자의 월권·발포	의례 및 종교 문제	서양인에 대한 반감	산송	기타	관·민 공격	신부의 개입	민인 사형	교민 체포·처벌	신자 공격	신부 공격	민란
121	임천	O		O	O								O						
122	아산		O							O			O						
123	천안	O		O						O				O					
124	제천		O				O						O						
125	장연		O		O	O		O					O						
126	서흥		O				O						O						
127	1903	재령	O				O						O	O					
128		해주		O		O							O						
129		신천	O		O								O						
130		해주	O											O					
131		송화		O								O		O					
132		해주		O				O						O					
133		해주		O						O				O					
134		장연		O	O								O						
135	1904	장성	O						O								O		
136		장성		O								O	O						
137	1905	지도			◎													O	O	
138		태인			◎													O	O	
139	1906	영암			◎						O							O		
140		접주리			◎													O	O	
141	1908	진안			◎						O		O					O	O	

출처 : 박찬식, 《한국 근대 천주교회와 향촌사회》.
대립 구도에서 민인의 경우 개인이면 ○, 집단·단체면 ◎으로 표시하였다.

3. 교안과 교세

신자들이 폐해를 일으켰다는 이유로 고소당하는 일이 빈발하자 신부들도 교회의 명예를 바로 세우기 위해 신자들의 잘못된 행동을 방지하려고 노력하였다. 1898년부터 부산을 비롯해 마산·동래·밀양·김해·진주 등에서 활동한 타케(E.J. Taquet, 嚴宅基, 1873~1952) 신부는 1899년에 무지한 사람들이 천주교에 의지하여 불의한 행동을 저지르는 것을 금지하고자 한다며 다음과 같은 내용을 회장들에게 지시하였다.

> 첫째, 성당은 거룩한 집이니 그 안에 사람을 가두거나 잡아들이지 못한다.
> 둘째, 신자들이 모여 신부의 글[牌旨]을 사사롭게 주고받지 못한다.
> 셋째, 성당 안에서 수작을 부려 세속의 일을 조사하거나 논의하는 일을 하지 못한다.
> 넷째, 신부의 지시가 없는 일을 비신자들 앞에서 있는 것처럼 하지 못한다.
> 다섯째, 관청 송사에 관하여 정당한 까닭 없이 천주교 신자와 천주교에 관련되는 일이라고 주장하지 못한다.
> 여섯째, 이 위에 보인 규식을 회장이 살펴 어기지 못하게 하되, 만일 어기는 자가 있으면 신부에게 낱낱이 알려야 한다.
> 일곱째, 이 조목이 내려진 뒤 어기는 자를 회장이 알고도 신부에게 알리지 않으면, 그 회장은 벌을 면하지 못할 것이다('동래법관 양대인이 비라실 두 회장에 주는 유시 서한', 〈뮈텔 문서〉, 1899-124).

이처럼 당시 성직자들은 신자를 일방적으로 비호한 것이 아니라 불법을

천주교회는 한편으로는 교안이라는 분쟁에 휘말리면서도 다른 한편으로는 성장해 나갔다. 그 성장의 요인으로 여러 가지를 지적할 수 있겠지만, 선교사들은 신자가 되는 것은 현실적인 목적이 아니라 '하느님의 은총'으로 신앙이 자리했기 때문이라고 분석하였다. 빌렘 신부와 매화동 본당 신자들.

저지르는 신자들을 단속하기 위해 최대한 노력하였다. 이와 같이 천주교회는 한편으로는 교안이라는 분쟁에 휘말리면서도 다른 한편으로는 성장해 나갔다. 그 성장의 요인으로 여러 가지를 지적할 수 있겠지만, 흔히 말하는 '양대인자세'가 입교자들의 절대적인 동기였다고 단정하기는 어렵다.

> 지금까지 우리가 별로 겪지 않았던 어려움이 올해는 세례를 받으러 오는 사람들 중에서 정말 잘 준비가 된 사람들과 순전히 인간적이거나 심지어는 좋지 못한 목적을 가지고 오는 사람들을 가려서, 전자들은 받아들이고 후자들은 뒤로 미루거나 멀리하는 일이었습니다. …우리는 여러 경우에 우리 교우들 중에서 핍박을 받는 사람들의 보호자가 될 수 있었습니다. 외교인들이 이 사정을 알아채고, 그중 꽤 많은 사람이 천주교인이 되면 자기들도 우리의 보호를 이용할 수 있으리라고 생각했습니다. 첫걸음은 인간적인 계산이었던 이 입교들이 예비 교우들이 받는 진지한 교육과 특히 그들의 마음을 참으로 바꾸어 주시는 하느님의 은총으로 진실하고 견실하게 되는 일이 자주 있습니다(〈1894년도 보고서,《서울교구 연보》I, 143쪽).

선교사 입장에서 세속적인 보호를 목적으로 몰려온 사람을 어떻게 가려내고, 어떤 입장을 취할 것인가는 어려운 문제였다. 하지만 선교사들은 신자가 되는 것은 이러한 현실적인 목적이 아니라 '하느님의 은총'으로 신앙이 자리했기 때문이라고 분석하였다.

> 어떤 사람들은 말하기를, 외교인들이 우리에게 오는 것은 단지 좋지도 않은 사건에 우리 영향력을 이용하기 위해서라고 합니다. 이런 비난은 그럴듯하게

보이는 면도 있기는 하나, 깊이 고찰해 보면 이치에 맞지 않는 얘기입니다. 그렇다면 어찌하여 사건이 있는 그 많은 외교인들 중 우리에게 오는 사람이 있기는 하나, 훨씬 더 많은 숫자가 오지 않는단 말입니까? 사건이 있어서 신자가 되는 사람들은 벌써 천주교에 대한 얘기를 들은 사람들입니다. …다만 사건이 이런 기회를 주도록 때맞춰 온 것입니다. 그러나 그것은 좋은 기회이지 개종의 결정적 동기는 아닙니다. …신자가 되기를 거부하는 사람들이 선교사의 도움을 좀 얻기 위해 교회의 가르침에 복종하려고 결심하지는 않을 것입니다(〈1902년도 보고서〉,《서울교구 연보》I, 304쪽).

이러한 뮈텔 주교의 지적은 교회의 보호를 구하는 것이 개종의 동기였을지는 몰라도 교회의 가르침을 따르는 삶을 선택하는 것은 결국 종교적 동기 때문이라는 해석이다. 자신이 당한 어려움을 현실적으로 해결했는가 아닌가와 상관없이 신자가 될 사람은 된다는 뜻이다.

이른바 '양대인자세'의 풍조 속에 교세가 증가하였지만, 신자가 되겠다는 결심과 신앙생활은 믿음이 있어야 가능한 일이었다. 그러므로 교안이 일어나던 시기에 한국 천주교회가 성장한 근본적인 요인은 선교사의 현실적인 영향력이나 교회의 위상보다는 복음이 전파되는 상황에서 천주교회와 그 신앙을 알게 되는 기회가 더 많아졌다는 점에서 찾아야 할 것이다.

〈표 3〉 전체 교안 일람

구분 연도		발생 지역	대립 구도		사건의 개요
			교회	비교회	
1	1887	함남 원산	드게트 신부	덕원부사	신부가 호조를 소지하지 않고 원산에 가자 덕원부사가 선교를 금지하고 신부를 추방.
2	1888	전북 진안	교우촌 신자	촌민, 포졸	포졸들이 교우촌을 수색하고, 신자들을 감옥에 가둠.
3		경남 거제도	윤봉문	통영군수, 대구부사, 진주군수	지방관들이 이전과 같이 천주교를 탄압, 윤봉문을 사교를 믿는다 하여 교수형에 처함.
4		서울	블랑 주교, 신학생	외부대신	교회에서 사들인 대지 문제로 정부 측과 알력이 생겨 그 와중에 신학생 3명이 체포·구금됨.
5		평안도	신자	포졸, 민인	신자들이 민인들에게 약탈당하고 협박을 받음.
6		함남 안변	신자	부상 두목	르 메르 신부가 강성골에 정착하자 부상 두목이 신자를 공격.
7	1889	경북 죽전	로베르 신부	김영옥 등 70명	민인들이 신부의 숙소를 습격.
8		전북 전주	보두네 신부	풍헌, 촌민	풍헌이 민인들과 함께 신부를 희롱하고 시종자 폭행. 촌민들이 신자의 수확물·금전 탈취.
9		전북 고산	교우촌 신자	촌민	보두네 신부가 교우촌을 방문하고 떠난 뒤 촌민들이 작당하여 신자들을 추방시키려 함.
10	1890	전남 장성	안흥서 등 신자	촌민 박의경, 군수	베르모렐 신부가 교우촌을 방문하고 떠난 뒤 촌민이 신자를 찾아와 신부를 유숙시켰다 하여 신자를 추방시킴.
11		전북 용안	신자	용안군수	군수가 착취하자 주민들이 폭동을 일으킴. 군수는 신자를 폭동의 두목으로 지목, 처벌.
12		경남 함안	신자	함안군수	교회식으로 장례를 치르자 군수가 신자를 체포.
13		경북 대구	로베르 신부	대구부민·경상감사	대구부민들이 신부에게 폭행, 경상감사의 외국인 추방 명령.
14		함남 원산	박 요한(이방), 마라발 신부	안변부사	박 요한의 집에 머물던 신부를 축출하고자 안변부사가 관속들을 보내어 위협.

제3장 교회와 근대사회의 충돌   173

연도 \ 구분		발생 지역	대립 구도		사건의 개요
			교회	비교회	
15		전북 순창	신자	촌민	신자라는 이유로 촌민의 모함을 받아 투옥되고 재산도 빼앗김.
16	1891	경남 거제도	신자 윤경문 등	주말준 등 주민	신자의 이전 토지의 소유권을 둘러싸고 신자와 민인 간에 분쟁. 신부가 개입.
17		충남 예산	신자(소작인)	지주, 군수	양반 지주가 소작인으로 있는 신자의 소작권을 빼앗은 데서 발생.
18		충남 남포	신자	촌민 우성중 등	촌민 우성중 등이 신자들이 외국인과 관련한다 하여 침학.
19		충남 아산	신자(소작인)	지주	신부가 마을을 지나간 다음 주민들이 서양인 신부를 죽이겠다고 신자 위협. 신자들에게 소작권 주지 않음.
20		강원 양양	신자 김춘화 등	전상순 등	양인과 관련 맺고 성교(聖敎)한다고 관과 부동하여 신자 체포, 형벌 가함.
21		전북 전주	보두네 신부	최재우 가족	전주 성당 기금 배상 요구 사건.
22		충남 부여	신자	면임, 아전, 좌수 등	면임 김청일, 지방 아전, 좌수 박건실·박치광·김광오 등이 신자들에게 악형을 가하고 재물을 탈취.
23		경기 수원	오성여 등	박인준	전답을 물러 달라는 문제로 신자를 고소하자 신부가 개입하여 석방을 요구.
24		경기 수원	빌렘 신부	방순근	신부가 주민에게 폭행당함.
25	1892	경기 안성	이가(李家)	이초도	신자가 이초도의 선산에 이장을 강요.
26		강원 횡성	르 메르 신부	홍효백, 안준문	신부에게 모욕을 가함.
27		경남 기장	박인두, 조조 신부	송상규, 기장현감	척사 내용의 벽보를 부착하려는 것을 신자가 반발하자 현감은 오히려 신자를 수감시킴.
28		경남 삼가	최재영	성진민, 정자대 등	성진민 등이 면임을 선동하여 신자 가산 약탈. 관에 고소하였으나 무고로 몰림.
29		경북 김천	조조 신부	군중	신부가 군중에게 폭행당함.

구분 연도		발생 지역	대립 구도		사건의 개요
			교회	비교회	
30	1892	함남 원산	신부의 복사 로렌조	양반 김혜민의 아들	서양인 집에 있는 복사를 구타.
31	1893	충남 천안	박 요안 신부	포졸, 군수	신자가 절도범으로 몰려서 군수에게 잡혀가자 신자들과 신부가 석방을 요구, 군수를 굴복시킴.
32		충남 부여	신자	풍헌 김청일, 포교	풍헌과 포교가 부동하여 신자 위협, 신자 집안의 재물 강탈.
33		경기 시흥	이문삼	한성동	산송에 신부가 개입.
34		강원 양양	불라두 신부, 정인보	동민, 부상(負商)	신부가 사들인 토지가 문제되어 동민과 신자 간에 충돌. 신부가 부상에게 폭행당함.
35		함남 안변	신부의 복사	덕원 관아의 포졸	포졸들이 복사의 금전 탈취, 구타.
36	1894	전북 전주	보두네 신부	동학 농민군	전주 사제관 파괴.
37		충남 신창	박 마지아	오의원(양반)	신자가 서양인 신부의 위세에 의지하여 구타하고 금전 강탈. 이에 신창군의 양반들이 통지를 돌리고 민회 개최.
38		충남 신창	예비 신자 김가(金家), 이 도마, 손 안당	이무정, 화순(양반)	양반들에게 금전을 빼앗기자 이를 복수하려고 입교하여 신자들과 더불어 밀고자의 금전 강탈.
39		충남 덕산	퀴클리에 신부	동학 농민군	양촌 사제관 파괴.
40		충남 간양동	파스키에 신부	동학 농민군	간양동 사제관 파괴.
41		충남 노성	신자	동학 농민군	행정의 사제관과 신자 가옥 소각.
42		경기 양지	최인수 등	이 감역(監役)	이 감역의 장지가 신자의 소유지에 근접하다 하여 이장을 강요.
43	1895	충남 덕산	신부	촌민	양촌과 공세리의 사제관이 지방에서 일어나는 도둑 떼들의 습격으로 파괴됨.
44		충남 한산	김선재·서가랑, 퀴클리에 신부	촌민 오응로, 군수	동학도 김선재, 서가랑 등이 신자로 행세하며 작폐를 일삼은 데서 발생.
45		충남 청양	강용선	이한전(양반)	이한전이 가내 문란과 동학을 피하여 전답을 팔았다가 귀향 후 신자에게 물러줄 것을 강요.

구분 연도		발생 지역	대립 구도		사건의 개요
			교회	비교회	
46	1895	함남 원산	브레 신부	주민 배중현, 경무관	신부가 주민에게 발포, 경부관이 조사차 방문하였다가 신부에게 폭행당함.
47	1896	충남 회덕	김말봉	촌민 상득	동학교도였던 김말봉이 채무를 갚지 않고 천주교를 사칭하고 그 일가와 작당하여 폭행, 재산 강요.
48		경기 양천	김문영	이춘흥	사음을 탐내던 신자가 서양인 신부의 위세를 빌어 작당하여 이춘흥을 가두고 금전을 강탈함.
49		전남 흥양	신자	촌민	전주 성당의 신자가 와서 채무를 족징.
50		전북 태인	신자, 데예 신부	촌민, 태인군수	논에 물 대는 일로 신자가 행패를 부림. 군수가 신자들을 체포하자 신부가 이에 반발.
51	1897	전북 진안	조원홍 등 신자	촌민 한창회	조원홍 등이 서양인 신부의 위세를 빌어 신자 다수와 더불어 둔전(屯田)을 감독하는 차인을 성당에 감금, 감옥으로 옮김 (조세 거부).
52		전북 전주	박의겸	박중현	사촌 간의 전답 매매 과정에 신부가 개입하여 신자의 소유로 처리.
53		경북 칠곡	파이야스 신부	김둔이	신부의 총으로 절도범인 신자 김둔이에게 발포, 사망케 함.
54		충남 해미	옹기점의 모녀	전 현감(서산)	양반이 신자 모녀 구타, 딸 사망.
55		충남 예산	유복 및 신자 19명 (회장 포함)	군수, 포졸	유복의 아들이 도둑에게 쌀을 주었다가 포졸들에게 잡혀감. 이에 신자들이 군수에게 항의하러 갔다가 투옥됨.
56		충남 아산	신자 홍선명의 친척 홍성삼	이현구	산송에 신부가 개입.
57		충북 보은	신자	촌민(동학도)	동학잔당들이 교회를 비방하기에 타일러 훈방하였더니 관에서 신자 다수 체포.
58		충북 충주	신자 김덕연 등	정유섭	고용녀를 신자가 신부의 지시에 따라 빼앗아 감. 신부 개입.

구분 연도		발생 지역	대립 구도		사건의 개요
			교회	비교회	
59	1897	경기 양성	마화룡	김교승	김교승의 산에 있는 신자의 밀장지 문제로 분쟁, 신자가 작당하여 김한에게 금전 강탈.
60		경기 양성	박시영	이승익	신자가 선산의 이장을 강요하고 금전을 강탈해 감.
61		강원 고성	홍경모	김녀	김녀의 수전(水田)문권을 신자가 탈취.
62		황해 신천	안태훈(진사), 윤수겸,정언국 (수전유사), 최원석, 유근석 (통수)	유만현(향장), 남효원(신천군수)	① 신천군수가 신자를 잡아 다스리자 신자들이 서로 알리는 글을 보내어 모인 다음 군수 대신 향장을 잡아 옴. ② 주민들로부터 결전을 가렴하고 포군을 사역함.
63		전남 장성	신자 김가 등	촌민 공로경	장지 문제와 보수 지급 문제로 신자들이 행패를 부림(산송과 금전 문제). 데예 신부 개입.
64		전북 진산	신자(서리)	군수	교회에 입교한 서리가 공전을 횡령하고 교회 측의 비호를 받으며 군수와 대립.
65		전북 용안	신자 양가(청년), 베르모렐 신부	나씨 노인, 아들	논의 경작권을 둘러싸고 분쟁하는 와중에 노인이 사망. 관장은 신자의 책임으로 돌림. 나씨 일가 사제관 공격.
66	1898	서울	신자들	황국총상 협회, 길영수·박유진·홍종우	황국협회 측에서 교회를 비판하는 내용의 서한을 종현 본당에 전달한 데 반발.
67		경기 광주	신자들	이창호	이창호의 소유지에 신자가 거주·경작하였으나 나무값과 산세 납입 불이행.
68		경기 용인	박승문	이승두	산송에 서양인 신부 끌어들임.
69		함남 안변	불라두 신부, 전 동장 구영보	문천군수	김달엽 치사 사건의 증인으로 신자 구영보를 압송하자 신부가 항의.
70		함남 안변	전 베드로(회장), 불라두 신부	석왕사 승려	신자와 석왕사 사이의 산송에 신부가 개입, 신자들로 하여금 승려 구타 조장.
71		함북 회령	브레 신부	전모(좌수)	신부의 숙소 파괴, 군수의 방조.
72	1899	경남 하동	신자들	제성용	토지 문제로 분쟁, 신자들이 금전 늑탈.

구분 연도		발생 지역	대립 구도		사건의 개요
			교회	비교회	
73		경남 진주	신자 김이중 등	배상찬	부채 문제로 신자들로부터 행패당하고 전토 강탈.
74		경남 함안	신자 박약한 등	이원복	산송에 신자들이 개입.
75		경남 고성	신자들	옥천사 승려	성당에 승려를 잡아들여 형을 가하고 전토를 환퇴. 타케 신부 개입.
76		경남 산청	김윤중 등 신자	정주운	신자들이 채무 족징 강요. 반발하자 민인 감금.
77		충남 강경포	김치문, 베르모렐 신부	조흥도(소금상), 최성진(항장) 등 민인	소금상과 신자 간에 소금값을 둘러싼 싸움에 신부가 개입. 이에 항임들이 반발하여 민란으로까지 확대.
78		충남 해미	평민, 회장	양반	양반에게 천대받던 신자가 방화하였는데. 그 처리 과정에서 신자들이 교세에 의지하여 법규를 어김.
79	1899	서울	신자들	남궁억(황성신문사 사장)	〈황성신문〉 기사 '불인천교'(佛人天敎) 문제로 다수의 신자들이 신문사 난입, 사장을 종현 성당에 붙잡아 옴.
80		경기 인천	이성호, 마라발 신부	이병서	산송에 신부가 개입.
81		경기 안성	신자들	오성선	
82		경기 강화	신자들	최기호	최기호의 부채 문제로 신자들이 작당하여 위협.
83		강원 회양	김원보	한덕이	두 사람이 삼상(蔘商)으로 동업하다가 서로 고소, 신자가 교회에 무고하여 신자들이 한가의 금전 강탈.
84		황해 안악	빌렘 신부, 안태건 및 신자 1백여 명	이의덕(안악군수)	관아에 잡혀 있는 절도범 중 3명을 교세에 의탁하여 석방시키고자 함.
85		함남 안변	불라두 신부	동심계원(양반)	안변의 동심계원들이 본당과 산하 각 공소를 습격하고 불라두 신부를 평강으로 축출함.
86	1900	전남 제주	오달현·오창현 등 신자, 김원영 신부	현유순 등 향임, 오신락 등 동민	향임층이 성당 설립을 방해하는 데 대하여 신자들이 반발, 오신락을 성당에 잡아 가둠. 집에 돌아간 오신락이 사망.

구분 연도		발생 지역	대립 구도		사건의 개요
			교회	비교회	
87		전남 목포	신자, 데예 신부	목포 감리, 김순근(경무관)	신자들을 투옥시킴. 데예 신부가 개입.
88		충남 보령	남춘화	보령군수	군수가 신자가 매입한 산송의 소유권 불인정.
89		충남 대흥	유관보	유선달의 육촌, 대흥군수	토지 매매 분쟁
90		충북 홍주	신자	홍주군민	상호 충돌.
91		충북 제천	부이용 신부	안철순 등	교회 이전지의 소유권·경작권 문제로 신자와 경작민 사이에 충돌.
92		경기 인천	신부의 마부 김시엽	상민	신부의 마부가 서양인 신부의 위세를 빌어 상민 구타.
93		경기 용인	이군명	산주(山主)	신자가 매득한 산의 나무를 둘러싼 분쟁.
94	1900	강원 이천	뒤테르트르 신부	주민 김순식, 김응섭	성당을 건립하면서 가묘를 훼손하고 신주를 던져버린 데 반발하여 성당을 파괴.
95		강원 평강	김기철	이영길	전답을 매수한 이영길에게 신자들이 다시 무를 것을 강요.
96		강원 평강	맹필기	맹석주	죄인 맹필기가 신자들과 더불어 난동.
97		황해 옹진	교도(두령 김응호), 김문옥 신부	옹진군 각 방민 및 상민, 오세룡(상무좌지사 공사원), 석교리 존경받는 노인, 옹진군수	① 옹진관청 사령 한기중이 천주교인 윤바오로로부터 700냥을 강탈, 신자 김응호가 김문옥 신부의 요청으로 관아에 따지러 갔다가 관속들에게 구타당함. ② 김응호 등 5명이 신자로 가장하고 평민 학대. ③ 김응호가 상민과 동민들로부터 재물·금전 탈취→1901년 1월 옹진군 각 방민 및 상민과 교도와의 싸움으로 확대.
98		함남 안변	박승환	한병운	남보(南譜)의 문권을 한병운이 신자에게서 탈취 시도.
99	1901	전남 제주	신자들	도민 대다수	봉세관의 세폐와 교회의 교폐에 반발, 도민들이 민란을 일으킴.
100		전남 지도	데예 신부, 신자	도민, 군수	신부가 지방관의 각종 세금 수탈에 항의하였다가 관속들에게 신부와 신자가 구타당한 사건.

구분 연도		발생 지역	대립 구도		사건의 개요
			교회	비교회	
101		전북 전주	김지환, 보두네 신부	홍현수의 종질	신자가 신부의 명령을 받아 민인의 도조와 문권을 탈취. 관이 검거령을 내리자 김지환을 보호.
102		전북 김제	신자	김제 군수	신자들이 사찰의 산목을 벌목, 군수가 금령 내림.
103		충남 진잠	신자	동민	신자가 동민 구타, 전토 강탈.
104		충북 제천	신자	촌민	촌민들이 전답을 빼앗긴 건으로 신자와 대립, 폭행당함.
105		경기 여주	방경순 등 신자	민응식	신자들이 뮈텔 주교의 서류를 위조, 토색 시도.
106		강원 원주	뒤테르트르 신부	평강군의 맹석주	신자들에게 빼앗긴 전토의 값을 받아내려 고소, 재판 과정에서 신부가 관찰사에게 압력 가함.
107	1901	강원 원주	조창모 등 신자	권형수	산송에 신자들이 개입.
108		황해 해주	정군행(전 동도 중군장), 정석조, 박용수	읍촌의 평면, 윤위영(해주군수)	동학군 정군행이 천주교에 입교하여 흩어진 동학군 잔당으로 서교화포를 설치하고 평민을 수탈함.
109		황해 송화	최 헨리코, 예비 신자 등	장기흡(송화군수), 향장 등 유지, 부상	신자와 비신자 간에 금전 문제로 충돌. 군수가 향반층·부상들과 더불어 신자 4명을 체포, 투옥.
110		황해 서흥	김응석	조흥달	조흥달이 공금을 대납하자 신자들이 작당하여 가족에게 폭행, 검거차 관속을 보내자 성당에 피신.
111		황해 봉산	김경렬	별순검	장물 사건 조사차 출동한 별순검을 신자들이 폭행.
112	1902	전남 낙안	신자들, 데예 신부	촌민, 군수	낙안지방 관민의 천주교 훼방. 신부가 공소 방문 시 군수 지시로 신부와 신자들을 폭행.
113		충남 은진	박명진, 보두네 신부	정 참판(양반)	신자에게 자신의 선산을 빼앗기자 신부에게 호소. 문제를 해결하고자 산송에 신부가 개입.

구분 연도	발생 지역	대립 구도 교회	대립 구도 비교회	사건의 개요
114	경기 장호원	신자, 신부	군수	무세로 경영하던 푸줏간에 과세하자, 신자들이 신부를 앞세워 관가에 침입, 관장 능욕, 수세 거부.
115	황해 해주	이종국 신부(봉산), 한기근 신부, 이완일(봉산군 회장), 신자	박정모(상무사 두령, 전 순교), 부상, 백정	① 1901년 봉산 이 신부가 황주에 왔을 때 상무사 두령 박정모가 행패 부림 ② 1902년 박정모가 부상과 백정 무리 이끌고 한기근 신부가 있는 성당 습격 ③ 1903년 사핵사 이응익이 왔을 때 신자 이완일을 고발하여 잡아들임, 신자 탄압.
116	황해 해주	안태준 등	이주원 등 내성방 주민	천주교 신자들이 성당 건축용으로 노송을 베는 데 대하여 주민들이 반발하자 신자들이 동민을 난타하여 2명을 잡아감.
117 1902	황해 재령 (신환포)	김병호(궁장감관), 박재환(회장), 홍병용, 김형남 등 신자	한치순, 이승혁(프로테스탄트)	① 5월 11일 신자 김형남 등이 동리에 와서 신환포에 강당을 새로 짓는 데 애긍전을 청하며 한치순 등을 묶고 형을 가함 → 순교들이 신자를 잡으려 하자 신환포 신자 수십 명이 몰려와 위협, 순교들을 구타. ② 소 전염병 사건
118	황해 재령	안태훈, 김기찬, 박진양, 김형남 등	한치화, 고권현, 임종석, 김경호 등	신자들이 동민들을 결박 난타. 전곡을 토색하고 가산을 빼앗음.
119	황해 봉산	장사호(은파 공소 회장), 김문옥 신부	군민 황관길, 곽희호	1902년 9월 봉산 은파 공소 강당의 물건 도난당함. 그 뒤 물건을 훔친 자로 지목된 황관길이 잡혀 옥사하자 이를 천주교 신부가 사주하여 옥사당했다 하여 충돌이 야기됨.
120	황해 재령	양윤규, 양원돌 등 신자	양희옥(신자의 친족)	신자 양원돌·윤규가 문중의 위토(位土)를 암매하여 제사를 지내지 않으므로 양희옥이 환퇴를 요구, 이에 신자를 이끌고 와서 양희옥의 전권과 소장을 빼앗고 금전을 탈취.

구분 연도		발생 지역	대립 구도		사건의 개요
			교회	비교회	
121		충남 임천	윤순경(회장), 이두성, 공베르 신부	백효기, 군수	빚을 받아내고자 교세에 의지, 주민을 잡아감. 관에서 신자 체포하자 신부·신자들이 군수를 위협.
122		충남 아산	강두영, 김공익, 송문숙 등, 신부	유회(양반)	아산 공세리 본당의 복사가 신자들과 합세하여 산송 개입 등 작폐를 일삼음.
123		충남 천안	정태원, 지 신부	현영달, 천안군수	산송에 신부가 개입, 관장과 대립.
124		충북 제천	신자	전 제천군수 한국동	누락된 교회 논의 소유권을 놓고 일어난 분쟁.
125		황해 장연	김제은(장연본당 회장), 안태건 등 교회 회장, 조병길	김윤오(프로테스탄트 신자, 장연군 전 향장)	신천의 신자 회장 안태건 등 12명이 장연 관청에 난입하여 향장 출신 김윤오가 염출한 돈의 반환을 요구.
126	1903	황해 서흥	노학민(전 황주 포교), 이종국 신부	문경옥, 곽흥례(유향)	① 노학민이 천주교에 입교하여 민의 재산을 빼앗고 유향을 구타. ② 이종국 신부가 관권을 능멸.
127		황해 재령	순교 우두머리 최영주(회장)	순검 (관찰부)	최영주가 여물평 민호로부터 금전 배령. 이에 관에서 순검을 파견하여 체포 시도. 이 과정에서 성당 근처에 화재가 발생, 성당 문이 파괴되자 소송이 제기됨.
128		황해 해주	차수연(회장)	강령군민 임경문, 이소사, 박 소사	신자 차수현이 전문 등을 탈취.
129		황해 신천	안태훈, 안태건 등, 빌렘 신부	이관겸 등 별순검	안태훈 등이 빌렘 신부에 의지하여 관인에게 횡포, 신부가 비호.
130		황해 해주	신자들, 빌렘 신부	박근인 등 별순검	신자 중 범죄인이 청계동에 가서 빌렘 신부에 의지하여 체포를 거부하자 신부가 죄인을 비호.

구분 연도		발생 지역	대립 구도		사건의 개요
			교회	비교회	
131	1903	황해 송화	임인백, 신자들	군민 임만봉	산송에 신자들이 개입, 민인을 폭행.
132		황해 해주	송화회장 이용각	해주군민 이경재, 백천군민 정용주 등	신자 이용각이 이경재 등이 경작하는 전장을 탈취하여 신자들에게 나눔.
133		황해 해주	회장 강인보	군민 박기준 등	신자들이 소나무를 벌목.
134		황해 장연	회장 강인보	군민 이명오	강인보가 신자들을 이끌고 이명오의 집에 와서 친족들을 구타하고 엽전을 강탈.
135	1904	전남 장성	신자	송연순(박사)·기상행(유학)	장성의 양반들이 천주교를 배척하는 향약 시행하여 교회 측과 마찰.
136		전남 장성	신자	프로테스탄트 신자	프로테스탄트 신자들이 천주교 신자들에게 집단 폭행 당함.
137	1905	전남 지도	신자	일진회원	전남 각지에서 일진회원들이 교회를 공격함.
138		전북 태인	조일관	최승진 등 프로테스탄트 신자	프로테스탄트 신자가 천주교 신자를 집단 폭행.
139	1906	전남 영암	신자	일진회원	영암·해남·진도 등지에서 일진회와 교회 간 분쟁
140		전북 접주리	페네 신부	주원선 등 프로테스탄트 신자	프로테스탄트 신자들이 페네 신부 일행을 폭행.
141	1908	전북 진안	신자, 보두네 신부, 김양홍 신부	일본 경찰, 자위단원	교회 측의 자위단 입단 거부로 일경과 자위단원들이 신부와 신자 폭행.

출처 : 박찬식, 《한국 근대 천주교회와 향촌사회》

제3절 선교사와 향촌사회의 갈등 : 김천 교안(金泉敎案, 1892)

1. 배경

조선은 외국과 수호조약을 맺으면서 외국인과의 접촉이 많아졌지만, 조선 사람들에게 프랑스 선교사들은 여전히 낯선 '타자'(他者)였으며, 위험한 이방인들이었다. 대구에서 활동하던 로베르 신부는, 한국 사람들이 자신을 호랑이라도 되는 듯이 미워한다고 보고할 정도였다. '선교사들은 처형되어 마땅한 외국인이고 천주교는 사학(邪學)'이라는 오래된 인식이 바뀌려면 시간이 필요하였다. 거기에 더해 중국을 비롯한 아시아권으로 진출한 서양 제국주의 국가들의 행태는 서양인에 대한 새로운 반감과 편견을 갖게 만들었다. 그러한 상황에서 선교사들이 활발하게 선교 활동을 하면서 본당을 설립하고, 신자들의 보호에 나서다 보니 종종 충돌을 빚게 되었다.

김천 교안은 조조(M. Jozeau, 趙得夏, 1866~1894) 신부가 주민들에게 심하게 폭행당한 사건이었다. 1889년 초 조선에 도착한 조조 신부는 서울에서 기초적인 언어를 배운 뒤 경상도 북부 지방에서 선교 활동을 펼쳐 나갔다. 당시 제7대 조선 대목구장 블랑 주교는 부산의 빠른 성장세를 예견하여 경남 일대를 관할하는 부산 본당을 설립하기로 결정하였다. 이에 1890년 초 조조 신부가 초대 주임으로 임명되었다. 그는 부산 시내에 자리를 마련하지 못하고 절영도(絶影島, 지금의 부산광역시 영도구에 속한 섬)에 정착하였고, 초가 한 채를 지어 임시 성당을 마련하였다(지금의 청학 본당 수녀원 자리). 섬이라는 지역적 특수성으로 활동에 제약이 많자, 조조 신부는 1890년 가을 초량에 대지를 구입하였다. 그리고 1891년 봄부터 성당 신축을 포함한 공사를 시작하여 7월에 본당을 이전하였다. 자리를 잡은 조조 신부가 벽촌과 섬 등 여러 지역을 순회하며 선교 활동에 전념하는 와중에 사건이 일어났다.

2. 발단과 전개

조조 신부는 자신보다 먼저 경상도 지역에 파견되어 대구에서 활동하던 로베르 신부와 왕래하며 그의 선교 활동을 도와주곤 하였다. 그러던 중 먼 거리를 오가며 과중한 성무를 수행하다 앓아눕게 된 로베르 신부는 조조 신부에게 도움을 청하였고, 조조 신부는 성사를 주기 위해 로베르 신부가 담당하고 있던 마을을 방문하였다.

사건이 난 1892년 12월 18일, 해질 무렵에 조조 신부 일행은 공소 방문과 성탄 판공 성사를 마치고 김천 시장을 지나가고 있었다. 김천은 큰 시장을 이루는 곳으로, 장날이면 각 지역에서 상인을 비롯한 많은 사람들이 몰려들었다. 마침 장날이었는데, 조조 신부를 본 사람 가운데 "양놈을 죽여라. 그놈을 짓밟아라" 하며 고함치는 사람이 있었다. 조조 신부는 그냥 지나치려 하였지만 김치삼이라는 사람이 신부가 탄 말을 때리면서 공격하기 시작하였다. 그는 사정을 묻는 신부의 질문에 아랑곳도 않은 채 험한 말을 하였고, 시장에 있던 사람들도 서양인에 대한 적개심을 드러내며 위협하였다. 사람들에게 에워싸인 조조 신부는 주동자를 제지하기 위해 말에서 내렸는데, 김치삼이 덤벼들어 신부의 수염을 잡아 뽑았다. 이러한 상황에서 벗어나기 위해 조조 신부는 허공을 향해 권총 두 발을 쏘았다. 총소리에 사람들이 다소 진정하자, 신부는 간신히 사람들로부터 벗어났다.

그런데 길을 재촉한 신부 일행이 시장 맞은편 다리를 막 건너갈 때 김치삼을 비롯한 5백여 명의 사람들이 다시 몰려들었다. 신부 일행을 포위한 사람들은 신부의 수염을 뽑고 몽둥이로 폭행을 가하였다. 신부의 복사와 마부도 사람들에게 구타당하였다. 한 시간 가까이 계속된 폭행으로 조조 신부는 심한 상처를 입었다. 로베르 신부가 뮈텔 주교에게 보낸 서한에 따르면, 조조 신부는 머리카락이 완전히 빠지고 눈이 붉게 충혈되었으며, 이마가 시퍼렇게 멍들었을 뿐만 아니라 다리마저 다쳐 절뚝거린다고 하였다. 로베르 신부는 그야말로 조조 신부가 '거의 죽게 되었다'고 보고하였다. 해를 넘겨서야 조조 신부가 폭행의 후유증에서 간신히 회복되었다는 보고가 있었으며, 복사와 마부 역시 오랫동안 앓아누웠다.

3. 사건의 처리

1) 조조 신부와 로베르 신부의 보고

당시 심한 폭행을 당한 조조 신부 일행은 어둠이 내린 틈을 타 가까운 곳에 있던 신자 집으로 피신하였다. 그리고 그 집에서 3일간 머물며 상처를 치료받았는데, 군수에게 고발하지는 않았다. 오히려 사람들이 그냥 넘어갈 수 있는 사건이 아님을 깨닫고 군수에게 먼저 사건을 보고하였다. 군수는 폭행을 주도한 4명을 체포하고, 말·권총·시계 등 사람들이 신부에게서 빼앗은 물건을 돌려주었다. 조조 신부는 폭행주도자들을 법에 따라 조치하고 선교사 보호에 관한 조약문을 김천 시장에 게시해 줄 것을 요청하였으며, 군수는 그것을 이행하기로 약속하였다.

사건 발생 다음 날 소식을 들은 대구의 로베르 신부는 자신을 도와준 선교사가 폭행당한 사건이므로 즉시 경상 감사에게 조약 위반에 대한 죄를 물어 관련자 처벌과 보상을 요구하였다. 이에 경상 감사는 범인을 처벌하도록 지시하였다. 그러나 이미 체포되었던 사람들이 매 30대를 맞고 이틀 만에 풀려난 뒤였다. 이에 로베르 신부는 다시 서신을 보내 사건의 처리과정을 물었다. 조조 신부가 대구로 돌아온 뒤 로베르 신부는 세 번째로 감사에게 서신을 보내 사건의 진상 규명을 요청하였고, 조조 신부와 로베르 신부는 각각 뮈텔 주교에게도 사건에 관해 보고하였다.

조조 신부의 보고서에서 그의 기가 막힌 사건에 대해서 자세하게 아시게 될 것입니다. 저는 새롭게 말씀드리지 않겠습니다. 제가 이 사건에 관해 감사에게 보낸 3통의 편지와 그에 대한 답장을 주교님께 우송해 드립니다. 서울에서 매우 엄격한 명령을 시달하지 않는다면, 여기에서는 거의 아무것도 할 수 없고 이 사건이 오래 걸릴 것은 확실시됩니다. 모든 것은 법에 의해 해결되어야 할 것입니다. 그렇지 않으면 외교인들은 기회가 있을 때마다 이러한 행위를 되풀이할 것입니다(〈1892년 12월 25일 서한〉, 《김보록(로베르) 신부 서한집 1》, 영남교회사연구소, 1995, 158쪽).

2) 뮈텔 주교의 조처

로베르 신부와 조조 신부의 보고서를 받은 뮈텔 주교는, 즉시 제2대 프랑스 공사인 프랑뎅(Hippolyte Frandin, 法蘭亭, 1852~1924) 공사에게 사건 해결을 의뢰하였다. 사건을 접수한 프랑뎅 공사는 외무독판에게 사건 해결을 촉구하였다. 독판은 주범을 귀양형에 처하고 주민들에게 이러한 사건이 다시 일어나지 않도록 엄중 공시하겠다는 등의 회답을 보내왔다. 그러나 관련자들에 대한 재판도 열리지 않는 등 이렇다 할 진척은 없었다.

사정이 이렇게 되자 두 신부와 뮈텔 주교 등 프랑스 선교사들은 프랑댕 공사를 비판하고 나섰다. 로베르 신부는 "김천에서 발생한 조조 신부님의 사건이 해결책 없이 일단락되었다고 전해 드립니다. 프랑댕 씨가 서울에서 무슨 일을 하고 있는지요? 도무지 알 수 없는 일입니다"라고 비판하였다. 당시 용산 신학교의 빌렘 신부도 사망자가 생겨야만 관심을 가질 작정이냐며 공사의 처사에 분개하였다. 뮈텔 주교도 프랑스인을 보호해야 할 공사가 이번 사건을 해결할 능력이 있는지조차 의심스럽다고 하였다.

3) 프랑댕 공사의 견해

프랑댕 공사는 선교사와 주교에게도 사건에 대한 일정 책임이 있다고 판단하였다. 그는 사건 보고서에서 선교사들이 신중하게 행동하기를 바란다고 하고 왜 굳이 사람들이 많이 모이는 장날에 이동하였느냐고 하였다. 더욱이 조조 신부가 그냥 지나가지 않고 범인을 잡는다고 말에서 내려 사건이 더 심각해졌다고 지적하였다. 프랑댕 공사는 프랑스 외무장관에게 파리 외방전교회의 책임자로 하여금 선교사들에게 보다 신중하게 행동해 줄 것을 지시해 달라고 부탁하였다. 그리고 조선의 외무독판에게는 조조 신부 사건을 조속히 해결하고, 후속 조처들까지 취해 달라고 거듭 요청하였다.

4. 사건의 마무리

선교사들은 조조 신부 사건이 향후 미칠 파장을 우려하였다. 서양인에 대한 공격이 용감한 공격행위였다는 인식이 확산된 것은 선교 활동에 결코 바람직하지 않은 일이었다.

> 이번 사건이 대구부 전체에 알려져서 "대구에서 유럽 사람을 두려워하는 것은 잘못이다"라는 소문이 나돌고 있습니다. "그리고 김천 사람들이 우리들보다 용감하다. 그들은 두려워하지도 않고 지나가는 유럽인을 구타하고, 진퇴양난에 빠뜨리기도 한다. 그런데도 그들은 무사하다"라는 말도 나옵니다. 그러므로 이번 사건이 엄격하게 처단되지 않는다면 근일 중 제가 어느 골목어귀에서 몰매를 맞지나 않을까 두렵습니다. 그렇기는 하지만 착하신 주님께서 오래전에 바친 제 생명을 희생하라고 하신다면 기쁜 마음으로 봉헌하겠습니다. (〈1892년 12월 28일 서한〉, 《김보록(로베르) 신부 서한집 1》, 영남교회사연구소, 1995, 160쪽)

이에 여러 선교사들은, 선교사가 공격당하는 불상사가 다시 일어나지 않도록 엄중한 해결을 원하였다. 물론 선교사로서 '기쁜 마음으로' 순교하리라는 각오가 있었지만, 선교사에 대한 일반 사람들의 적개심과 공격을 좌시할 수는 없는 일이었다. 뮈텔 주교를 비롯한 선교사들은 공사에게 이 문제의 해결을 촉구하였고, 공사는 외무독판에게 거듭 사건의 마무리를 요청하였다.

공사의 거듭되는 요청을 받은 외무독판은 대구에 급전을 보내 조속한 해결을 지시하였다. 이에 경상 감사는 조조 신부에게 폭행을 가한 김천의 남상철, 김치삼, 최맹철 등을 모두 엄중하게 형으로 다스려 유배하였음과, 앞으로 여러 나라 사람들이 오갈 때 각별히 호송할 것이며, 다시는 그런 일이 없도록 선교사 보호에 관한 조약문을 시장에 게시하였다는 전문을 보내왔다.

  신앙의 자유가 허용된 이래 적극적인 선교 활동을 펼쳐 나가던 선교사와 가능한 신중하게 행동할 것을 바라는 공사 사이에는 일정한 입장의 차이가 있었다. 그러한 가운데 선교사가 직접 관련된 사건인 김천 교안은 선교사들과 주교가 프랑스 공사에게 문제의 해결을 촉구하고, 공사가 조선 정부와의 협의를 통해 문제를 마무리하는 과정을 보여 준 사건이었다.

제4절 교회와 향촌사회의 갈등

1. 향반 토호와 교회의 충돌 : 강경포 교안(江景浦敎案, 1899)

1) 배경

충청도 은진군(恩津郡, 지금의 충남 논산시)과 전라도 여산군(礪山郡, 지금의 전북 익산시)의 경계에 위치한 강경포는 금강 유역의 커다란 포구로 유통의 중심지였다. 강경포 지역의 선교를 담당하던 본당은 1897년에 설립된 나바위[華山] 본당이었다. 이해 6월에 초대 주임으로 부임한 베르모렐 신부는 강경포에 도착, 용안군(龍安郡, 지금의 전북 익산시) 안대동 공소에 거주하면서 성당 부지를 물색하였다. 베르모렐 신부는 나바위에 있는 전 여산 군수 김여산(金礪山)의 12칸 기와집을 구입한 뒤 본당으로 개조하여 사용하고, 경기도 서순환 판서 소유의 산과 전답을 매입하여 본당의 기틀을 확립하였다. 큰 포구로서 전통과 변화가 공존하는 강경포 지역에 천주교가 들어와 나바위 본당이 설립되고 점차 교세가 증가해 가던 중 교회와 주민 사이에 충돌이 일어났다.

2) 발단과 전개

1899년 4월 무렵 강경포에 살면서 술장사를 하던 신자 김치문(金致文, 빈첸시오)과 같은 마을에 사는 소금상인 조흥도(趙興道)가 소금 값을 놓고 언쟁하는 일이 벌어졌다. 여기에 베르모렐 신부가 개입하고, 향반들의 지도 아래 주민들까지 대거 합세하여 교회와 대립하게 되었다. 이 소동은 천주교에 대한 반감과 전통적인 신분질서가 해체되며 나타나는 갈등까지 얽혀 연일 신문에 보도되었다. 이 사건을 놓고 교회, 향반, 관리, 언론 등에서는 각기 서로 다른 주장을 폈으나, 《충청남북도래거안》(忠淸南北道來去案)에 수록된 사건 관련자들의 진술을 토대로 교안의 전개 과정을 정리하면 대체적으로 다음과 같다.

김치문과 조홍도 사이에 소금 값 시비가 벌어지자, 조홍도는 김치문이 신자임을 빌미로 천주교를 비난하였다. 이에 김치문과 그의 친척들은 베르모렐 신부를 찾아가 원통함을 호소하였다. 베르모렐 신부는 사건의 진상을 가리기 위해 신자를 보내서 조홍도를 데려와 김치문과 대질하고자 하였다. 만일 천주교를 이단이라 하고, 천주교 신자를 죄인 취급했다면 간과할 문제가 아니기 때문이었다. 불려온 조홍도가 김치문에게 말한 내용을 부인하자, 베르모렐 신부는 김치문과의 대질조사를 위해 그를 나바위에 묵도록 하였다.

한편 이 소식을 접한 조홍도의 사촌 조홍서(趙興西)는 마을의 집강(執綱) 윤성여(尹成汝)와 마을 어른[父老]인 최성진(崔星振) 등을 찾아가 조홍도가 억류되어 폭행당한 사정을 전하였다. 이들은 강경포의 향반들로 마을 사람들에게 법령을 전달하고 가르치는 등 지방행정에서 일정한 지위를 누리던 사람들이었다. 이들은 우선 은진 군수 김일현(金一鉉)에게 사건을 보고하였는데, 그 사이 조홍도의 친족과 마을 사람들은 나바위 성당으로 몰려갔다. 조홍도를 잡아둔 일을 따져 묻는 주민들이 신자들과 서로 대치하는 가운데 사제관으로 사람들이 난입하여 조홍도를 구출하고 복사인 박제원(朴齊元, 요셉, 1853~1935)을 끌고 나오려 하였다. 이에 저항하던 복사는 주민들에게 폭행당하고, 그를 보호하려던 신부 역시 옷이 찢기고 주먹질과 발길질을 당하였다. 신자들과 주민들 사이에 큰 분쟁이 일자 베르모렐 신부는 은진 군수를 찾아가려고 하였다. 하지만 은진군으로 향하는 베르모렐 신부는 길을 막은 사람들에 의해 강경포로 돌아와야 했으며, 그 과정에서 일부에게 욕설과 모욕을 당하였다. 강경포로 온 베르모렐 신부는 신자 김운경(金云京)의 집에서 휴식을 취한 뒤 나바위 본당으로 돌아왔다.

이 일을 두고 교회 측은 신앙의 자유가 인정되었는데도 천주교를 모욕하고 천주교 신자를 멸시한 것이 사건의 원인이라는 입장이었다. 조홍도가 천주교를 이단이라 하며 모욕적인 발언을 하고, '천주학꾼은 외국법을 따르고 있으니 갓과 망건과 같은 의관이 가당치 않으며, 천주학꾼 천 명쯤이야 타살할 수 있고 수천 명이라도 무찔러 없앨 권한이 있다'고 말했다는 것이다. 게다가 자기 친족들까지 동원하여 김치문을 무수히 구타하였다는 주장이었다. 여기에 주민들이 진상을 파악하기 위해 나선 신부까지 공격하고 사제관으로 쳐들어와 난동을 부렸다고 하였다.

그러나 향반과 관리들은 전적으로 교회 측에 사건의 책임을 물었다. 향반들은 사건이 벌어진 직접적인 동기는 본래 계집종의 남편[婢夫]으로 천한 사람인 김치문이 교회의 위세에 의존하여 귀천을 무시하고 행패를 일삼았기 때문이라고 하였다. 소금을 샀으면서도 돈을 갚지 않았으며, 양대인의 영향력을 믿고 말썽을 부렸다는 것이다. 이러한 상황에서 오히려 신자들이 조홍도를 잡아가기에 그를 구출하려다가 불미한 사건이 발생한 것이라고 하였다. 결국 모든 책임은 김치문을 비롯한 천주교회 측에 있다는 주장이었다.

이러한 입장은 사건의 조사에 나선 관리들도 마찬가지였다. 충청남도 관찰사 정주영(鄭周永)은 선교사가 사사로이 사람을 잡아 가두는 잘못을 저질렀기 때문에 사건이 벌어진 것이라 하였고, 외부대신 박제순(朴齊純)도 '선교사가 본분을 지키지 않고 패악한 무리들의 말을 듣고 평민을 잡아 구금하였으니 관과 민이 그 분함을 어찌 참을 수 있었겠느냐' 고 하였다. 관리들은 김치문이 교회의 힘을 믿고 행패를 부렸을 뿐만 아니라 신자들까지 가세하여 조홍도를 잡아 사경에 빠지게 하였고 신부가 법적인 절차를 무시하고 사형(私刑)을 자행하였기 때문에, 그를 구출하는 과정에서 사건이 발생하였다는 입장이었다.

〈한성신보〉·〈황성신문〉·〈제국신문〉·〈독립신문〉 등의 언론에서도 여러 번에 걸쳐 이 사건을 보도하였다. 특히 심층 보도한 〈한성신보〉에서는 '강경포에서의 시끄러운 일에 관한 기록' 이라는 제목으로 교안의 원인을 보도했는데, 그 대략적인 내용은 다음과 같다.

〈紀江鏡起鬧事〉

3년 전에 프랑스의 선교사가 나바위 촌락의 전 군수 김여산의 집을 사서 천주교를 선교하였는데 여산·용안·함열·익산·고산·은진 등의 지역에 신자들이 수백 명이 되었다. 강경포에는 인부 등의 무리와 천하고 무식한 무리들이 오육십 명 입교하여 산송 등의 일과 금전거래·전답거래·시비를 가리는 일 등등에서 무리를 이루어 작당하여 법전을 따르지 않고 천주교에 의지하여 민간에서 저지른 폐해를 낱낱이 거론할 수도 없다. 또한 백성 중에서도 상·중·하 분별이 있는데 언어가 공손하지 않고 행동도 무례함이 갈수록 심하니 사람들이 모두 분개하는 마음이 날이 갈수록 쌓여가고 있다. …특히 선교사를 부추켜 이러한 무리들〔인용 주 : 신자들〕이 자신들과 관련 있는 일이 있으면 선교사가 패지(牌旨)를 써 주어 탐욕스럽고 사나운 신자들 수십 명을 보내 멀고 가깝고를 따지지 않고 죄가 있고 없고 간에 임의로 잡아 사사로이 사람을 가두고 사사롭게 형을 가한다. 이러한 문제에 가장 큰 문제는 조선 사람이 조선 사람을 원수같이 여기는 일이고, 두 번째는 선교사가 조선 사람을 우습게 보아 불법한 일을 행하는 것이다(〈한성신보〉 1899년 4월 23일자).

이 기사에는 천주교 신자를 무식하고 천한 무리로 보는 편견이 담겨 있고, 천주교의 교세 확장이나 세력 증가를 고깝게 여기는 시각도 있다. 그러나 교안의 원인으로 지적된 교폐는 부정하기 어려운 당시 교회의 일면이었다.

3) 사건의 마무리

사건이 일어난 다음 날인 4월 6일에 전주 본당의 보두네 신부는 뮈텔 주교에게 전보로 이 소식을 알렸다.

> 보두네 신부가 7시 45분 전주에서 보낸 전보가 왔다.—강경포에서 수천 명에 달하는 최성진 일당이 베르모렐 신부 댁을 공격, 파괴하고 가구를 탈취, 복사와 하인들을 마구 구타하여 빈사 상태. 선교사까지 구타하고 포승지어 압송. 사망 여부 모름.—나는 즉시 이 전보를 드 플랑시 공사에게 전하러 갔다. 이처럼 중대한 사건의 원인에 대해 억측이 구구하다. 그러나 도무지 예측을 할 수가 없다(《뮈텔 주교 일기》 2, 1899년 4월 6일자).

뮈텔 주교는 이를 곧바로 플랑시(Collin de Plancy, 葛林德, 1853~1922) 프랑스 공사에게 알렸다. 플랑시 공사는 즉시 외부대신 서리 이도재(李道宰)에게 공문을 발송하여 선처를 요청하였고, 외부는 충남과 전북 관찰사에게 지시하여 신부를 구출하고 문제를 일으킨 사람들을 잡아 가두며 사실을 조사하여 보고하도록 하였다. 사건을 처리하기 위해 군부에서도 전주진위대를 파견하고, 공주지방대의 1개 소대를 강경포에 파견하였다. 뮈텔 주교가 1899년 4월 7일 일기에 "강경포에 군사를 파견해서 신부를 구출하고 일당을 해산시키라는 지시가 전주 감사와 공주 감사에게 전신으로 시달되었다"라고 기록한 것처럼 정부에서도 분쟁을 해결하기 위한 조치를 취하였다.

이렇게 하여 일단 신자와 주민들의 충돌은 진정되었지만, 대한제국과 프랑스는 책임 소재와 관계자의 처벌을 놓고 의견이 대립되었다. 외부의 입장은, 교안의 원인은 김치문이 모략을 부린 것에서 비롯된 교폐였으며, 폭행의 피해자는 조흥도이고, 선교사는 위협은 당했지만 다치지는 않았으며, 사제관이 입은 피해는 경미하다는 것이었다. 이와 달리 선교사들과 프랑스 공사는 이 사건에 대해 매우 민감하게 반응하였다.

> 보두네 신부와 베르모렐 신부의 도착. 라크루 신부와 미알롱 신부는 어제 도착했는데, 강경 사건에 관한 자세한 보고서를 가지고 왔다. 나는 드 플랑시 공사에게 이 모든 것을 제출했다. 그도 우리처럼 본보기가 될 배상을 강력히 요구할 필요성을 느끼고 있다(《뮈텔 주교 일기》 2, 1899년 4월 13일).

뮈텔 주교는 수류 본당의 라크루(M. Lacrouts, 具瑪瑟, 1871~1929) 신부, 고산 본당의 미알롱(J.-L. Mialon, 孟錫浩, 1871~1937) 신부 등의 보고서를 플랑시 공사에게 제출하였고, 선교사들과 공사는 대한제국 정부에게 배상을 요구하였다. 공사는 정부에게 조흥도는 천주교를 모욕하고, 교회에 붙잡혀가 폭행당한 것처럼 조작하여 민심을 자극하였으며, 수백 명이 신부를 포위하

〈표 4〉 강경포 교안에 대한 정부 측과 교회 측의 입장

	대한제국 정부 측	교회 측
대변인	외부대신(박제순)	프랑스 공사(플랑시)
원인	교폐	예정된 폭동. 교회 박해를 의도
신부 책임 여부	신부에게 일정한 책임이 있음	신부의 잘못을 시인
피해의 정도	신부·사제관의 피해는 경미함	조흥도는 죽을 위험에 처해 있지 않았음
난민의 처리	지방관의 책임하에 처리	법에 의해 엄벌에 처할 것을 요구 ① 최성진·윤성여·김낙문-종신형 ② 천장옥·최일언·조흥이-10년형 ③ 조흥도-3개월형
근거 자료	〈법안〉 1053호	〈법안〉 1063호

출처 : 박찬식,《한국 근대 천주교회와 향촌사회》

고 신자들을 폭행했을 뿐만 아니라, 신부조차도 주먹과 발로 채이고 의복이 찢어질 정도로 폭행을 당했으며, 신부가 은진 관가로 출두하려고 하자 사람들이 몰려와 길을 가로막고 위협했다고 하였다. 또한 사람들이 시장의 종을 요란하게 때려 군중을 모으고, 신부를 치러 갈 것이니 집집마다 한 사람 이상 참가하여야 하며, 만일 나오지 않으면 집을 부숴버릴 것이라 했다고 밝혔다. 그러니 이는 폭동을 계획한 것이었다고 항의하였다. 또한 플랑시 공사는 최성진, 윤성여, 조흥도 등 사건의 주동자를 엄벌하고, 관련 지방관은 그 책임을 물어 견책할 것이며, 방문(榜文)을 붙여 하루 동안 게시할 것과 손해배상 등을 요구하였다.

그러나 외부대신 박제순은 재판은 법원의 일이라는 입장이었다. 그는 다만 외국인에 의지하여 불법한 일을 자행하는 신자가 있거나 신부가 부당하게 편을 들면 지방관에게 고소할 것이며, 천주교를 비방하거나 신자들을 비난·폭행하지 말라는 훈령을 각 군에 통고하고 강경포에도 게시하는 것과 배상할 것을 수락하였다. 결국 사건 관련자를 서울에서 재판한다는 통고가

> **평리원**
> 대한제국 때 재판을 맡아보던 중앙 관청으로 최고(最高) 법원에 해당한다.

5월 17일 공사에게 전달된 뒤, 관련자가 체포되어 서울로 압송되고 교회 측 증인도 상경하였다. 하지만 이런저런 이유로 재판이 열리지 못하거나 무기한 연기되는 등의 우여곡절이 있었고, 이에 뮈텔 주교는 물론 플랑시 공사도 프랑스 군함의 시위를 고려할 정도로 격노하였다.

마침내 6월 14일 재판이 시작되어 여러 차례의 재판과 심리가 진행되었고, 8월 10일에 강경포 사건에 대한 한성부 재판소의 최종 판결이 내려졌다. 사건의 중심에 있던 최성진·윤성여·조흥서 등이 징역 15년, 조흥도가 태 40, 그리고 김낙문은 방면되었다. 교회와 최성진·윤성여 등은 판결 선고에 불복하여 각각 평리원(平理院)에 상소하였다. 다시 공판이 열리고 마침내 10월 3일 최성진·윤성여·천장옥 등 3명이 유죄를 선고받아 각각 형에 처해졌다. 재판의 증인으로 서울에 머물던 베르모렐 신부는 강경포로 돌아갔고, 교회의 요청으로 실형에 처해진 3명도 곧 풀려났다. 이렇게 하여 여러 달을 지속해 온 강경포 교안은 마무리되었다.

강경포 교안에서 주목되는 점은 신자와 일반 백성과의 충돌에 향촌의 주도세력이 개입하여 교회와의 분쟁을 주도하였다는 점이다. 마을의 유력자들이 나서자 자연히 마을 사람들까지도 대거 참여하였고, 프랑스 공사와 대한제국 외부까지 관련되어 몇 달을 끌면서 외교적 분쟁으로까지 확대되었던 것이다.

그렇다면 마을의 어른인 최성진과 집강인 윤성여 등이 유죄판결을 받을 정도로 이 봉기를 주도한 까닭은 무엇이었을까? 물론 일차적으로는 교회의 교폐를 지적할 수 있다. 그런데 교폐는 치외법권과 영사재판권을 자의적으로 사용하여 국가의 통치권을 비껴가거나 때로 방해하는 양대인이 있었기에 자행할 수 있는 일이었다. 그런 탓에 향반층을 중심으로 한 마을의 유력자들이 이에 대해 느끼는 불만과 위기감은 점점 높아졌을 것이다. 유교 사회에서 향반층으로서 누리던 이념적·현실적 지위에 대한 위기감은 마을 사람들까지 동원하여 주도적으로 교회를 공격하는 행동으로 이어졌다. 강경포 교안에서 향반층이나 일반 백성들이 본격적으로 반(反)교회를 외친 것은 아니었지만, 전통사회의 위기에 봉착한 향반층과 일반 백성들이 느끼는 불만에 천주교가 한자리를 차지했던 것은 사실이었다.

2. 교회와 지방관의 충돌 : 지도 교안(智島敎案, 1901)

지도 교안은 천주교회가 지방관의 세폐(稅弊)에 항거했던 백성들을 보호하면서 충돌한 사건이었다. 이는 지도 교안이 일어났을 때 유배형을 받고 지도에 있던 김윤식(金允植, 1835~1922)이 자신의 문집 《속음청사》(續陰晴史)에 "지난번 본 읍에서 일어난 사건 역시 전토·어염의 세를 중첩하여 걷어 끝이 없으니 민생이 나날이 곤궁해지는 것을 차마 말로 할 수도 없었다. 이에 천주교 신자들이 프랑스 조〔인용 주 : 데예〕 신부에게 하소연하니 조 신부가 천주교 신자들을 이끌고 읍으로 들어간 것이다"라고 기록한 데서 잘 드러난다.

1) 전라도 지역의 교세 성장과 세폐

조선 대목구장 뮈텔 주교는 1896년 11월 전라도 지역을 사목 방문하면서 본당을 증설하기로 결정하고, 목포를 유력지로 점찍었다. 개항 이후 목포는 상업도시로 성장하고 있었기에, 날로 발전하는 개항지를 선교의 중심지로 삼으려는 의도였다. 이에 데예 신부가 목포 본당 초대 주임으로 임명되어 1897년 5월 임지로 떠났다. 데예 신부는 임시로 전북 순창군 쌍치면 하천리 공소에 거처하면서 목포에 적당한 장소를 물색하고, 거처할 집과 성당 대지를 마련하였다. 마침내 1898년 7월 초 목포에 정착하였는데, 이 무렵까지만 해도 목포 본당의 교세는 빈약한 실정이었다.

이후 데예 신부가 적극적으로 선교 활동을 전개하면서 교세는 크게 신장되었다. 그는 특히 지도 지역의 선교에 힘을 기울였다.

> 한국 남서해안에는 일군의 섬들이 있는데 최근까지도 신앙이 들어가지 못하였습니다. 오늘날 이 섬들은 목포(木浦)와 연결된 독립된 본당이 되어 그것의 첫 번째 사도인 데예 신부가 관할하고 있습니다. …이 섬들은 금년에 250명의 세례자를 냈으며, 예비 신자는 그 열 배도 넘습니다. 다음은 데예 신부가 전해 준 얘기입니다. "목포에서 50리 떨어진 안창도에서 벌써 40명의 세례자가 있는데 모두 이 섬 출신입니다. 그들 중 3개월 반 전부터 심하게 아프던 좌골신경통이 천주교 입교로 씻은 듯이 나은 박 아우구스티노라는 사람이 두드러집니다"(〈1901년도 보고서〉,《서울교구 연보》I, 291~292쪽).

데예 신부의 노력으로 지도군(지금의 전남 신안군) 여러 곳에서 신자와 예비 신자가 증가하였고, 지도군 관내에 여러 공소가 설치되었다. 그런데 지도 지역은 다른 섬지역과 마찬가지로 과도한 세금 징수에 시달리고 있었다. "제주도에서 학살 사건이 일어났을 때 목포에 있는 일본 신문은 같은 종류의 신자 학살이 이 섬들에서도 일어날 것이라고 예고했었습니다. 이런 불행

〈표 5〉 지도군 관내 공소 설치 지역의 교세(1900~1902년)

연도 지역	1900. 5~1901. 4		1901. 5~1902. 4	
신자 수	신자 수	예비 신자 수	신자 수	예비 신자 수
안 창 도	40	124	71	80
도 초 도	54	130	62	64
비 금 도	23	50	44	15
암 태 도	7	45	6	50
자 은 도	58	150	55	10
압 해 도			12	12
하 의 도			10	10
하 용 재			17	400
계	182	499	277	641

출처 : 박찬식, 《한국 근대 천주교회와 향촌사회》

을 예견할 수 있는 징조는 전연 없었는데도 일어나고 말았습니다"(《1901년도 보고서》, 《서울교구 연보》 I, 291~292쪽)라고 뮈텔 주교가 지적할 정도였다.

당시 지도 군수 박용규(朴鎔奎)는 광주부(光州府) 관찰사에게 심한 문책을 받은 일이 있었다. 그러자 위기를 느낀 박용규는 군수 자리를 지키고자 관찰사에게 바칠 요량으로 도서 지역 주민들에게 과도하게 돈을 거두었다. 이에 백성들은 참았던 불만을 터트려 군수의 축출을 호소하였고, 천주교 신자들은 데예 신부를 찾아가서 하소연하였다. 그리고 신자들의 고통을 차마 외면할 수 없던 데예 신부가 개입하면서 교안으로 불거졌다.

2) 발단과 전개

지도 교안은 1901년 7월에 지도 군수가 파견한 관속 10여 명이 자은도의 천주교 신자 9명을 구타하면서 발생하였다. 이에 자은도의 신자 11명은 데

> **향원**
> 이장이나 면장 등과 같이 마을의 직임을 맡아보던 양반.
> **감리서**
> 개항장의 무역 업무를 맡아보던 관아.
> **경무서**
> 대한제국 때 각 지방의 경찰 사무를 맡아보던 관청.

예 신부에게 이 사건에 관한 상세한 보고서를 보냈다. 그것에 따르면 지도군의 관속들은 정해진 세금이나 호포(戶布) 외에 여러 비용을 과다하게 책정하였고, 책정한 세금을 내지 못하는 주민에게서 소 같은 가축은 물론이고 솥 같은 살림살이마저 징발해 갔다. 또한 세금을 보다 효과적으로 거둬들이려는 목적으로 자은도의 토착세력가들과 결탁하여 수탈을 일삼았다.

이 와중인 7월 28일에 잠시 목포 본당에 와 있던 김원영 신부가 자은도의 신자들을 사목 방문하였다. 자은도의 신자들은 김 신부에게 사정을 호소하였고 김 신부는 사건의 조사에 나섰다.

사건을 조사한 김 신부는 신자들이 납부한 세금의 액수를 확인하였다. 그리고 지도 군수가 파견한 순교(巡校) 안일만(安一萬)을 조사한 뒤 이 사실을 군수와 데예 신부에게 알렸다. 그러자 지도 군수는 즉각 반발하여 자은도의 향원(鄕員)들에게 전령을 내려 김원영 신부를 비롯해 신자 성덕원(成德源, 요한), 김문숙(金文叔, 바오로), 김영유(金永有, 베드로), 성군신(成君信, 요셉), 이봉호(李奉浩, 안토니오) 등을 잡아 오도록 하였다. 군수는 이 사건을 목포항 감리서(監理署), 경무서(警務署), 전라감영, 그리고 중앙의 내부와 외부에도 보고하였다. 군수의 입장에서 이 사건은 천주교 신부가 마음대로 순교(巡校)를 잡아 가두고 국가의 세금수취를 방해한 교폐였다.

하지만 김 신부나 데예 신부, 그 보고를 받은 뮈텔 주교는 국가의 부당한 수취를 교회가 바로잡았다는 입장이었다.

대수롭지 않은 사건이 폭풍우를 몰고 왔습니다. 군수가 보낸 사령들이 신자들에게 하도 엄청난 착취를 하는 것을 목격한 한국인 신부가 사령들이 집권남용을 한다고 믿고 관장에게 고발을 했습니다. 공모자인 관장은 화가 나서 세금을 걷는 것을 방해한다고 고함을 질렀습니다. 사건이 크게 번져 목포의 세무관이 관여하게 되었고 평온을 되찾기 위해 데예 신부에게 신자들이 있는 섬에서 일어나는 일들을 직접 조사하도록 했습니다. 동료 신부[인용 주 : 데예]는 현장에 가서 고발당한 사실들을 조사했습니다. 그는 신자들이 마지막 한 닢까지도 세금으로 바쳤다는 증빙서류를 얻을 수 있음을 다행스러워하며, 군수가 거처하는 지도에 갔습니다(〈1901년도 보고서〉, 《서울교구 연보》 I, 291쪽

사건을 알게 된 데예 신부는 직접 신자들이 있는 자은도를 방문하였다. 신자들로부터 상황에 대한 설명을 듣고, 그는 신자들의 납세 영수증과 수납을 담당했던 집강의 장부를 대조하여 이미 수백 냥이 더 징수되었음을 밝혀냈다. 이러한 일을 처리하면서 데예 신부는 섬 지역 신자들과 관련된 문제를 정확히 정리하기 위하여 1901년 9월 3일 지도 군수를 방문하였다. 그런데 여기에서 새로운 문제가 일어났다.

군수는 자기가 잘못했다는 것, 적어도 신자들에게는 잘못이 없다는 것을 인정하지 않을 수 없었습니다. 그러나 이 패배가 너무나 쓰라린 경험이었으므로 그는 복수를 원했습니다. 그는 관아 문밖에 50여 명의 부하를 잠복시켜 야만인처럼 복수를 했습니다. 선교사가 복사와 2명의 신자를 데리고 나오자 몽둥이를 든 무리가 달려들어 그들을 내리쳤습니다. 선교사는 다시 관아로 들어가 몸을 피했으며, 목숨이 붙어 있는 것 같지도 않은 일행을 돌보게 하는 것도 그

가 해야만 했습니다. 신부 자신도 두 팔에 상처를 입고 손과 얼굴이 피투성이 였습니다(〈1901년도 보고서〉,《서울교구 연보》I, 291~292쪽).

지도군의 관속들로부터 심하게 구타당하고 목포로 돌아온 데예 신부는 즉시 뮈텔 주교에게 보고하였다. 9월 5일에 전보를 받은 뮈텔 주교는 바로 다음 날 플랑시 공사에게 이 전보를 전하였다.

목포에서 9월 5일 오후 1시 5분에 보낸 데예 신부의 전보. 사연인즉 이러했다. "어제 지도 관가에서 매를 맞고 관가 문 앞에서 끌려다님. 신부도 매를 맞고 부상, 마부는 혹독하게 구타당함. 복사는 빈사 상태, 2명의 교우가 투옥. 죽음의 위험." 나는 이 전보를 드 플랑시 씨에게 전했고, 한편 그는 그것을 내일 아침 외부에 전할 것이다(《뮈텔 주교 일기》3, 1901년 9월 5일).

이렇게 되자 지도 교안은 대한제국 정부와 프랑스 공사관 사이의 문제로 확대되었다. 공사는 외부대신 박제순에게 조회문을 보내어 목포항 감리(監理)가 사건을 조사하도록 요청하였다. 뮈텔 주교와 공사가 움직이자 지도 군수도 즉각 반발하였다. 지도 군수가 먼저 김 신부와 데예 신부를 고발하면서 그들의 처벌을 요구하고 나섰다. 양측의 팽팽한 주장이 맞선 가운데 사건 조사를 위해 9월 11일에 목포항 감리는 순검을 파견하여 향장(鄕長) 황건주(黃健周)와 이방(吏房) 등 6명을 체포하였다. 그런데 데예 신부가 치료를 위해 18일에 상경하였으므로 재판이 열리지는 못했다. 그리고 그 와중에 목포항 감리서에 수감되었던 6명이 풀려났다. 이에 다시 범인을 잡아들여 재판할 것을 요청하는 플랑시 공사와 이런저런 이유로 재판이 열리기 힘

들다는 입장을 취하는 대한제국 정부 사이에 갑론을박이 이어졌다.

치료 끝에 몸을 회복한 데예 신부는 11월에 재판소에 출두하고자 목포로 내려갔다. 소송이 다시 시작되고 4명이 체포되었지만 재판은 열리지 않았다. 결국 이들은 다시 석방되었고, 플랑시 공사는 다시 외부에 재판을 요구하였다. 재판이 계속 연기되자 1902년 9월 뮈텔 주교가 직접 목포 본당을 방문하였고, 황건주·김원명(金元明)·나도경(羅道卿) 등이 다시 체포되었다. 결국 사건이 일어난 지 1년이 넘어서야 재판이 열리고 각 피고에게 징역 2년에서 2년 반이 선고되었다.

이 결과에 대해 교회 측은 형량이 가볍다는 것을 지적하고 다른 3명에 대한 궐석 재판, 신부와 신자들의 치료비, 손해배상 등을 요구하였다. 플랑시 공사는 지도와 목포에 벽보를 붙여 판결 내용을 공표해 줄 것도 아울러 요청하였다. 정부는 이미 내려진 판결은 공정하게 처리된 것이며, 나머지 요구 사항에 대해서도 공정하게 처리하겠다고 밝히며 사건을 종결하였다.

3) 사건의 마무리

정부 판결이 미흡하다고 여긴 뮈텔 주교는 거듭 지도 군수의 처벌을 요청하였다. 뮈텔 주교의 의지는 "나는 또 이 기회를 이용하여 정부가 우리 교우들의 사건을 공정하게 재판하지 않는다는 진정을 했다. 왜 지도 군수와 같이 명백한 죄인들을 처벌하기를 두려워하느냐"라고 기록한 1901년 10월 25일자 그의 일기에도 잘 드러난다. 결국 문제의 지도 군수는 해임되었으며 1901년 12월 27일에 신임 지도 군수가 뮈텔 주교를 방문하여 데예 신부와 서로 잘 지내고 싶으니 소개장을 써달라는 부탁을 해 왔다. 이렇게 하여 지도 교안은 지도군의 유력자인 향장과 이방과 같은 토착세력, 그리고 관속들이 처벌받으면서 마무리되었다.

지도 교안은 교회의 적극적인 관여로 수탈의 주역으로 지목된 관속들이 처벌되고 지도 군수까지 교체된 사건이었다. 이는 일반 백성들이 '양대인' 선교사의 영향력을 보다 확실하게 인식하는 결과를 가져왔다. 또한 천주교는 백성들이 무지하고 힘이 없다 보니 겪게 되는 고통을 해결해 주기 위해 노력한다는 긍정적인 인식도 심어 주었다. 그 결과는 당연히 개종자의 증가로 이어졌다. 1902년 이후 지도군 관내 섬 지역의 교세는 거의 두 배로 급증하였다. 의지할 곳 없는 일반 백성들에게 선교사의 영향력은 입교 동기로 작용할 만하였다.

지도 교안이 마무리된 〈1903년도 보고서〉를 보면, "반야만적인 관습을 가진데다가 도덕관념이 희박한 이 섬(제주도) 사람들을 참된 신자로 만든다는 것은 특별히 힘든 일입니다. 데예 신부도 전라도 서해안에 아무렇게나 흩어져 있는 수많은 섬들 안에서 같은 곤란을 당하고 있습니다. 금년 몇 개의 섬에 새로이 복음이 전해졌으며 2,000명의 가장들이 천주교를 공부하고 있습니다. 섬사람들이 우리의 성교를 믿는 동기는 언제나 순수하게 정신적인 것은 아닙니다"라고 기록되어 있다.

이를 통해 보더라도 순간적인 입교 동기와 신앙생활을 지속하는 동기는 구분할 필요가 있다. 이 시기의 교세 확장의 원인을 그저 '양대인자세'로만 돌리는 것은 천주교회에 대한 단편적이고 편협한 해석일 우려가 있기 때문이다.

〈표 6〉 지도군 관내 도서 지역의 교세(1902~1904년)

연도 지역	1902. 5~1903. 4		1903. 5~1904. 4	
	신자 수	예비 신자 수	신자 수	예비 신자 수
안 창 도	81	80	138	130
도 초 도	82	105		
비 금 도	26	20	41	90
암 태 도	21	80	38	90
자 은 도	105	120	233	300
압 해 도			42	80
하 의 도	43	400	185	200
장 산 도	33	100	124	120
방 월			39	180
시 목			27	60
상 태			27	80
하 태			18	50
계	391	905	912	1,380

출처 : 박찬식, 《한국 근대 천주교회와 향촌사회》

제5절 교회와 민란세력과의 충돌 : 제주 교안(濟州敎案, 1901)

1901년 제주도에서는 섬의 전 지역에서 도민들이 대대적인 봉기를 일으킨 민란(民亂)이 발생하였다. 민란의 발발 원인은 중앙에서 세금 징수를 위해 파견된 봉세관(封稅官)의 과도한 수취에 대한 항거였지만, 거기에 더해 프랑스 선교사에 기댄 일부 천주교인이 자행한 폐단[敎弊]에 대한 불만이기도 하였다. 그 결과 민군에 의해 제주도의 천주교 신자들 수백 명이 살해당하는 일이 벌어졌다. 이 사건은 '민란'이기도 하지만, 수많은 천주교 신자들이 희생된 '박해'이기도 하다. 또한 대한제국과 프랑스와의 국제적인 외교 문제로까지 비화된 '교안'이기도 하다.

1. 배경

1) 제주도 천주교회의 성장

제주도에서의 선교는 뮈텔 주교가 1899년 4월 22일 페네 신부와 김원영 신부를 파견하면서 본격적으로 시작하였다. 페네 신부가 1900년 2월에 제주도를 떠나고, 후임으로 수류 본당의 라크루 신부가 부임하였다. 그리고 김원영 신부는 1900년 6월 한논[大沓洞]에 본당을 설립하고 교세를 확장시켜 나갔다.

> 봄에 우리는 2년간의 선교로 얻은 훌륭한 성과(242명 세례, 6~7백 명의 예비신자)를 보며 기쁨과 희망에 차 있었습니다. 이때까지 이 커다란 섬 안에서는

악마가 주인 노릇을 해왔기 때문에 그만큼 많은 영혼들을 악마의 손아귀에서 해방시킨 것입니다. 따라서 악마가 자기의 패배를 복수하려고 한 것도 놀라운 일은 아닙니다. 악마는 무섭게 앙갚음을 했습니다. 천여 명의 신입 교우들 중에서 남은 자들이라고는, 여기저기에 흩어져서 여전히 죽음보다도 견디기 힘든 학대를 받고 있는 생존자들뿐입니다(〈1901년도 보고서〉,《서울교구 연보》 I, 288쪽).

1901년에 이미 교세는 급속도로 확장되어 있었다. 대부분의 신자는 평민층과 화전민 같은 빈민층이었지만 제주도의 향리 몇 명과 육지에서 들어온 관리 등도 세례를 받았다. 특히 김원영 신부가 활동하던 제주도의 남부 지역에서는 교세가 크게 늘어났다. 이는 서양인이 아니라 한국인 신부가 선교 활동을 하였고, 화전민인 신자들이 이미 교우촌을 이루고 있었으며, 빈민층이 교회로 상당수 들어왔기 때문으로 여겨진다. 이들은 현실적인 어려움에서 벗어나려는 의도가 강했던 것 같다. 특히 교회가 지방 관리들의 수탈로

〈표 7〉 제주도 지역의 신자 수(1899~1910년)

연대 군명	1899~1900	1900~1901	1901~1902	1902~1903	1903~1904	1909~1910
제주군	?(10)	104(?)	59(?)	?(?)	?(?)	147(?)
대정군	?(?)	37(239)	?(?)	?(?)	?(?)	?(?)
정의군	20(20)	101(382)	35(6)	60(100)	154(313)	195(14)
계	?(?)	241(?)	94(?)	?(?)	?(?)	342(?)

출처 : 박찬식,《한국 근대 천주교회와 향촌사회》
괄호 밖은 신자 수이고, 괄호 안은 예비 신자 수이다.

어려움을 겪는 백성들의 보호처로 받아들여지면서 천주교 신자가 되는 경향도 있었다. 이렇게 신자가 증가하자 제주도에서 천주교회는 일정한 영향력을 행사하는 새로운 세력으로 부상하였다.

2) 천주교 신자와 도민의 갈등

여느 지역이나 마찬가지겠지만 섬이라는 환경에서 생활해 온 제주도민들에게 복음을 전하는 일은 쉽지 않았다. 섬의 특성상 타지의 문화에 대해 폐쇄적인 성향이 보다 강했으며, 바람이 강한 섬에서 바다를 상대로 삶을 이어가다 보니 토착적이고 전통적인 신앙도 보다 뿌리 깊었던 탓이다. 그런 까닭에 낯선 서양인 신부가 천주교를 전하는 일은 쉽지 않았다. 페네 신부는 뮈텔 주교에게 보낸 서한에서 "대부분의 주민들은 우리 신부들을 원수처럼 생각합니다. …이곳 주민들은 신부는 만나는 사람을 죽이는 사람들이라고 도민들에게 선전하고 있습니다"라고 하는 등 제주도에서의 선교 활동에 어려움이 있음을 여러 차례 호소하였다. 그렇게 된 배경 가운데 하나는 교세가 성장하는 과정에서 목장과 공유지 등이 일반에게 공매(公賣)될 때 땅을 구입한 교회가 그 대지 안에 있는 신목·신당 등을 없애버리면서 도민과 감정대립이 격화되고, 천주교 신자들은 프랑스 선교사를 배경으로 세력을 횡행하는 무리로 비쳐졌기 때문이다.

천주교에 대한 주민의 반감이 갈수록 깊어지는 가운데 1901년 2월 이른바 '오신락(吳信洛) 사망 사건'이 발생하였다. 한논 마을에 성당을 신축하는 과정에서 교회와 도민들 사이에 분쟁이 일어나자 김원영 신부는 오신락을 성당으로 연행해 신문하였다. 그런데 집으로 돌아간 그가 돌연 사망하는 일이 일어났고, 자연히 도민들은 오신락의 죽음에 의혹을 갖게 되었다. 그 다음 달에는 라크루 신부가 감옥에 갇혀 있던 신자 이범주(李範疇)를 옥문을 부수고 데리고 나온 일이 일어났다. 선교사의 치외법권이 지방관의 관권과 충돌하면서 관권의 약화를 가져온 이런 사례들은 향촌사회의 기존 질서를 흔드는 것이었기에 충돌은 예정되어 있었다고 할 수 있다.

한편 당시 제주에는 11명의 유배죄인이 있었는데, 이들 가운데 읍내에 거주하던 4명이 천주교를 받아들였다. 〈황성신문〉 1901년 6월 10일자 별보(別報)에 따르면 "유배죄인 중 이용호(李容鎬)·이범주(李範疇)·장윤선(張允善)·최형순(崔亨順)이 서교에 입교하여…"라고 되어 있다. 제주도는 본토와 격리된 섬이라는 지리적 특성 때문에 많은 사람들이 유배를 왔다. 조선후기 제주도의 3개 읍인 제주목, 정의현, 대정현 가운데 유배죄인이 가장 많았던 곳은 유명한 추사(秋史) 김정희(金正喜, 1786~1856)가 유배되었던 대정현(1864년에 군으로 승격)이었다. 유배죄인들은 비록 조정에서 밀려난 사람들이었지만 전직 관리였기에 서로 교류를 나누었으며 수령도 이들을 우대하였다. 그에 따라 자연히 이들은 인근의 사람들에게 일정한 영향력을 행사하였는데 천주교 신앙을 받아들인 4명의 유배죄인들도 제주 본당에서 지도자 역할을 하였다. 천주교에 대해 일반 도민들이 가진 거부감의 바탕에는 타지인 천주교 지도자들의 활동에 대한 반감도 어느 정도 자리하고 있었을 것이다.

3) 봉세관 제도의 신설과 세폐

1897년 10월에 고종은 대한제국을 선포하며 황제권의 강화를 위한 정책을 추진하였다. 이를 위해 필요한 황실 재정을 확충하고자 황실의 논밭[田土]·미포(米布)·돈[錢貨] 등을 관리하는 관청인 내장원(內藏院)에서는 봉세관 강봉헌(姜鳳憲)을 제주도로 파견하였다. 본래 조선에서 세금 징수는 지방관의 업무였다. 그러나 1900년 10월 제주도에 도착한 강봉헌은 지방관들을 배제하고 독단적으로 징세 활동을 벌였다. 그는 제주도에서 체불된 세금을 모두 징수하여 황실 내탕금에 필요한 자금을 마련하겠다고 하였지만, 제주도에 도착하자마자 몇 가지 새로운 세금까지 만들어 징수에 나섰다. 공유지(公有地)에서도 과도하게 세금을 거두었을 뿐만 아니라 어장, 그물, 소나무, 목초지 등에 대해서도 징세하였다. 그로 인해 강봉헌은 지방관과 향임(鄕任)들에게 눈엣가시 같은 존재일 뿐만 아니라, 느닷없이 온갖 잡세를 거두어들여 주민들에게 원망도 높이 샀다.

〈표 8〉 제주도 교폐의 유형

유 형	소 계	백 분 율(%)
토지·조세 수탈	36	19.1
어장 수탈	3	1.6
부채 미상환	17	9.1
매매상 폐단	29	15.4
금전 탈취	28	14.9
기타 경제적 문제	5	2.7
토속신앙 배격	31	16.5
입교 강요	11	5.9
간통사	7	3.7
산송	4	2.1
사형(私刑)	13	6.9
기타	4	2.1
합계	188	100

출처 : 박찬식, 《한국 근대 천주교회와 향촌사회》

그런데 강봉헌은 천주교 신자였다고 알려져 있다. 또한 몇 명의 천주교 신자가 그의 마름〔舍音〕으로 고용되어 활동하였다. 당연히 사람들의 눈에는 봉세관의 수탈에 신자들이 협조하는 것으로 비쳐졌다. 당시 제주도에 유배되어 있던 김윤식은 이들의 활동을 《속음청사》에서 다음과 같이 비판하였다.

> **향임**
> 향임은 지방 사회에서 수령을 보좌하면서 말단 행정 실무를 담당하던 이서(吏胥)의 악폐를 막고, 향리의 불미스런 일을 살펴서 바로잡는 등 지방민의 지도자적인 역할을 수행하였다.

〔강봉헌은〕 또 교인과 상통하여 공토(公土) 및 어선·어망 수세에 모두 교인을 붙여 십여 마리 생선을 잡은 사람이 있으면 교인이 그 반을 탈취하여 상납한다 하고, 계란 수십 개를 모은 자가 있으면 그 반을 탈취하여 '계란세'라 하니 소·말·닭·개 등이 모두 세를 면치 못한다.

이러한 상황은 언론에도 알려져 파견된 관리가 '서교인'을 마름으로 동원하여 가난한 인민들을 수탈하였다는 기사가 〈황성신문〉에 실릴 정도였다. 이렇게 되자 지방관·향임, 그리고 일반 주민들의 세금에 대한 불만은 일부 천주교 신자들이 자행하던 교폐에 대한 불만과 얽혀 교안으로 비화되었다.

4) 상무사를 중심으로 한 제주도민의 동향

제주 교안에 주동적 역할을 한 제주도민들은 지역적으로 대정군(大靜郡)을 중심으로 구성되었으며 특히 대부분이 상무사(商務社) 소속이었다. 보부상 조직으로 일종의 어용 조직이던 상무사는 각 지방에 지사를 두고 있었다. 지사는 분사장(分事長)을 관찰사가, 분사무장(分事務長)을 목사·부윤·군수가 겸하는 등 관권과 밀착된 조직이었다. 제주도 대정군 지역의 대정상무사도 군수 채구석(蔡龜錫)이 중심이 되고 지방 유림 및 향촌민들이 합작하여 제주도민의 권익 옹호와 향촌사회의 보호를 목적으로 설립한 조직이었다. 따라서 봉세관이나 관료에 대한 반대 운동을 펴는 등 배타성이 강하였으며 천주교 신자들은 이 조직에 가입하지 못하였다. 더구나 상무사 소속원들은 향촌사회에서 성당의 설립이나 선교 활동을 저지하는 활동을 적극적으로 벌이기도 하였으며, 신자들을 마을에서 몰아내기도 하였다. 제주교안에서 천주교회와 심각하게 대립하며 민란을 주도한 핵심인물인 이재수(李在守)·오대현(吳大鉉)·강우백(姜遇伯) 등도 상무사에서 각각 집사(執事)·명사장(明社長)·사원이란 직책을 갖고 있었다. 이는 상무사를 중심으로 한 세력이 새로운 사회세력으로 성장한 천주교회에 반감을 갖고 있었음을 드러낸다.

  이러한 사정 때문에 뮈텔 주교는 〈1901년도 보고서〉에서 "이 폭동의 도구가 된 것은 대정 군수가 창설하고 그 우두머리 역할을 하는 이른바 상업조합 같은 것이었습니다. 따라서 이 폭동은 이 지역에서 시작되어 차차 섬 전체에 번졌습니다"라고 지적하였다. 김윤식도 대정 군수 채구석이 천주교 신자들의 교폐를 막기 위해 상무사를 조직하였다고 말한 사실을 《속음청사》에 기록하였다.

2. 발단과 전개

1901년 5월 초 제주도에서 생존 자체를 흔드는 조세 수탈에 일반 백성들이 저항하는 민회(民會)가 열렸다. 가장 주목되는 지역은 대정군인데, 그 까닭은 이 지역에서 민란의 발단이 된 민회가 이루어졌고 상무사도 설립되어 있었기 때문이다. 이 민회에서는 각종 잡세의 과도한 징수를 포함한 세폐를 시정해 줄 것을 관에 호소하기로 결정하였다. 그리고 호소단의 장두(狀頭)로 오대현을 내세웠으나, 그는 자신이 향임을 맡고 있다는 핑계를 대고 관아로 피신하였다. 결국 이 민회는 군수의 회유로 일단 해산하였다. 그러나 3일 뒤에 다시 주민들이 연합하여 민회소를 설치하고 군수에게 요구사항을 제시하였다. 그리고 숨어 있던 오대현을 찾아내 장두로 내세우고, 민회소를 열었다.

이러한 민란에는 대정군에서 가까운 제주군, 중산간 마을, 해촌 마을 등의 주민들이 참여하였다. 제주군 지역은 토지가 비옥하여 봉세관에게 더욱 심한 수탈의 대상이 되고 있었다. 주로 목장토로 이루어져 있던 중산간 지역도 지역민들이 공동으로 개간에 참여하여 경작해 오던 지역인데, 마찬가지로 집중적인 수탈 대상이었다. 뿐만 아니라 해촌 마을에도 어장(漁基)세와 어망세(漁網稅) 등이 과도하게 부과되어 어민들의 고통이 더해지고 있었다. 이와 같은 극심한 수탈은 지역민 전체가 민란에 참여하는 원인이 되었다.

그런데 세폐에 대한 주민의 이러한 불만은 교회에 대한 반감으로 이어졌다. 봉세관의 징세 역할을 일부 신자들이 도맡은 사실에 주민들이 격분하였기 때문이다. 대한제국 시기 제

> **장두**
> 여러 사람이 서명한 소장이나 청원장의 맨 첫머리에 이름을 적는 사람.

주도 지역에 관한 보고를 담고 있는 《전라남북래안》(全羅南北來案)에는 이러한 상황들이 자세히 기록되어 있다.

가난한 농민들이 경작권을 빼앗기고 생존 위협에 직면하게 되었는데, 그렇게 만든 주범으로 첫째는 봉세관이요, 둘째는 천주교 신자이다. 또한 도민이 비록 어리석고 완고하지만 세금이 너무 과중하다는 것을 알기에 이를 납부하지 않았을 뿐이며, 만일 세금이 가벼우면 납부할 것이다. 목장전이나 화전을 개간하기 위해서 농민들이 많은 공로를 기울였을 뿐만 아니라, 화전에 대해서는 세금을 모두 납부하였다. 만일 미흡하여 다시 세금이 부과되어도 원래 경작하던 사람들에게 이를 납부하게 하여 계속 경작하게 되기를 바란다. 하지만 천주교 신자들이 토지 가운데에서도 비옥한 곳을 골라 모두 빼앗아 경작하였으며, 신자들이 이러한 악행을 저질렀는데도 관장은 오히려 그들의 위세를 제어하지 못하였다.

특히 대정군에서는 신자들과 세폐에 대항하는 상무사 소속 주민들이 충돌하는 일이 자주 빚어졌다. 상무사의 주도로 반(反)천주교의 기치를 든 민회가 여러 지역에서 열렸고, 교회와 신자들도 이에 대응하면서 양측의 갈등은 높아졌다. 그러한 충돌과 불만은 결국 대규모의 유혈 사태로 이어졌으며, 민란은 천주교 신자들을 공격하는 방향으로 전개되었다.

충돌이 일자 봉세관인 강봉헌은 섬을 떠났고, 신자들은 한림(翰林)의 민회소를 습격하였다. 봉세관이 떠나자 상황은 민군(民軍)과 교회가 대립하는 구도로 치달았던 것이다. 민군은 도민들을 규합하여 세력을 강화하고 동·서진으로 나뉘어 제주 읍성의 남쪽 황사평(黃沙坪)에 주둔하였다. 이로부터 제주읍성으로 쫓겨 들어간 신자들과 민군 사이에 유혈 충돌이 일어났다. 서로의 접전 끝에 5월 28일 제주 성내의 주민들은 성문을 열었고, 민군이 성내로 진입하여 제주성을 장악하였다. 그리고 천주교 신자들을 관덕정(觀德亭) 앞에 모아 놓고 살해하는 참극이 일어났다. 이 과정에서 봉세관과 지방관 등 앞장서서 조정해야 할 관료들은 제 역할을 하지 못했다. 대정 군수는 신자들에게 원성이 높았기 때문에 교회와 타협안을 마련하기에 역부족이었으며, 교회 측에서 신부가 나서려 하였지만 신자들의 반대로 이루어지지 못했다. 민군의 지도자들도 타협점을 찾아보려 했지만 민군의 흥분은 가라앉지 않았다. 이러한 가운데 신자 수백 명이 희생되었다.

이렇게 전개된 제주 교안은 교회의 입장에서 보면, 관-민 갈등의 희생양으로 천주교 신자가 살해된 사건이었다.

최근까지 제주도는 조정에 정규적인 조세를 바치지 않았습니다. 감사와 군수들이 마음대로 꽤 무거운 세금을 거두며, 서울에는 자기 지위를 보전하기 위해 필요한 액수만 보내고, 나머지는 모두 자기 주머니에 넣거나 수하에서 일하는 사람들이 먹었습니다. 2년 전부터 조정에서 세금 징수원〔봉세관〕이 파견되었습니다. 따라서 관장들과 관속들 수입의 대부분이 없어졌습니다. 그들은 세금 징수원을 몰락시켜 소환당하게 하기 위해 온갖 중상모략을 다했습니다. 결국 주민을 충동질하여 세금이 과다하다는 핑계로 들고일어나게 했습니다. 주민들은 …허무맹랑한 중상모략에 흥분하여 자연히 신자들에게 공격의 화살을 돌렸습니다(〈1901년도 보고서〉,《서울교구 연보》I, 289쪽).

지나친 수탈을 일삼던 지방관들이 봉세관 제도의 신설로 운신의 폭이 없어지자, 그들이 봉세관을 곤경에 빠뜨리기 위한 모략을 꾸몄다는 분석이다. 다시 말해 봉세관이 과중하게 세금을 거둔다며 지방관들이 중상모략을 했고, 이를 문제 삼도록 주민들을 충동질했다는 것이다. 그런데 공교롭게도 그 화살이 천주교 신자들에게 돌아갔다는 지적이다.

> 5월 28일, 미친 듯이 소리치는 한 떼의 여자들이 성문이 열렸다고 외치며 거리를 달리기 시작했습니다. 양쪽에서 동시에 폭도들이 성내로 쏟아져 들어오더니 무자비하게 신자들을 학살했습니다. 신자들은 저항도 못하고 목이 잘리고 맞아 쓰러졌습니다. …제주에서와 섬 전체에서 학살당한 신입 교우들과 예비자들이 5~6백 명은 될 것으로 추산됩니다(〈1901년도 보고서〉,《서울교구 연보》I, 290쪽).

이처럼 성난 주민들이 천주교 신자들에게 공격의 화살을 돌려 수백 명을 학살한 사실은 그들이 신자들과 감정적으로 크게 대립하고 있던 현실을 그대로 드러내 준다.

3. 사건의 마무리

관덕정 앞에서 수백 명의 신자가 피살당한 것에서 알 수 있듯이 제주 교안에서 희생된 사람들은 대개 천주교 신자들이었다. 이에 대해 교회 측은 500명에서 700명에 이르는 신자가 피살되었다고 파악하였으며 제주에 유배와 있던 김윤식은 500~600명으로 보았다. 사건을 조사하기 위해 제주도에 파견된 평리원의 검사(檢事) 안종덕(安鍾悳)에게 제주 목사가 공식적으로 집계하여 보고한 내용이 실려 있는《삼군평민교민물고성책》(三郡平民敎民物故成冊)에 따르면, 사망자 수는 도합 317명으로서 신자가 309명, 평민이 8명이다. 그리고 그중 남자가 305명, 여자가 12명이었다. 지역적으로 나누면, 제주군 36개 리에서 93명, 대정군 26개 리에서 81명, 정의군 28개 리에서 142명이었다.

제주에서의 무력적 충돌 사태는 일단 가라앉았지만, 서울에서는 수습과정이 계속 진행되었다. 교회와 대한제국 정부의 내부(內部), 프랑스 공사관과 대한제국 정부의 외부(外部) 사이에는 사건의 마무리를 위한 교섭이 이루어졌다. 그런데 주모자에 대한 재판과 처벌, 피살된 희생자에 대한 배상, 피살된 희생자의 묘지 등에 관한 문제를 놓고 갈등이 있었다. 이러한 상황에 대해 뮈텔 주교는 다음과 같이 기록하였다.

> 학살을 자행한 주범자들은 재판에 회부되었습니다. 3명이 사형되고 2명은 15년 징역, 2명은 10년 징역, 3명은 80대의 곤장에 처해졌습니다. 이 음모와 학살의 주모자인 대정 군수는 아직도 수감 중으로 그의 재판은 보류되어 있습니다. 통탄스럽게도 그자가 마땅히 받아야 하는 큰 벌을 주려고 하지 않습니다. 유력한 후원자가 있어서 그자를 구해낼 적당한 방법을 발견하지 못해 지연시키고 있는 것입니다(〈1901년도 보고서〉,《서울교구 연보》I, 290쪽).

플랑시 공사는 교회의 입장에서 사건의 명확한 처리를 위해 적극 나섰다. 뮈텔 주교의 〈1902년도 보고서〉에 따르면, 대정 군수가 재판도 받지 않고 석방되고 다른 죄인들도 감형을 받아 석방되자 플랑시 공사가 적극 항의했다고 한다. 그러다가 마침내 1901년 10월 9일에 이르러 주모자에 대한 재판이 끝나고 이재수 등 세 명이 서울로 압송되어 처형되었다. 프랑스에 대한 배상은 1903년 11월 16일에 이루어졌으며, 17일에는 희생자들을 사라봉 아래 황사평에 묻는 것으로 타결되면서 많은 희생자를 낳은 제주 교안은 마무리되었다.

제6절 다른 종교와의 갈등 : 해서 교안(海西敎案)

해서 교안은 1900년부터 1903년에 이르는 비교적 긴 기간 동안 옹진(甕津)·황주(黃州)·신환포(新換浦)·장연(長淵)·은파(銀波)·재령(載寧) 등 황해도 여러 지역에서 교회가 민·관과 충돌한 사건이다. 다른 교안에 비해서 기간이 길었을 뿐만 아니라 사건 해결을 위해 정부에서 사핵사(査覈使)를 파견할 정도로 천주교회와 지역사회와의 총체적 분쟁이었으며, 일부 지역에서는 프로테스탄트와 심각하게 얽힌 교안이었다.

1. 원인

1) 빌렘 신부의 선교 활동과 교세의 증가

황해도와 평안도 지방은 다른 지역에 비해 비교적 늦은 시기에 천주교 신자의 존재가 확인된다. 황사영(黃嗣永, 알렉시오, 1775~1801)이 〈백서〉(帛書)에서 경기·충청·전라 세 지방에는 본래 신자들이 많았고, 경상·강원은 박해를 피해 이주해 간 신자들이 살고 있지만, 황해도와 평안도에는 신자가 없다고 말할 정도였다. 하지만 신유박해(1801) 이전에 이미 황해도 지역에도 천주교가 전래되었다고 본다.

그러나 박해기를 거치면서 천주교회는 거의 폐허화되는 지경이 되었고, 1886년 조불조약이 체결된 이후에야 비로소 교세가 활기를 띠게 되었다. 1887년 로(J.L. Rault, 盧若望, 1860~1902) 신부가 부임하여 장연에 거주하면서 흩어진 신자들을 모으고 구월산(九月山) 주위에 교우촌을 세워서 40여

〈표 9〉 황해도 지역 교세의 확장 과정

항목/연도	공소 수	성인 세례자 수	신자 수	예비 신자 수	항목/연도	공소 수	성인 세례자 수	신자 수	예비 신자 수
1884	2	61	125		1900	102	1,849	4,185	3,845
1890			400여		1901	115	1,328	5,433	4,181
1892		80여	611		1902	150	2,215	7,023	5,234
1893	10	134	598		1903	235	3,439	11,888	4,551
1896	12	252	785	188	1904	95	168	5,486	45
1898	22	365	1,162	486	1909			6,393	
1899	45	764	1,806	1,840	1910	96	319	5,141	176

출처 : 박찬식, 《한국 근대 천주교회와 향촌사회》

명의 예비 신자들에게 세례를 주는 등 6년간 평안도와 황해도 지역을 맡아 선교 활동을 하였다. 이어 르 장드르 신부가 부임하여 황해도와 평안도 지방을 담당하였고, 교세도 급증하였다. 1896년 황해도와 평안도 지역의 사목 분할을 결정하면서 뮈텔 주교는 빌렘 신부를 황해도 전담 선교사로 임명하였다. 당시 30대 중반의 빌렘 신부는 교우촌이던 마렴(麻簾)에 본당을 정하고 적극적인 선교 활동을 하였다.

황해도 천주교회의 흐름 및 해서 교안과 관련해 기억해야 할 사람은 안중근(安重根, 토마스, 1879~1910)의 아버지 안태훈이다. 그는 1894년 황해도의 동학군을 진압하는 과정에서 공을 세워 유명해진 인물이다. 그런데 탁지부가 관리하는 군량미를 마음대로 처리하여 어려움을 겪게 되자 종현 본당으로 피신하여 프랑스 신부의 보호를 받으며 이 문제를 해결하였다. 이 일이 있은 후 안태훈은 천주교로 개종하였고, 1896년 귀향하여 교리서를 지역 유지들과 가까운 사람들에게 나누어 주며 선교 활동에 나섰다. 그의 노력으로 여러 마을에서 개종의 움직임이 일어났다.

1898년 4월에 빌렘 신부는 마렴 본당을 다른 신부에게 넘기고, 안태훈의 초청을 받아 그가 살던 황해도 신천군 두라면 청계동에 정착하였다. 이로써 청계동은 황해도의 두 번째 본당이 되었다. 이후 보고에 따르면 2년 동안 신자수가 2배 이상으로 늘어나는 등 전국에서 가장 커다란 성과를 거두었다.

가장 성과가 좋은 지역 중에서도 황해도가 특히 두드러집니다. 이곳에만 2,360명의 성인 세례자가 있는데 교우 수는 약 7,000명입니다. 이런 추세는 벌써 몇 년 전부터 일고 있습니다. …그[인용 주 : 빌렘 신부]는 이런 보고서를 보냈습니다. "본인의 성사집전 일지를 보고 주교님께서는 우리가 지난 성사집전에 비해 진전되었다는 것을 아시게 될 것입니다. 공소 수가 15개로 늘었습니다. 신자 수도 750명에서 1,550명으로 증가했습니다. 성인 세례자는 254명에서 715명으로 늘었으며, 지난해 261명이었던 예비 신자도 1,400명으로 추산되나 이 숫자는 아마 실제보다 적은 숫자일 것입니다(〈1902년도 보고서〉, 《서울교구 연보》I, 297쪽).

인용문에서 보듯 수년 전부터 일어난 개종의 움직임은 여전히 활발하게 이루어지고 있었다. 빌렘 신부가 부임한 이래 신자 수는 10배 이상으로 급증하였으며, 1902년에는 한국 천주교회의 성인 세례자 전체 가운데 황해도의 성인 세례자 수가 40% 이상을 차지할 정도였다. 특히 1902년 무렵이면 빌렘 신부가 정착한 청계동은 거의 모든 사람이 신자인 교우촌으로 변했을 정도였다.

2) 프로테스탄트 교회와의 갈등

황해도 지역은 1885년을 전후하여 프로테스탄트 교회가 세워지며 이른바 '한국 프로테스탄트의 요람'으로 자리 잡았다. 특히 황해도 장연의 소래〔松川〕에 세워진 소래교회는 프로테스탄트의 확산에 중요한 위치를 차지하였다. 그 뒤 황해도 지역에서 프로테스탄트 교회는 침체 상태에 있던 다른 지방에 비해 꾸준한 성장을 거듭하였다.

그런데 이 시기 서양 선교사의 지위와 영향력에 의지하고자 개종하는 것은 천주교회에만 해당되는 현상은 아니었다. 프로테스탄트 선교사들은 천주교가 제국주의 프랑스의 종교이지만 프로테스탄트는 미국의 종교라는 점을 공공연하게 강조하였다. 더욱이 직접적인 선교에 주력했던 천주교와 달리 프로테스탄트는 교육·의료 등의 간접적인 선교에 힘을 기울였다. 이러한 이른바 '문명 선교' 전략은 프로테스탄트를 서구 문명의 '힘'의 원천으로 인식하게 만들었다. 자연히 현실적인 문제를 프로테스탄트 교회의 영향력에 의존하여 해결하려는 바람은 개종으로 이어졌다.

하지만 빌렘 신부가 적극적인 선교 활동을 전개하면서, 1890년대 후반 이후부터 일부 지역에서는 천주교회의 교세가 프로테스탄트 교회를 넘어서기까지 하였다. 그리고 프로테스탄트 신자들 가운데 일부는 천주교로 개종하기도 하였다. 그러다 보니 두 교회 사이에 긴장이 일기도 하고, 양측 신자들 사이에 충돌이 일기도 하였다. 여기에는 선교 활동의 경쟁도 있지만, 현실적인 이해관계도 한자리를 차지하고 있었다.

> **궁방전**
> 왕실에서 분가하여 독립한 대원군·왕자군·공주·옹주가 살던 집을 위한 비용과 죽은 뒤의 제사 비용을 위하여 지급하던 토지.

3) 황해도의 지역적 특징

해서 교안은 황해도 지역이 갖고 있는 지리적 특징에서 비롯된 사회·경제적 혼란과 관리들의 부당한 착취도 큰 원인이 되었다. 황해도는 중국과 서울을 이어 주는 상업지대일 뿐만 아니라 곡창지대였다. 특히 재령평야가 펼쳐진 재령군은 대표적인 곡창지대였으며, 소래교회가 세워진 장연군도 어업이 많이 행해지던 지역이었다. 이에 관리들이 돈이나 토지를 억지로 빼앗는 일이 극심하였으며, 궁방전(宮房田) 등 토지를 둘러싼 폐단도 자주 일어났다. 그러다 보니 농민들의 반발도 컸다.

2. 발단과 전개

황해도는 지방 관리들이 공공연하게 천주교를 탄압한다는 보고가 올라올 정도로 지방 관청과 교회의 충돌이 잦은 지역이었다. 황해도의 관찰사와 군수들이 천주교를 탄압한다는 소식은 이미 1900년대 초부터 서울 주교관에 알려졌다. 1900년 초 옹진에서는 관찰사가 천주교를 근절시키라는 지시를 내려 천주교 신자를 가혹하게 학대하고 있다는 소식이 들려왔다. 이의 시정을 요구하는 선교사들에게 외부대신은 관찰사의 보고에 기초하여 천주교의 이름을 빙자하며 난폭한 행동을 한 자들을 다스렸을 뿐, 천주교를 욕하거나 비방한 일도 없고, 천주교 신자를 학대한 일도 없다고 해명하였다.

그런 와중에 발생한 해서 교안은 황해도 일대에서 천주교회가 대한제국 정부와 일반 백성들, 그리고 프로테스탄트와 겪은 분쟁이므로 사건이 일어난 지역과 원인, 내용, 충돌 당사자 등이 다양하다. 이 교안은 천주교회가 정부와 백성들, 그리고 다른 종교인들과 충돌하는 과정에서 신부가 직접 관여하여 영향력을 행사하는 경향이 강했으며, 신자들 가운데 안태훈 등 '양대인자세'의 입장을 보이는 사람들도 얽혀 있었다. 황해도 지방에서의 충돌이므로 지방의 군수와 관찰사는 물론 중앙의 외부와 진상조사를 위해 사핵사까지 파견되는 등 교회와 백성들, 정부가 모두 연루되어 사건은 복잡하게 전개되었다.

재령의 신환포에서 일어난 사건은 경제 관계의 대립 등 여러 문제가 복합되어 일어났다. 1902년 5월 천주교 신자인 홍병용(洪柄用), 김형남(金亨南) 등은 신환포에 강당을 새로 짓는다며 부역을 시키고 돈을 요구하다가 프로테스탄트 신자인 한치순(韓致淳) 등과 충돌하였다. 이때 홍병용 등이 한치순을 묶고 형을 가하였다. 또한 여기에서 그치지 않고 8월에도 신자 박재환(朴在煥)을 비롯한 6명이 다시 한치순 등을 폭행하고 돈을 갈취하였다. 한치순이 외부와 황해도 지방관에게 제소하자 신자 김병호(金炳浩) 등을 체포하기 위해 황해도 감찰부에서 순검이 파견되었다. 이 과정에서 김병호, 박재환 등을 압송하는 순검과 이를 막는 신자 수십 명 사이에 실랑이가 벌어지고 순검이 구타당하였다. 그러자 한치순 등이 다시 소장을 올리고, 군수와 관찰사, 중앙에서 파견된 사핵사까지 나섰으며 사건을 보고받은 뮈텔 주교와 프랑스 공사까지 관여되어 교안으로 확대되었다.

그런데 이 사건은 천주교 신자인 김병호가 감관(監官)으로 있으면서 토지를 빼앗아 신자들에게 나누어 주고, 박재환 등과 함께 수세관(收稅官)과 결탁하여 어의궁(於義宮, 인조 임금의 사저)의 결전(結錢)을 강제로 빼앗은 일과 관련

결전
조선 후기에 균역법이 실시되면서 나라의 재정이 부족해지자 이를 메우기 위하여 논밭에 물리는 세금에 덧붙여 거두어들이던 돈.

되어 있었다. 즉 천주교와 프로테스탄트의 대립으로 사건이 발생한 것이라 기보다, 토지 문제·세금 문제 등 경제적 이해관계가 첨예하게 결부된 일이었다.

장연에서 일어난 사건은 1901년 7월 장연의 향장(鄕長)이던 프로테스탄트 신자 김윤오(金允五)를 공금을 유출하여 부정을 저질렀다는 혐의로 천주교 신자인 조병길(趙秉吉)이 황해도 관찰부에 고소하면서 비롯되었다. 고소가 받아들여지지 않고 김윤오가 풀려나자 조병길은 1902년 봄에 다시 법부에 소송하였고, 평리원은 김윤오에게 배상하라는 판결을 내렸다. 이어 1903년 1월에 신자 안태건(安泰健)을 비롯한 12명이 빌렘 신부의 서찰을 갖고 장연 관청에 난입하여 김윤오가 염출한 돈의 반환을 요구하였다. 장연 군수는 난입한 신자 6명을 체포하고, 이 사실을 관찰부에 보고하였다.

이런 일이 일어나자 프로테스탄트의 언더우드(H.G. Underwood, 元杜尤, 1859~1916) 목사는 빌렘 신부에게 항의하였다. 즉 김윤오가 죄가 있다면 국법에 따라 재판을 받을 일인데, 빌렘 신부가 지시하여 신자들이 김윤오를 구타하고 잡아갔다는 것이다. 빌렘 신부는 즉시 회신을 하여 장연 군수의 도둑질을 김윤오가 도운 것인데, 그럼에도 불구하고 무죄판결을 받자 신자들이 흥분한 것이라고 해명하였다. 즉 이 사건은 군수와 김윤오의 횡령 혐의를 둘러싼 갈등에 천주교회와 프로테스탄트의 신자들이 충돌한 것이며 여기에 신부와 목사까지 관여하여 크게 확대된 사건이었다.

중앙에서도 황해도에서의 분쟁을 놓고 천주교 측과 프로테스탄트 측의 갈등과 교섭이 진행되었다. 뮈텔 주교는 언더우드, 게일(J.S. Gale, 奇一, 1863~1937) 목사, 애비슨(O.R. Avison, 魚丕信, 1860~1956) 박사 등 프로테스탄트 선교사들의 방문을 받았다. 이들은 프로테스탄트의 선교사로 장연에서 천주교 신자들에게 구타당하고 체포된 김윤오의 석방을 요구하였다. 외부대신 조병식(趙秉式, 1832~1907)은 관찰사의 보고서에 따라 빌렘 신부가 천주교 신자들을 불법으로 비호하였다고 지적하는 서신을 프랑스 공사에게 보냈다. 공사는 또한 프로테스탄트 목사들이 천주교에 대해 매우 격분하고 있다는 말을 들었다고 전하였다.

그런데 장연 관청에 난입한 12명은 자신들의 경제적 이익을 취할 요량으로 빌렘 신부의 권위를 끌어들인 사람들이었다. 다시 말해 일부 사람들이 천주교회의 치외법권을 악용한 것에서 비롯된 사건이었다는 것이다. 이는 르 장드르 신부의 서한을 보아도 잘 알 수 있다.

> 이들은 자칭 청계동 신부, 다시 말씀드려 빌렘 신부가 허락해 보내진 사람들이라 하더랍니다. …저는 이들이 신자이건 아니건 간에 장연 관할 지역에 살고 있다는 것을 알았으며, 이 일이 단지 빌렘 신부의 신자는 단 한 사람도 없는 장연 지역과 관계된다는 것을 알았기 때문입니다. …이들은 대부분 신자라 자칭하고, 신부가 보낸 사람들이라고 거짓말을 한 것으로 생각합니다(《르 장드르 신부의 1902년 1월 20일자 서한》, 뮈텔 문서 1902-13).

한편 1902년 6월에는 황주에서 박정모(朴貞模)라는 사람이 황주의 사제관을 습격한 사건이 일어났다. 한기근 신부의 보고에 따르면, 박정모가 칼과 몽둥이를 든 불량배들을 이끌고 습격해 와 집을 부수고 신부와 신자들을 추방하겠다고 위협했다는 것이다. 7월에 한기근 신부로부터 소식을 들은 빌렘 신부는 자신이 머물고 있는 청계동 본당의 회장 안태건을 보내 중재하게 하였다. 군수는 박정모 등을 처벌하라는 교회 측의 요구에 난색을 표하였다. 그러자 빌렘 신부는 관찰사에게 여러 차례 서신을 보내 항의하였는데, 그래도 성과가 없었다. 이에 빌렘 신부가 직접 황주로 가서 군수와 만나 사건의 처리를 약속받았다.

〈표 10〉 해서 교안의 주요 내용

구분 번호	연도	발생 지역	대립 구도 교회	대립 구도 비교회	사건의 개요
1	1897	신천	안태훈(진사)·윤수겸·정언국(수전유사)·최원석·유근석(통수)	유만현(향장)·남효원(신천군수)	① 신천군수가 신자를 잡아들여 징벌하자 신자들에게 통지하고 모여 군수 대신 향장을 잡아 옴. ② 주민들로부터 결전을 더 거두고 포군을 사역함.
2	1899	안악	빌렘 신부, 안태건 및 신자 1백여 명	이의덕(안악군수)	관아에 잡혀 있는 절도범죄자 중 3명을 교세에 의탁하여 석방시키고자 함.
3	1900	옹진	신자(두령 김응호), 김문옥 신부 (송화 산촌)	옹진군 각 방민 및 상민, 오세룡(상무 좌지사 공무원) 석교리 두민	① 옹진관청 사령 한기중이 신자 윤바오로로부터 700냥을 강탈하자, 신자 김응호가 김문옥 신부의 요청으로 관아에 따지러 갔다가 관속들에게 구타당함. ② 김응호 등 5명이 신자로 가장하고 평민을 학대. ③ 김응호가 상민과 동민들로부터 재물과 돈을 탈취→1901년 1월 옹진군 각 방민 및 상민과 신자들과의 싸움으로 확대.
4	1901	해주	정군행(전 동도 중군장), 정석조, 박용수	읍촌의 평민, 윤위영(해주군수)	동학군 정군행이 천주교에 입교하여 흩어져 있는 잔당으로서 서교화포를 설치하고 평민을 토색함.
5	1901	송화	최 헨리코, 예비 신자 등	장기흡(송화군수), 향장 등 유지, 부상	신자와 비신자 간에 금전 문제로 충돌. 군수가 향반·토호층, 부상들과 더불어 신자 4명을 체포, 투옥.
6	1901	서흥	김응석	조흥달	조흥달이 공금을 대납하자 신자들이 작당하여 가족에게 폭행, 검거차 관속을 보내자 성당에 피신.
7	1901	봉산	김경렬	별순검	장물 사건 조사차 출동한 별순검을 신자들이 폭행.

구분 번호	연도	발생 지역	대립 구도 교회	대립 구도 비교회	사건의 개요
8		황주	이종국 신부(봉산), 한기근 신부, 이완일(봉산군 회장), 신자	박정모(상무사 두령, 전 순교), 부상, 백정	① 1901년 이종국 신부가 황주에 왔을 때 상무사 두령 박정모가 행패. ② 1902년 박정모가 부상과 백정 무리 이끌고 한기근 신부가 있는 성당 습격. ③ 1903년 사핵사 이응익이 왔을 때 신자 이완일을 고발하여 잡아들이고, 신자 탄압.
9		해주	안태준 등	이주원 등 내성방 주민	천주교 신자들이 성당 건축용으로 노송을 베는 것에 주민들이 반발→신자들이 동민을 난타하여 2명을 잡아옴.
10	1902	재령 (신환포)	김순명, 김병호(궁장감관), 박재환(회장), 홍병용, 김형남 등 신자	한치순, 이승혁 (프로테스탄트 신자)	① 5월 11일 신자 김형남 등이 동리에 와서 신환포에 강당을 새로 짓는데 부역을 시키고 애긍전을 청하며 한치순 등을 묶고 형을 가함→순교들이 신자를 잡으려 하자 신환포 신자 수십 명이 몰려와 위협, 순교들을 구타. ② 소 전염병 사건.
11		재령	안태훈, 김기찬, 박진양, 김형남 등 신자	한치화, 고권현, 임종석, 김경호, 김창렴, 박승황	신자들이 동민들을 결박한 후 난타. 전곡을 토색하고 가산을 빼앗음.
12		봉산	장사호(은파 공소 회장), 김문옥 신부	군민 황관길, 곽희호	1902년 9월 봉산 은파 공소 강당의 물건들이 도난당함. 그 뒤 물건을 훔친 자로 지목된 황관길이 잡혀 옥사하자 이를 천주교 신부가 사주하여 옥사당했다 하여 충돌이 야기됨.
13		재령	양윤규·양원돌 등 신자	양희옥(신자의 친족)	신자 양원돌, 양윤규가 문중의 위토(位土)를 몰래 팔고 제사를 지내지 않자 양희옥이 환퇴를 요구, 이에 양원돌, 양윤규가 신자들을 이끌고 와서 전권과 소장을 빼앗고 금전을 탈취.

구분 번호	연도	발생 지역	대립 구도 교회	대립 구도 비교회	사건의 개요
14		장연	김제은(장연 본당 회장), 안태건 등 교회 회장	김윤오(프로테스탄트 신자, 장연군 전 향장)	신천의 교회 회장 안태건 등 12명이 장연관청에 난입하여 향장 출신 김윤오가 1901년에 공금을 메꾸기 위하여 주민들로부터 염출한 돈의 반환을 요구.
15		서흥	노학민(전 황주 포교)	문경옥(교임), 곽흥례(향장)	노학민이 관속으로 있을 때 부정을 저질러서 도망, 후에 천주교에 입교하여 민의 재산을 빼앗고 유향을 구타.
16		서흥	이종국 신부	서흥군수, 향장	이종국 신부가 관권을 능멸.
17		재령	순교 우두머리 최영주(회장)	동몽 박근식, 김길손	최영주가 여물평 민인으로부터 금전을 배렴, 이에 관에서 순검을 파견하여 체포 시도. 이 과정에서 성당 근처에 화재가 발생, 성당문이 파괴되자 소송이 제기됨.
18	1903	해주	차수현(회장)	강령군민 임경문, 이 소사, 박 소사	신자 차수현이 전문(錢文) 등을 탈취.
19		신천	안태훈, 안태건 등, 빌렘 신부	이관겸 등 별순검	안태훈 등이 빌렘 신부에 의지하여 관민에게 횡포, 신부가 비호.
20		해주	신자들, 빌렘 신부	박근인 등 별순검	신자 중 범죄인이 청계동에 가서 빌렘 신부에 의지하여 체포를 거부, 신부가 비호.
21		송화	임인백, 신자들	군민 임만봉	산송에 신자들이 개입하여 민인을 폭행함.
22		해주	송화 회장 이용각	해주군민 이경재, 백천군민 정용주 등	신자 이용각이 이경재·정용주 등이 경작하는 전장을 탈취하여 신자들에게 나누어 줌.
23		해주	회장 강인보	군민 박기준, 오병류	신자들이 소나무를 멋대로 벌목.
24		장연	회장 강인보	군민 이명오	강인보가 신자들을 이끌고 이명오의 집에 와서 친족들을 구타하고 엽전을 강탈함.

출처 : 박찬식,《한국 근대 천주교회와 향촌사회》

3. 사건의 마무리

교회 측과 정부 측 그리고 지방 관리 측의 입장과 주장이 계속해서 서로 엇갈리면서 황해도 지방의 분쟁은 해결의 조짐이 보이지 않았다. 이에 정부는 1903년 1월 22일자로 외부교섭국장 이응익(李應翼)을 황해도에 사핵사로 파견하였다. 교회 측에서는 두세 신부를 파견하여 일을 조정하게 하였고, 프랑스 공사관에서는 서기관 테시에(S. Teissier)를 보냈다. 이렇게 하여 황해도 내에서 정부, 교회, 공사관 측의 대리자들이 사건 조정에 들어갔지만, 서로의 주장이 엇갈려 해결을 보지 못하였다.

프랑스 공사 측은 황해도 사건의 책임은 관찰사에게 있다고 주장하였다. 관찰사가 반(反)천주교적인 지시를 내렸을 뿐만 아니라 천주교 신자를 해고하고 관리로 임명하지 말도록 지시하는 등 박해하였다는 것이다. 또한 황주의 사제관을 습격한 박정모를 처분해 달라는 항의서도 받아들이지 않았으며, 빌렘 신부의 서한을 개봉조차 않고 돌려보냈다는 것이다. 그러므로 외부대신이 관찰사에게 그러한 행동을 중단할 것을 지시해 달라는 입장이었다.

이와 달리 외부대신은 1903년 2월 12일자로 사핵사의 주장에 따라 빌렘 신부가 피고들을 불법으로 은닉하고 인도를 거부하며 대질에 응하지 않고 있으므로 그를 소환하여 사핵에 응하게 해 줄 것을 요구하는 공문을 보내왔다. 결국 사핵사는 사건에 연관된 신자들을 체포하여 재판에 회부하였다. 이로 말미암아 교회가 어려움을 겪는 가운데 뮈텔 주교의 지시에 따라 해서교안의 중심에 있던 빌렘 신부도 1903년 4월 7일 서울로 소환되었다.

여러 달을 떠나 있던 빌렘 신부는 11월 24일 선교지인 청계동으로 돌아왔다. 신자들이 환영하고 빌렘 신부도 기뻐하였지만, 여러 해에 걸쳐 일어났던 해서 교안으로 황해도의 교세는 타격을 받았다. 특히 1900년 초에 일어난 옹진 지역의 교안에서 관리들이 중심이 되어 천주교 신자들에게 가한 탄압으로 이 지역의 교세는 약화되었다. 재령 본당도 르 각(C.J.A. Le Gac, 郭元良, 1876~1914) 신부가 서울로 피신하였고 교회는 지역사회로부터 더욱 공격을 받았다.

재령 본당 관할 공소를 임시로 담당한 김승연 신부는 1903년 3월 12일자 보고서에서 황해도 교회의 어려움을 다음과 같이 기록하고 있다.

> 악마의 발광이 시작되었습니다. …지금 많은 교우들이 순검들에게 매를 맞아 자리에서 일어나지도 못하며 먹지도 못하고 죽어갑니다. 이른바 사핵사가 해주에 다녀간 뒤로 황해도 전역에 박해가 일어났으니, 그자는 돈밖에 모르며 정부와 프로테스탄트가 합세하여 비밀리에 군인들을 보내 교우들을 체포케 합니다(《황해도 천주교회사》, 250쪽).

이 보고서를 통해 황해도 지역에 해서 교안이 미친 여파를 짐작할 수 있으며, 천주교가 정부와 프로테스탄트로부터 공격받고 있던 실정도 알 수 있다. 여러 곳에서 신자들이 구금되는 일이 일어나고, 냉담자들과 배교자들, 즉 교회에서 돌아서는 신자들도 많이 나타났다. 그 원인은 교회가 해서 교안의 과정에서 신자들을 관(官)과 일반인들로부터 보호하지 못하였기 때문이다. 그 결과 해서 교안이 수그러든 1904년에는 신자 수가 대폭 감소하였고, 성인 세례자와 예비 신자는 거의 찾아볼 수 없는 상태에 이르렀다. 이와는 대조적으로 황해도 지역에서 프로테스탄트 교회는 이후 급속도로 성장하였다.

〈표 11〉 황해도 본당(지역)별 교세 추이

연도 본당(지역)	1899	1900	1901	1902	1903	1904
매화동 (안악)	709 (176;195)	1,233 (522;1,047)	1,248 (141;118)	1,414 (163;171)	1,432 (304;353)	1,457 (26;21)
청계동 (신천, 해주)	608 (442;1,228)	810 (397;615)	750 (236;261)	1,550 (690;1,387)	2,004 (447;1,698)	508 (20; ·)
두섭(장연, 옹진, 송화)	489 (146;417)	947 (470;197)	793 (94;355)	604 (129;285)	967 (269;39)	434 (14;21)
재령		667 (460;1,986)	763 (250;947)	1,274 (537;1,396)	1,800 (500; ·)	347 (26; ·)
검수 (봉산, 서흥)			359 (607;2,500)	1,552 (658;1,915)	1,683 (555;1,247)	1,623 (35; ·)
은율				629 (38 ; 80)	573 (101;36)	508 (20; ·)
황주					1,246 (663;1,178)	239 (2;3)

출처 : 박찬식,《한국 근대 천주교회와 향촌사회》
신자 수(성인 세례자 수 ; 예비 신자 수)의 순으로 기재하였다.

제7절 친일 세력과의 충돌 : 영암 교안(靈巖敎案)

1. 일진회(一進會)의 활동

일본은 청일전쟁(1894~1895)의 승리로 막대한 배상금을 얻었고 대만을 침공하여 이윤을 확보하였으며, 대내적으로는 과중한 세금으로 군사비와 자본을 축적하여 경제적·군사적인 힘을 키워 갔다. 이와 달리 중국은 열강에 의한 분할이 진행되어 본격적인 침탈을 받는 위기에 놓였다. 이러한 정세 속에서 일본은 본격적으로 조선에 대한 주도권을 장악하면서 러시아에 대처할 기반을 확보해 나갔다. 1904년 일본은 마침내 러일전쟁(1904~1905)을 일으켰고, 이후 대한제국에 대한 침략을 강화해 나갔다. 그리고 1905년 '을사조약'(乙巳條約)을 체결하여 대한제국의 외교권마저 강탈하였다.

이렇게 되자 국내에서는 일본과 일정한 관계를 맺으면서 세력을 행사하는 무리가 등장하는데, 그 대표적인 조직이 '일진회'였다. 일진회는 러일전쟁 당시 일본군의 통역으로 일제에 협력한 송병준(宋秉畯, 1858~1925)이 1904년 8월에 조직한 것으로, 처음에는 왕실 호위, 백성 보호, 군사와 재정의 정리 및 시설 개선 등을 강령으로 내세우며 활동하였다. 그러나 1905년에 일본인 고문을 영입하였고, 일본이 러일전쟁에서 승리하자 점차 친일의 색채를 강하게 드러냈다.

한편 이른바 일본과 서양을 배격하고 의를 일으킨다는 '척왜양창의'(斥倭洋倡義)를 기치로 일어선 동학 농민 운동에서 천주교는 일찍부터 공격의 대상이 되었다. 각 지역에서는 동학군이 신자들을 폭행하는 사건이 잇달았고, 충청남도와 전라북도 등의 지역에서 사제관이 공격·약탈당했다는 보고도 이어졌다. 전라도에서 활동하던 보두네·비에모 신부, 목포의 조조 신부 등에게는 급히 서울로 피신하도록 지시가 내려질 정도였다.

그런데 1898년에 2대 교주 최시형(崔時亨, 1827~1898)이 체포·처형되고, 3대 교주로 손병희(孫秉熙, 1861~1922)가 오르면서 동학은 내부 사정이 복잡해지고 변질되는 경향을 보였다. 1900년을 전후하여 동학교도들의 체포가 잇따르자 손병희는 1901년 3월 일본으로 건너가 동학을 재건할 방안을 모색하였다. 그러면서 손병희는 개화와 친일의 경향을 드러냈고, 대한제국 정부의 내정 개혁을 촉구하며 러일전쟁에서 일본군을 지원하는 활동을 하였다. 이러한 가운데 1904년 9월에는 교단 조직과는 별도로 정치조직인 '진보회'(進步會)를 각 지방에 결성하였다. 진보회는 1904년 12월 2일 일진회와 통합하여 일본의 보호 아래 그 조직을 전국적으로 넓혀 나갔다. 두 세력은 연합하여 중앙에는 일진회 조직이, 지방에는 진보회 조직이 유지되는 체계로 운영되었는데, 특히 전라도에는 각 지역별로 일진회와 진보회가 조직되어 있었다. 그러므로 일진회 전라도 지방지회는 공통적으로 동학교도들이 주도하고 있었다.

> 남쪽에서는 동학당(東學黨)이 고개를 들고 1894년의 폭동을 다시 시작할 기미를 보였습니다. …이런 움직임들은 자연발생적인 것일까? 오늘날 세상 돌아가는 것을 보면 그렇지 않은 것 같습니다. 1월부터 강원도와 충청도 경계선에서 활약하고 있는 동학당은 그들의 우두머리들이 외국인에게 매수되었다는 사실을 순순히 인정하고 있습니다(〈1904년도 보고서〉,《서울교구 연보》II, 11쪽).

동학교도들이 섞여 있는 일진회원들 가운데에는 일본을 등에 업고 향촌에서 세력을 행사하며 여러 가지 분쟁을 일으키는 무리들도 있었다. '동학당'의 지도부가 일본인에게 매수되었다는 사실을 뮈텔 주교도 공공연하게 들을 정도였다.

일진회원들은 일본을 배경으로 향촌사회에서 일정한 활동을 하면서 땅주인에게 내야 할 지대(地代)를 거부하고 관에 대한 공납금을 무명의 잡세로 규정하면서 납세 거부 운동을 벌였다. 이서(吏胥)들의 조세수취를 방해하고, 세금을 걷기 위해 파견된 출파원(出派員)에게 폭력을 행사하여 내쫓기도 하였다. 특히 경제적인 이권과 직결된 문제에 깊이 개입하여 전답매매나 산송을 빙자하거나, 채권 관계 등에도 관여하여 다른 사람들을 수탈하였다. 다른 한편으로는 내정개혁을 내세우며 지방관에게 지방행정의 변화를 강압하기도 하였다.

2. 발단과 전개

일진회는 지방지회의 활동을 통해 지역 주민들에게 영향력을 행사하는 과정에서 천주교 신자들과 일련의 충돌을 일으켰다. 일진회원과 신자들 사이의 충돌로 인한 교안은 1905~1906년에 걸쳐 전라도 도서 지방과 연안 각지에서 발생하였다. 주로 전라남도에 속한 지도, 기재도(箕在島) 진도(珍島), 완도(莞島), 조도(鳥島), 소안도(小安島), 그리고 영암군(靈巖郡) 이진(梨津) 등의 해안 지방이었다.

최근에 복음을 받아들인 한 고장에서는 금년에 가장 많은 성인 세례자를 냈습니다. 데예 신부는 혼자서 759명에게 세례를 주었습니다. 그의 구역은 목포

〈표 12〉 전라남도 도서지역의 교세(1903~1910년)

지역명	공소명	1903~1904		1909~1910	
		신자 수	예비 신자 수	신자 수	예비 신자 수
지도	자은	233	300	113	54
	암태	38	90	68	63
	방월	39	180		
	시목	27	60		
	비금도	41	90		
	하의도	185	200	108	51
	상태	27	80		
	하태	18	50		
	장산	124	120	70	9
	안창	138	130		
	압해도	42	80		
	사치			8	16
	반창도			74	21
	금재			31	28
계		912	1,380	472	242
진도	오류	75	120		
	이곡	66	200		
	진도			59	32
	조도			15	20
	대초도			65	70
계		141	320	139	122
완도	팔금도	7	80		
	황진			15	8
	진지도			26	16
	고금도			11	13
계		7	80	52	37
해남	배진			14	12
	석수동			16	15
계				30	27
합계		1,060	1,780	693	428

출처 : 박찬식, 《한국 근대 천주교회와 향촌사회》

먼 바다에 있는 섬들인데, 바다로 왕래해야 하기 때문에, 특히 섬 주민들의 거친 성품 때문에 사목하기 어려운 구역입니다(〈1904년도 보고서〉,《서울교구 연보》II, 14쪽).

뮈텔 주교가 가장 많은 성인 세례자를 낸 지역이라고 보고할 정도로 전라남도 도서지역은 1904년 이후 전국적으로 천주교회의 교세가 둔화되고 있는 상황에서도 크게 성장하고 있었다. 하지만 일진회가 대두하는 시기에 천주교회의 교세가 성장하던 전라남도 도서지역에서는 특히 양측의 충돌이 잦았다. 이러한 사정에 대해 뮈텔 주교는 다음과 같이 보고하였다.

그[인용 주 : 한국 사람]들은 일본 사람들이 도와주는 단체에 입회하여 생명과 재산을 보호받으려고 했습니다. …일본 당국이 이런 단체들에게 부여해야 한다고 생각한 다소 과장된 특혜 때문에, 많은 수의 조선인들이 강자의 편에 서려면 입회하는 것이 현명하다고 생각하였습니다. 일반적으로 이런 이익단체들과는 거리가 먼 우리 신자들은 가끔 그 사람들에게서 괴로움을 당합니다. 그 싸움은 특히 전라도 남부와 데예 신부가 다스리는 섬들에서 심했습니다. 이런 부류의 단체들이 우리에게 품은 적대감은 사방에서 느낄 수 있으며, 그런 곤란을 말하지 않는 신부는 한 명도 없을 지경입니다(〈1906년도 보고서〉,《서울교구 연보》II, 31~32쪽).

일진회와 천주교회가 상호 긴장관계를 형성하게 된 까닭은 무엇보다 향촌 사회에서의 영향력을 둘러싸고 첨예하기 부딪혔기 때문이다. 특히 경제적 이권을 둘러싸고 충돌이 여러 번 일어났는데, 그 대표적인 경우가 1906

년 2월의 영암 교안이다.

영암에서는 김장복(金章福, 또는 甲禧)이 이끌던 천주교 신자들과 김현규(金顯奎)를 중심으로 한 일진회원이 충돌하여 여러 공소가 공격당하고 많은 신자들이 폭행을 입는 사건이 발생하였다. 사건의 발단은 일진회의 김현규가 전 영암 군수 조동완의 세금을 사사로이 감해 주는 대신 조동완이 예탁한 나락을 가져갔는데, 이를 안 김장복이 반대하고 나서면서 비롯되었다. 이 분쟁이 점차 확대되어 교안으로 비화된 것이다. 그런데 김장복은 마을일을 맡아보던 '감찰'(監察)을 사칭한 것으로 보아 일정한 영향력을 행사하던 사람으로 여겨지며, '세례 지원자들의 장상'이라고도 언급된 인물이었다. 하지만 그 역시 공소를 설립한다는 이유로 강제로 관에서 돈을 빌리고 세금 8,530냥을 횡령하자 일진회원들이 격분하였다. 일진회원들은 김장복을 비롯한 신자들 4명을 군수에게 넘기고 조총 등의 무기를 빼앗았다. 신자들도 이에 맞서 천여 명이 넘게 모여 일진회원 20여 명을 이진 공소에 잡아 가두고 일부에게는 폭력을 행사하였다. 이렇게 되자 일진회원들은 더욱 적극적으로 교회를 공격하였다. 더구나 일진회의 배후에는 일본 헌병대가 있었기에 교회와 일진회의 대립은 일진회에 유리하게 전개되었다.

한편 사건이 일어난 뒤 헌병과 검찰이 나서서 문제가 된 사람들을 검거한 뒤 작성한 조사록에는 신자인 김장복이 세금 징수를 둘러싼 김현규의 비리를 문제 삼으며 분쟁이 일었고, 그것이 점차 폭행사건으로 확대되었다고 하였다. 또한 일진회가 천주교 신자들에 대해 잘못되고 과장된 보고를 했다고 지적하였다. 그러면서 천주교 신자들이 의병을 일으키려고 무기와 양식을 모으고, 일진회에게 해를 입히고 있다는 보고는 과장된 것이었으며, 단지 신자들과 일진회 사이에 일어난 소규모 충돌에 불과하다고 결론지었다.

3. 사건의 마무리

영암 교안에 대한 조사록에 따르면 영암 교안은 천주교회와 일진회가 '평소부터 세력 다툼을 벌여 온 결과'였다. 향촌사회에서 천주교회와 일진회는 상호 긴장 관계였으므로 직접적인 도화선이 무엇이든 간에 충돌이 일어나는 것은 시간 문제였다. 영암 교안은 결국 사건의 중심에 있던 일진회원 김현규 · 김봉신, 그리고 신자 김장복 등 여러 명의 신자들이 체포되어 재판을 받으면서 마무리되었다. 하지만 일진회는 점차 영향력을 키워 나갔고, 그와 대립했던 천주교회는 상대적으로 타격을 입고 열세를 면치 못하게 되었다. 그 결과 신자 수는 이전 시기에 비해 현저하게 줄어들었다.

제8절 교회와 국가의 조약들

1. 〈교민조약〉(敎民條約)

교안은 외교 문제로 비화된 상태였지만 정부나 지방관들은 선교사들의 행동이나 신자들이 관련된 문제를 대한제국의 법 안에서 다스리려 하였다. 그리고 선교사들이 신자를 보호하는 행동은 교회가 국가의 권위를 침해하는 일로 간주하여 허락하지 않았다. 반면 선교사들은 이러한 정부와 지방관의 태도를 정치권력이 부당하게 선교 활동을 억압하는 것이라며 항의하였다. 결국 교안의 발생을 줄이기 위해서는 대한제국 정부와 교회가 양측의 행동을 명확하게 규정할 필요가 있었다.

이에 따라 정부와 천주교회는 공식적인 협의를 진행시켰다. 그리하여 내부지방국장(內部地方局長) 정준시(鄭駿時)가 뮈텔 주교를 방문하여 논의를 진행하고, 약 1개월간의 조정을 거친 끝에 1899년 3월 9일 정준시와 조선대목구장 뮈텔 주교 간에 〈교민조약〉이 체결되었다. 조약은 서언과 9개의 조로 이루어졌으며, 정준시와 뮈텔 주교가 각각 서명하였다. 조약의 취지를 설명한 서언의 내용은 다음과 같다.

> 서교[인용 주 : 천주교]가 동[인용 주 : 조선]으로 들어온 지 이미 백여 년이 되었는데, 그 사이에 성하기도 쇠하기도 하고 세상에 드러나거나 숨거나 하였다. 병술년(1886) 이전에는 나라에서 금지하였음을 무릅쓰고 사사로이 서로 전하여 천주교를 받아들여 입교한 사람의 수는 그리 많지 않았다. 선교를 펴는 방법은 뚜렷한 자취가 남는 것을 꺼려 비밀스럽게 하였는데, 금령을 어겨

화를 당한 사람이 적지 않았다. 정해년(1887) 이후부터는 나라의 금령이 풀려 신자의 수가 점점 많아졌다. 안으로는 한성[서울]의 오서(五署)에서부터 밖으로는 지방의 각 군 사이사이에 이르기까지 성당을 짓고 교리교실을 열어 신자의 수를 비교하면 병술년 이전보다 열 배가 훨씬 넘었다.

대저 서교는 그 바탕이 독실하고 허위가 없으며 선을 좋아하며 의를 취하는데, 대략 모두가 십계(十戒)의 내용에 있다. 어찌 요즈음 어리석고 고지식한 인민들이 혹은 교리의 근본 뜻을 모르고, 오늘 입교하여 다음 날 세례를 받으면 스스로 말하기를 "모든 원수지고 나쁜 일은 설욕할 수 있고, 원통함을 풀게 되며, 이치에 어그러지는 것도 이룰 수 있게 되며, 법에 어그러지는 일도 행할 수 있다"고 하여 종종 분수를 무너뜨리고 기강을 어지럽히는 일이 있게 되었다. 이런 폐단이 왜 생겼는가를 깊이 따져 보면 다만 국가의 정령이 해가 되고 인민이 불행한 일일 뿐만 아니라, 또한 서교에서도 취하지는 않는 일이다. 의논하여 조약을 맺어 다음과 같이 열거한다.

선교 활동이 가능해져 신자가 증가하였는데도 분쟁이 일어나는 까닭은 첫째, 국가의 법령에 문제가 있으며, 둘째, 천주교 신자들이 천주교의 교리나 입장을 제대로 이해하지 못하는 탓이라는 지적이다. 이러한 문제를 해결하기 위해 뮈텔 주교와 정준시가 조인한 조약은 다음 9개조이다.

이미 선교를 국가가 용인한 상황이었으므로 이 〈교민조약〉은 교회의 최고 책임자인 조선 대목구의 뮈텔 주교와 국가의 대내 활동권을 대표하는 내부와의 약정(約定) 형식으로 맺어졌다. 이를 통해 각 지방에서 성직자와 지방 관료가 정해진 원칙이 없이 서로 월권을 행사하거나 불법적인 강압을 자행하는 문제를 해결하고자 한 것이다.

제1조 신자의 보호 및 징계사건은 지방국장과 주교가 서로 상의하여 약조를 세운다.

제2조 선교사는 행정에 간여하지 못하며 행정관은 선교에 간섭하지 않는다.

제3조 신자 가운데 만일 범법자가 있으면 어느 지방을 막론하고 담당 관리가 체포할 때, 그 지방 신부가 그를 비호하거나 은닉하지 못한다. 만일 해당 관청의 관리들이 사례비를 강제로 요구하는 폐단이 있으면 그 담당 관리를 단호하고 엄하게 징벌할 것이며 그 비용을 모두 찾아서 돌려준다.

제4조 법을 어긴 신자가 지방 관아에서 재판을 받을 때 그 지방 신부가 직접 참석하여 간섭할 수 없으며, 해당 지방관은 소송을 좋고 싫고의 감정에 따라 판단하지 못한다.

제5조 각 지방 신자들이 신부의 지시라는 구실로 백성들을 잡아가지 못한다.

제6조 신자 가운데 만약 억울한 일이 있는데 혹은 지방 관리와 관계되는 일이라 스스로 말하지 못하는 사람이 있으면 지방국(地方局)에 와서 호소할 것이며, 그 지방 국장은 해당되는 지방에 사실을 조사토록 지시하여 공정히 판결한다.

제7조 혹 국가의 교령(敎令)과 관련된 큰 사건이 있어 지방관이 자의적으로 변별하기 불가능하면 지방국장에게 조목조목 보고할 것이며, 그 지방의 신부도 다시 주교에게 보고한다. 그러면 주교와 지방국장이 서로 사실을 밝혀 상의하여 일을 결정할 것이며, 여기서도 변별하지 못하면 지방국장은 대신에게 아뢰고 주교는 공사에게 보고하여 공정하게 처리되도록 한다.

제8조 신자가 만약 뜻밖의 불행한 일을 당하고, 백성이 까닭도 없이 모욕을 당하게 된다면, 그 지방관은 유의하여 비호하거나 조금이라도 예사로이 넘겨버린다는 의심이 없도록 한다.

제9조 허락된 사항이 어떠한 일이든가를 막론하고 조약이 이루어지기 이전에 관련된 일들은 소급하여 논하지 말고 조약이 이루어진 일자에 맞추어 시행한다.

광무 3년 3월 9일 내부지방국장 정준시
주교 민덕효

이러한 목적으로 체결된 〈교민조약〉은 뮈텔 주교와 정준시 사이의 공조가 매우 강조되었다. 이는 제1조에서 신자가 관련된 사건은 지방국장과 주교가 서로 상의한다고 되어 있는 점에서도 드러난다. 이 원칙은 이어지는 조항에서도 계속 강조되어 제7조에서는 국가의 명령과 관련된 큰 사건일 때에도 주교와 지방국장이 상의하여 결정할 것이라고 규정되었다. 이어지는 조항에서도 각 지방의 신부나 지방관의 월권 행사나 폐단을 해결하기 위한 방법으로 각별히 주교와 지방국장의 공조가 강조되었다. 최종 타협을 진행하는 주체로 주교와 지방국장의 위치를 분명히 함으로써 상대적으로 각 지방의 신부와 관리의 자의적인 권한행사를 방지하는 방향을 취하였다.

또한 정치와 종교의 분리 원칙을 분명히 하였다. 이 원칙에 따라 법을 어긴 신자를 신부가 비호하거나 은닉해서는 안 된다는 점(제3조), 지방관이 재판을 할 때 신부가 직접 참석하여 간섭할 수 없다고 한 점(제4조), 신부의 지시를 빙자하여 신자들이 백성에게 횡포 부리지 못하도록 한 점(제5조) 등이 규정되었다.

이 조약은 국가에 의해 신앙의 자유가 보장된 것에 이어 주교가 나서서 지방국장과 타협해 나가도록 약정한 것이므로 천주교회는 운신의 폭이 더욱 커진 셈이다. 주교의 공식적인 조정 역할을 명시적으로 인정받았다는 것은 천주교회가 신앙의 자유와 더불어 사회적 입지도 보장받았다는 의미를 지닌다.

이러한 분위기 속에 교회는 더욱 적극적인 선교 정책을 펼쳐 나갔고, 교세는 성장하였다. 이미 1892년에 이르러서는 신자 수가 2만 명을 넘어섰고, 연간 성인 세례자의 수도 1,892명을 기록하였다. 이러한 증가추세는 계속 이어져갔다. 다만 1894년 동학 농민 운동으로 잠시 교세가 위축된 경향을 보였을 뿐이다. 명성왕후 시해사건(1895)으로 혼란을 겪는 가운데서도 선교사의 활동은 활발하게 진행되었다.

뮈텔 주교는 〈1895년도 보고서〉에서 "이러한 혼란한 시기에, 이토록 심한 시련에도 불구하고 우리 성인 세례자 수가 유례없을 정도로 늘어난 것을 보게 되어 우리는 커다란 위안을 얻을 수 있었습니다. 이것은 올해 사목 활동 초기에는 감히 상상할 수도 없었던 결과입니다"라고 하였는데, 1895년 당시 신자 수는 25,998명이었다. 그런데 뮈텔 주교 자신이 말한 것처럼 연례적인 조사에서 빠진 신자를 감안하면 실제는 이보다 많았을 것이다.

1885년에 14,039명이던 신자 수는 1892년에 20,840명으로, 1897년에는 32,217명으로 늘어났으며, 1900년에 들어서면 4만 명을 넘어섰고 1903년에는 6만 명 이상으로 집계되었다. 그와 아울러 성인 세례자 수도 1886년 661명에서 1903년에는 8,049명으로 대폭 증가하였다.

2. 〈교민화의약정〉(敎民和議約定)

〈교민조약〉이 체결된 뒤에도 교안은 그치지 않았는데, 각 지역에서 일어난 교안들 가운데서 관련자와 희생자가 가장 많았던 것이 1901년 제주 교안이었다. 정부와 교회는 무력으로 충돌한 천주교 신자들과 제주도민들 사이의 화해를 위해 〈교민화의약정〉을 체결하였다. 전문과 12개 조항으로 이루어진 약정은 한국교회사연구소에 소장된 〈뮈텔 문서〉에 필사본으로 전해진다. 그 전문은 국가는 천주교에 대한 금지령을 풀었으며 선교사를 보호한다는 점을 명시하는 다음의 내용으로 시작한다.

대한국 정부는 우방과의 화목함을 생각하여 천주교의 금지령을 풀고 외국인을 보호하는데, 섬의 풍속이 어리석고 불손하여 입교한 사람은 능히 분수를 지키고 교리를 지키지 못하고 세력에 의지하여 행동하였으며, 입교하지 않은 사람은 국가에서 외국인을 보호하는 뜻을 생각하지 않고 천주교를 미워하여 서로 원수가 되어 이번과 같은 참화를 낳았다. 생각하건대 백성과 신자들이 다 같이 대한의 백성들이다. 동포애를 간직함이 마땅하거늘 한 집안 안에서의 싸움을 서로 찾아 언덕에 붙은 불과 같이 능히 진정시키지 못하겠으니 어찌 상심하지 않겠느냐. 여기 대한국 찰리사와 제주 목사, 삼읍 장관(三邑長官)이 프랑스의 선교사와 회동하여 이 약정을 맺어 사람들로 하여금 혼돈하지 않도록 하여 앞으로의 폐단을 막고자 한다.

이 약정은 1901년 7월 2일 정부의 대표로 찰리사 황기연, 제주 목사 이재호, 제주도민을 대표하여 제주의 3읍 장관, 그리고 천주교를 대표하여 라크루 신부가 체결했다. 이 약정에서 정부는 천주교를 허락하고 외국인 선교사를 보호한다는 점을 분명히 제시했다. 이는 조불조약에서 한 단계 더 나아간 표현이다. 더욱이 금수와도 같은 존재이며 역적의 무리로 간주되어 오래도록 대역죄인으로 여겨졌던 천주교 신자들이 다른 백성들과 마찬가지로 '국왕의 백성'[大韓赤子]이라고 강조되었다. 박해시대에 천주교 신자들이 그토록 외쳤던 '신자나 신자 아닌 사람이나 다 같은 조선의 백성으로 서로 아끼며 더불어 살아가야 한다'는 주장이 공식적으로 인정된 것이다. 다만 국가의 방침에서 벗어나 서로 다툼이 일어났으므로 화해를 위해 국가가 나서서 조정한다는 점이 천명되었다. 이러한 분쟁을 막기 위해 체결한 약정은 12개의 조항으로 이루어져 있는데 그 내용을 알기 쉽게 정리하면 다음과 같다.

제1조 천주교는 국가에서 금하지 않는 것이니, 백성들은 국가의 뜻을 존중하여 함부로 어기지 못한다. 만일 이와 같은 국가의 교령을 훼손하거나 천주교 신자를 능멸하는 폐해를 저지르는 사람이 있으면 지방관이 수시로 규찰하여 엄히 금한다.

제2조 천주교 입교 여부는 본인의 희망을 따라서 하며 강제로 입교하게 못한다. 신자들이 예전 박해시대의 일을 설욕하고자 강제로 입교하게 하는 폐가 있으니 이는 성당(선교사)이 수시로 규찰하여 금한다. 만일 강제로 입교당했다 하여 관에 이를 고발하면, 관은 이 문제를 선교사의 방해 없이 다스린다. 이와 아울러 입교를 원하는 사람이 있으면 교회는 그 인품과 행위를 잘 살펴 허락하여 아무나 함부로 받아들여 뒷날의 폐를 일으키는 일이 없도록 한다.

제3조 신자들도 역시 대한국의 백성이므로, 민사나 형사에 관련되면 관련 지방관의 권한이며 선교사가 이를 침해할 수 없다.

제4조 신자와 백성이 서로 소송을 해 신자가 억울하게 소송에서 패하였음을 선교사가 분명히 알게 된 경우에는 마땅히 지방관에게 설명하여 각별히 사실을 조사하여 공정하게 처결하도록 한다.

제5조 지금까지 신자들이 성당으로 일단 들어가면 관장과 더불어 서로 논쟁하고, 법사(法司)로 자처하여 백성을 잡아 형을 가하고 가두는 것을 자기 마음대로 하니 공정함을 어기고 불법을 자행함이 심하였다. 이러한 악습이 또 일어나면 지방관이 이를 엄히 다스리고, 성당에서도 해당되는 신자를 출교하여 편들거나 옹호하지 못한다.

제6조 지금까지 신자들이 백성의 토지를 빼앗고 무덤을 파헤치며 처·첩을 탈취하고, 거짓으로 빚을 씌워 돈이나 물건을 억지로 받아내고, 잡세를 마음대로 거두는 등 차마 말로 다 하기 어려울 정도로 많은 폐행을 저질러 인민과 완전히 원수가 되어 버리고 말았다. 그러므로 앞으로 이러한 폐행이 다시 일어날 경우 지방관이 이를 잡아 엄히 다스리고, 교회에서도 해당 신자를 축출하여 편들거나 보호하지 못한다.

제 7 조 신자이든 백성이든 죄가 있는 사람이 교회로 도망하면 해당 지방관이 선교사를 만나 설명하고 사람을 보내어 잡도록 하되, 신자들이 해당 범인을 비호하지 못한다.

제 8 조 지방관이 신자를 심문할 일이 있어 공식적으로 명령을 내려 체포하거나 또는 불러오게 하는데 해당 신자가 교회의 세력에 의지하여 즉시 명령을 따르지 않으면 원래 지은 죄보다 두 배로 엄하게 다스린다.

제 9 조 약정을 세우니 이제부터는 백성과 신자가 오랜 불화를 버리고 서로 아끼고 화목함을 지켜야 할 것이다. 만일 서로 다른 부류로 지목하여 서로 외면하거나, 또는 예전 일에 감정을 품고 능멸하면 지방관이 수소문해 엄히 금하여 각각 그 분수를 지키고 생업에 안정하도록 한다.

제10조 신자 가운데 피해를 입은 사람들이 매우 많으므로, 그 가족들이 흩어지고 떠돌아다녀서 다시 모이지 못하고 있으니 매우 불쌍한 일이다. 마땅히 각 지역에서는 흩어진 신자들을 다시 불러 잘 타일러서 안정을 찾도록 보살펴 마을의 정을 도탑게 할 일이다.

제11조 이번에 약정을 정한 뒤 각 마을에서 식견 있는 사람들은 스스로 약정을 준수하여 위배하지 않겠지만, 무식한 백성은 글자를 모르기 때문에 약정을 어겨 분란을 일으킬 우려가 있다. 그러니 약정문을 한글로 풀어 마을에 게시하고, 각 마을의 지도자들이 일깨워 주어 조약을 고의로 어겨 죄를 저지르는 일이 없도록 하라.

제12조 조약문을 6부 작성해서 각 관리와 선교사가 서명한 뒤 외부와 제주도의 목사와 3읍의 장관, 그리고 교회에서 각각 보관하도록 한다.

만일의 충돌이 다시 일어나는 것을 막기 위한 대책으로 마련된 이 약정의 특징은 크게 다섯 가지로 나눌 수 있다.

첫째, 이 약정은 천주교를 대표하여 라크루 신부, 정부를 대신하여 찰리사 황기연, 제주 목사 이재호, 제주도민을 대표하여 제주의 3읍 장관이 체결하였다. 제주도의 지방관, 천주교 선교사, 그리고 제주도의 토착 세력들 사이에 맺어진 것이므로 국가와 국가 사이의 외교적 조약은 아니었다. 그러나 천주교와 향촌사회와의 갈등을 해소하기 위한 또 하나의 발걸음이었다.

둘째, 천주교 신자를 박해하거나 교회를 공격하면 지방관리가 이를 다스리도록 규정함으로써 천주교는 정부로부터 공식적이고 적극적인 보호를 보장받았다.

셋째, 천주교가 관련된 분쟁의 처리에 교회나 선교사보다 관권이 우선한다는 불가침성이 천명되었다. 그로 인해 선교사에 대한 치외법권은 제약을 받게 된 셈이다.

넷째, 누구든지 간에 모든 불법행위는 국가가 나서서 엄히 금한다고 규정하였다.

다섯째, 천주교를 포함한 지역사회의 평화를 이루는 것이 무엇보다 가장 큰 목적이라는 점이 강조되었다. 이를 위해 박해와 죽음의 공포로 흩어진 신자들을 잘 타일러 안정을 찾도록 해주라고 하여 신자에 대한 위무(慰撫)도 소홀히 하지 않았다.

이 조약은 국가 사이의 조약도 아니었고 제주도에 한정된 것이었지만, 천주교에 대한 국가의 입장을 단적으로 드러내 준다. 관료가 신앙의 자유와 교회·신자들에 대한 보호를 천명하고 나섰다는 점에서 이전보다 한 걸음 나아간 역사적인 의의를 지닌다.

3. 〈선교조약〉(宣敎條約)

〈교민화의약정〉이 체결되고 천주교 신자들의 신앙의 자유가 한층 확대되었지만, 그것은 전국을 포괄하는 조약이 아니었다. 대한제국 정부는 조불조약의 취지를 살려 천주교의 선교 활동을 억제하려는 입장이 아니라는 점을 거듭 밝히면서 앞으로 일어날 수 있는 불상사를 방지하기 위해서라는 목적으로 1904년 6월 3일 〈교민범법단속의고〉(敎民犯法團束擬稿)를 제시하였다. 이는 다분히 해서 교안의 처리 과정에서 생긴 불만을 담은 것이었다. 외부대신 이하영(李夏榮)이 프랑스 대리공사인 퐁트네(Vicomte de Fontenay, 馮道來)에게 보낸 글에 첨부되어 있던 이 조례안은 6월 6일자 〈제국신문〉에 '선교조약'이라는 제목으로 8항에 걸친 내용이 보도되었다. 그러나 대한제국 정부 측 기록에는 〈교민범법단속조례〉(敎民犯法團束條例)로 되어 있었으며, 이 때문에 《구한국외교문서》(舊韓國外交文書) 〈법안〉(法案) 1929호에도 '범법교민(犯法敎民)의 단속을 위한 조례작성 건'으로 표기되었다.

이 조례안은 프랑스의 선교사가 지방을 다니게 된 이래 우리나라 사람들이 교회에 의탁해서 법을 어기고 농간을 부리는 일이 갈수록 심하여 교회의 본뜻에도 어긋나므로 이 일을 바로잡고자 두 나라가 조약을 체결한다고 하면서 다음과 같이 8개 조항을 제시하였다.

제1조 프랑스 선교사가 한국의 내지(內地)를 다니려고 할 때에는 반드시 외부에서 발행한 호조(護照)를 지녀야 하며, 지방관은 이에 대하여 안전하게 보호해 주어야 한다.

제2조 프랑스 선교사가 천주교의 각종 예식을 행하되 한국 사람 가운데 부랑배처럼 떠도는 사람들이 자기 이익을 위해 교회에 의탁하여 폐해를 저지르는 사람과 법을 피하여 교회에 붙은 사람은 모두 막아야 한다.

제3조 신자들 가운데 한국인이 다른 사람에게 고소를 당하거나 법을 어겼을 때에는 당연히 한국의 관원이 조사를 하되 공평하게 판결하여 편파적으로 처리되는 일이 없도록 한다.

제4조 신자들 가운데 한국인이 법을 어겨 혹은 고소를 당해 관원이 체포할 때에 선교사의 처소로 도망하면 한국 관리에게 즉시로 압송하여 넘기되 한국 관원이 마음대로 들어가지는 못한다.

제5조 프랑스 선교사는 한국의 민·형사 소송에 일절 간섭하지 못하되, 천주교에 관련된 일에 있어 수긍하지 못하는 부분이 있으면 프랑스 공사에게 항소하여 한국 외부와 교섭하여 분별한다.

제6조 한국 관리가 프랑스 선교사의 종교적 제의에 대하여는 일절 간섭하지 못하되 프랑스 선교사가 불법 행동을 한 경우에는 한국 외부에 보고하여 프랑스 공사와 교섭하여 소환하거나 징계하도록 한다.

제7조 신자들 가운데 한국인이 선교사에게 의탁하여 불법을 자행하면 프랑스 선교사가 엄히 다스리되 징벌을 할 경우에는 해당 지방 관리에게 인도하여 처리하게 한다.

제8조 그 밖에 정해지지 않은 세부 사항은 한국 외부대신과 프랑스 공사가 추가로 논의하여 결정한다.

〈표 13〉 천주교의 신앙 자유 획득과 선교 자유의 확립 과정

연도	명칭	관계자	내용	특징
1886	조불수호 통상조약	조선 정부와 프랑스 정부	신앙의 자유를 위한 발판 마련	
1899	교민조약	내부지방국장 정준시와 뮈텔 주교	주교의 공식적인 역할을 인정받아 신앙의 자유와 사회적 입지 보장	서언과 9개조로 구성
1901	교민화의 약정	찰리사 황기연, 제주목사 이재호, 제주도민 대표 3읍 장관과 천주교의 라크루 신부	정부는 천주교를 허락하고 외국인 선교사를 보호한다는 점 천명	관료가 신앙의 자유와 교회와 신자들에 대해 보호할 것을 공언
1904	교민범법 단속조례	외부와 프랑스 공사	신앙의 자유를 완전히 인정하고 정교분리의 원칙 확인	국가적 차원의 조약

여기에는 선교의 자유를 인정하는 내용이 담겨 있다. 지방관이 선교사의 신변을 보호할 의무가 있음을 분명히 한다든가(제1조), 미사 집전을 인정할 뿐만 아니라 관리라 해도 일절 그것에 간섭하지 못하게 한 것(제2조, 제6조), 프랑스 선교사의 숙소에 비록 범법자가 피신했다 하여도 관리가 마음대로 들어가지 못하게 한 것(제4조) 등이 그것이다. 이에 비하여 선교사의 활동도 일정하게 제약하였다. 특히 선교사가 관료의 통치행위에 간섭하는 것을 엄금하였다. 선교사가 민·형사 소송에 일체 간섭하지 못하게 하고(제5조), 선교사가 문제가 있을 경우는 외부를 통해서 프랑스 선교사를 소환하거나 징계하도록 치외법권에 일정한 제약을 가한다거나(제6조), 선교사는 일차적으로 불법을 자행한 신자들을 다스릴 의무가 있지만 징벌을 가할 경우는 지방 관리에게 인도하도록 한 것(제7조) 등이 그것이다.

이와 같은 조례는 양국이 교섭을 벌이며 다소 그 내용이 조정된 듯하다. 3일 뒤 〈제국신문〉에 소개된 조항에는 위의 내용과는 다소 차이가 나는 대목이 있다. 제2조는 신자들이나 신자가 되고자 하는 사람들을 선교사가 일일이 가려내어 경우에 따라 거절하는 것은 현실적으로 불가능한 일일 뿐만 아니라 누구에게나 문을 여는 천주교의 가르침과도 어긋나기 때문에 당연히 삭제되었다고 보인다. 제5조와 제6조는 한데 모아 '프랑스 선교사는 한국의 민사와 형사의 소송에 간섭하지 못하며, 교회에 관한 일에 불복할 때에는 프랑스 공사에게 공소하여 한국의 외부와 교섭한다'고 정리되었다. 이에 비해 "프랑스 선교사가 한국 내에서 선교하는 데 있어서 백성에게 억지로 이를 권유하지 못한다", "프랑스 선교사가 한국 내지에 있을 때에 토지와 가옥을 매입하고 또 건축한다"라는 새로운 2개의 조항이 추가되었다. 이는 신자들에 대한 선교사의 권한과 의무를 규정하고, 교회가 본당 신설을 위해 대지와 건물을 매입하고 또 건축할 자유를 보장받은 것이었다.

〈교민범법단속조례〉가 갖는 커다란 의의는 교회와 국가의 영역을 구분지은 점이다. 물론 범법자에 대한 징계는 국가가 우선권을 갖는다는 입장이지만 오래도록 유지해 온 유교에 기초한 정교일치의 근본 원칙이 더 이상 적용되지 않는다는 선언도 담겨 있다. 이 조례가 두 국가 사이의 외교적인 조약으로 정식 조인되었는지는 기록이 없어 확언하기 어렵다. 그 까닭은 1905년 11월에 이른바 '을사조약'이 강제로 체결되어 대한제국이 외교권을 상실하는 등의 어수선한 상황에서 소홀히 다루어졌던 것으로 추정된다. 그러나 이 조례는 신앙의 자유를 완전하게 인정하는 동시에 정교분리의 원칙을 확인했다는 점에서 역사적 의의를 지니고 있다.

참고 문헌

1. 연구서

《서울교구 연보 1878~1903》Ⅰ, 명동천주교회, 1984.
《서울교구 연보 1904~1938》Ⅱ, 명동천주교회, 1987.
《뮈텔 주교 일기》Ⅱ, 한국교회사연구소, 1993.
《파리 외방전교회 선교사 서한집》, 천주교 대전교구, 1994.
《대구의 사도—김보록(로베르)신부 서한집 1》, 영남교회사연구소, 1995.
〈皇城新聞〉
〈漢城新報〉
《續陰晴史》

김옥희,《濟州道辛丑年敎難史》, 천주교 제주교구, 1979.
최석우,《한국천주교회의 역사》, 한국교회사연구소, 1982.
노길명,《가톨릭과 조선후기 사회변동》, 고려대학교 출판부, 1988.
《광주대교구 50년사》, 천주교 광주대교구, 1990.
《함경도 천주교회사》, 함경도 천주교회사 간행사업회, 1995.
김진소,《천주교 전주교구사》, 천주교 전주교구, 1998.
장동하,《개항기 한국사회와 천주교회》, 가톨릭출판사, 2005.
박찬식,《한국 근대 천주교회와 향촌사회— '敎案' 연구—》, 한국교회사연
    구소, 2007.

2. 논문

이원순, 〈조선말기 사회의 교안 연구〉, 《한국 천주교회사 연구》, 한국교회사연구소, 1986.

이영호, 〈19세기 은진 강경포의 상품유통구조〉, 《한국사론》 15, 서울대학교, 1986.

최진옥, 〈한말 보부상의 변천〉, 《정신문화연구》 29, 1986.

박찬식, 〈구한말 전라도 지도지방의 교안〉, 《국사관논총》 58, 1994.

이훈상, 〈조선후기 천주교의 확산과 촌락사회의 대응〉, 《부산교회사보》 3, 1994.

최기영, 〈한말 동학의 천도교로의 개편에 관한 검토〉, 《한국학보》 94, 1994.

신광철, 〈개항기 한국천주교와 개신교의 관계─해서교안을 중심으로〉, 《종교연구》 11, 1995.

박찬식, 〈한말 제주지역의 천주교회와 '제주교안'〉, 《한국 근현대사 연구》 4, 1996.

최석우, 〈한국천주교회사와 辛丑敎案〉, 《한국 교회사의 탐구 Ⅲ》, 한국교회사연구소, 2000.

방상근, 〈한말 천주교와 제주교안─발생 배경을 중심으로〉, 《교회사연구》 17, 2001.

이원순, 〈李在守의 亂을 생각한다─辛丑敎案의 의의〉, 《한국천주교회사 연구(續)》, 한국교회사연구소, 2004.

이원순, 〈韓末의 敎案과 敎民條約〉, 《한국천주교회사연구(續)》, 한국교회사연구소, 2004.

노길명, 〈개화기의 교회와 국가〉, 《민족사와 천주교회》, 한국교회사연구소, 2005.

박찬식, 〈한말 교안과 교민조약—교회와 국가의 관계를 중심으로〉,《교회사연구》27, 2006.

박찬식, 〈구한말 교안의 일연구—1899년 강경포 사건을 중심으로〉,《교회와 역사》230호, 1994.

노용필, 〈천주교의 신앙 자유 획득과 선교 자유 확립〉,《교회사연구》30, 2008 :《한국 근·현대 사회와 가톨릭》, 한국사학, 2008.

제4장 교회의 교육·문화 활동

제1절 교육 활동

한국 천주교회의 본격적인 교육 사업은 1836년 김대건(金大建, 안드레아, 1821~1846)·최양업(崔良業, 토마스, 1821~1861)·최방제(崔方濟, 프란치스코, 1820?~1837)를 마카오로 유학 보내면서 시작되었다. 그리고 천주교회에서 설립한 한국 최초의 근대적 교육기관은 1855년 충청도 배론에 설립한 '성 요셉 신학교'였다. 그렇지만 배론의 성 요셉 신학교는 1866년 병인박해가 발생하면서 폐교되었다.

이 신학교는 비교적 짧은 기간만 운영되었고 규모도 작았지만, 조선사회에서 최초로 체계적인 교육을 통해 서양의 근대 학문을 가르치고 배웠다는 점에서 교회사적·교육사적 의의가 자못 크다. 학생들은 라틴어를 비롯하여 한글·한문·수사학·천문학·음악·지리·역사·자연과학 등의 인문 교양 과목을 배웠고, 더 나아가 스콜라 철학을 비롯한 신학까지도 학습하였다. 아울러 조선인 신학생들은 서양 선교사들과 함께 생활하면서 공부하는 동안 서구의 근대 문화와 그들의 생활 방식을 받아들였다. 또한 천주교회는 신학생으로서의 자격만 갖추면 조선사회의 전통적인 신분에 구애받지 않고 누구든지 입학하여 공부할 수 있도록 하였다. 그런 점에서 박해시대의 천주교회는 한국에 근대 교육을 도입하는 데 선구적인 역할을 하였다.

이러한 신학 교육과는 별도로 1863~1865년 무렵 베르뇌 주교의 부름을 받은 황해도 신천 출신의 이덕보(李德甫, 마태오)가 서울에서 청소년 12명을 대상으로 과학·인문학과 교리를 가르치면서, 신앙인으로서의 의무 실천을 강조하는 학교를 운영하기도 하였다. 이 학교는 1883년에 개교한 동문학(同文學)·원산학사(元山學舍)나 그 뒤에 설립된 배재학당(培材學堂)·이화학당(梨花學堂)·육영공원(育英公院)보다 훨씬 앞서 설립된 근대 교육기관이었다. 그러나 이 학교 역시 병인박해로 폐교할 수밖에 없었다.

1880년대로 접어들면서 조선 정부는 미국·영국 등 서양의 여러 나라들과 조약을 체결하기 시작하였다. 그러면서 점차 천주교에 대한 박해의 강도

블랑 신부는 한국교회 최초의 본격적인 근대 교육기관인 '인현학당'을 1883년 7월에 종현 성당 구내로 옮겼으며 이를 '종현학당'으로 불렀다. 성당 뒤편 마당에서 놀고 있는 학생들.

는 약화되고 상대적으로 선교와 신앙의 자유를 어느 정도 확보할 수 있었으며, 마침내 1886년 프랑스와의 조약이 체결되면서 보다 자유롭게 선교할 수 있게 되었다. 이에 천주교회는 교육 사업을 본격적으로 추진하였다. 더 나아가 뮈텔 주교는 1908년 9월 독일 성 베네딕도회 오틸리엔 연합회에 교육 사업을 맡아줄 것을 요청하였으며, 마침내 베네딕도회가 한국에 진출하기로 결정하였다.

1. 학교의 설립과 운영

1) 서울 지역의 교육기관

1882년 이후 교회는 본격적으로 교육 사업을 추진하였다. 블랑 신부는 1882년 5월 교회에서 구입해 두었던 인성붓재(仁城府―, 지금의 서울시 중구 인현동 2가와 예관동 사이에 있던 고개)에 있던 집에서 김성학 등 4명의 학생들을 가르치기 시작하였는데, 회장인 권치문(權致文, 타대오)이 교사로서 이들을 돌보았다. '한한학교'(韓漢學校)로 시작한 이 인현학당(仁峴學堂)은 천주교회에서 설립한 최초의 본격적인 근대 교육기관으로, 일종의 개량 서당이었다.

인현학당은 1883년 3월 뮈텔 신부가 거처하던 용폭동으로 이전되었다. 그러다가 6월 21일 교회가 종현에 있는 가옥(지금의 명동 가톨릭회관 근처)을 매입하면서, 7월에는 종현 성당 구내로 옮겨져 '종현학당'(鐘峴學堂)으로 불렸다. 이 학당은 종교 교육뿐만 아니라 한문과 한글을 비롯하여 여러 과목들을 가르치면서 근대 계몽 교육을 실시하였다. 블랑 주교의 〈1886년도 보고서〉에 의하면, 재학생 수가 한때 40명 이상이 되기도 하였고, 교리 문답과 기도문을 잘 배운 학생들 가운데 15명이나 세례를 받았다. 이처럼 종현학당은 본당 차원에서 설립된 소규모의 학교였지만, 흔히 한국 최초의 근대 학교로 알려진 '원산학사'보다 1년 먼저 세워진 근대 교육기관이었다.

　1884년 9월 무렵 종현학당은 신자들의 자녀, 예비 신자들의 자녀, 페낭 신학교에 가기 위해 준비하는 학생들을 각각 나누어 세 학급으로 운영하면서, 한글과 한문, 교리 등을 가르쳤다. 따라서 설립 초기의 종현학당은 일반 학교인 동시에 페낭 신학교로 유학 보낼 학생들을 교육하는 소신학교이기도 했다. 이곳에서 공부하던 학생들 가운데 강도영·김성학·김원영 등은 1883년 4월에, 정규하·한기근 등은 1884년에 페낭 신학교로 유학을 떠났다. 그러나 페낭으로의 유학은 1884년 이후 더 이상 추진되지 않았는데, 그곳의 기후와 풍토를 이기지 못하고 귀국하는 학생들이 생겨났기 때문이었다. 이에 블랑 주교는 1885년 10월 28일 원주의 부엉골에 '예수성심신학교'를 개교하였다.

　이러한 변화 속에서 종현학당의 학생 수는 점차 늘어나 1887년 9월 무렵에는 학생 수에 비해 장소가 비좁아 보다 넓은 건물이 필요한 상황에 봉착하였다. 게다가 1895년 무렵부터는 경제적인 문제와 장소 부족 등의 사정으로 등록 학생들 가운데 과반수가 학교에 다닐 수 없었고, 학생들을 가르칠 적당한 교사도 구하기 어려웠다. 이에 교구 경리 책임자인 프와넬 신부는 1899년 말에서 1900년 초의 기간 동안 학교를 일시적으로 폐쇄하기까지 하였다. 그러다가 1900년 말~1901년 초 사이에 학교를 다시 열었으며, 1900년 가을에는 여학생들에게도 문호를 개방하면서 샬트르 성 바오로 수녀회에 교육을 위탁하였다.

1906년 8월 조선 통감부가 〈보통학교령〉을 공포하여 수업 연한이 6년이던 소학교를 4년제의 보통학교로 개편하자, 프와넬 신부는 최봉섭(崔鳳燮)의 도움을 받아 종현의 남·녀 학교를 신식 학교로 개편하였다. 그러나 2년 뒤인 1908년에 통감부는 다시 〈사립학교령〉을 제정·공포하였고, 이어 1909년에는 〈보통학교령 시행규칙〉을 공포하여 학교의 설립을 통제하고 교과 내용을 규제하였으며, 교사의 자격 기준도 강화하였다. 이에 따라 이미 설립된 사립학교도 인가 여부를 가릴 것 없이 〈사립학교령〉 시행일로부터 6개월 이내에 학부대신의 인가를 받아야만 하였다.

　그리하여 종현학당도 1909년 8월 프와넬 신부의 명의로 4년제 보통학교의 인가를 받았고, 이때부터 '계성학교'(啓星學校)라는 이름을 공식적으로 사용하기 시작하였다. '그리스도의 빛'으로 세상을 인도할 인재를 양성하는 배움의 터전으로 삼고자 하는 바람에서 샛별을 의미하는 '계성'을 학교 이름으로 삼았던 것이다. 그런데 내부적으로는 남·녀 학생을 구분하여 남자부를 '계성', 여자부를 '계명'이라 불렀으며, 초대 교장은 강화석(姜華錫, 요한, 1845~1926)이 맡았다. 그리고 1910년 4월 4일 제1회 졸업식이 거행되면서 계성학교의 첫 번째 졸업생들이 배출되었다.

　인천의 경우 1900년 9월 1일 김교원(金敎源)과 강준(姜準, 바오로)이 신자들과 가난한 사람들의 자녀에게 초급 과정의 교육을 목적으로 '천주학방'을 설립하였으나, 〈사립학교령〉이 공포되면서 학교 운영에 어려움을 겪게 되었다. 이에 1909년 12월 8일 인천(지금의 답동 주교좌) 본당에 학교 운영권을 인계하면서 학교 이름을 '인천항 사립박문학교'로 바꾸었고, 드뇌(E. Deneux, 全學俊, 1873~1947) 신부가 설립자 겸 학교장으로 취임하였다.

2) 경상도 지역의 교육기관

지방에서도 초등 교육 수준의 학교들이 설립되었는데, 1893년 무렵 전국에 걸쳐 규모는 작지만 모두 21개의 학교가 설립·운영되고 있었다. 대구에서는 대구(지금의 계산 주교좌) 본당이 완공되면서 로베르 신부가 1894년 서당 형태의 '대구 본당학교'를 시작하였으며, 1898년에는 본당에 사랑채를 짓고는 '해성재'(海星齋)라 명명하였고, 서당 훈장에는 배석규(裵碩奎)가 임명되었다. 이 학교는 당시 대구 유림이 운영하던 '계산재'(桂山齋)와 함께 대구 지역의 대표적인 초등 교육기관이었다.

1905년 이른바 '을사조약'의 체결로 대한제국이 일본에게 실질적인 주권을 빼앗기자, 국권 회복 운동이 광범위하게 전개되었다. 특히 대구에서는 서상돈(徐相燉, 아우구스티노, 1851~1913) 등이 앞장서서 국채 보상 운동을 주도하였다. 이러한 상황에서 대구 본당의 이근우(李根雨, 요한, 1872~1932) 등은 1908년 교육 구국 운동의 일환으로 해성재를 해체하고, 대신 성립학교(聖立學校)를 설립하였다. 초대 교장으로 취임한 이근우는 여성 교육의 필요성을 절감하고는 1910년 초 성립학교 여자부를 부설하기도 했다.

이 밖에 김천에서는 김성학(金聖學, 알렉시오, 1870~1938) 신부가 1907년 3월에 본당(지금의 김천 황금) 구내에 성의학교(聖義學校)를 개설하였으며, 1909년 6월에는 6칸의 한옥 건물을 마련하여 봉헌식을 거행하였고, 이듬해 7월 무렵에는 정식으로 인가를 받았다. 그리고 1909년 영천에서는 노동야학교가, 1910년 9월 마산에서는 무세(G. Mousset, 文濟萬, 1876~1957) 신부에 의해 인재 양성을 위한 성지학교(聖旨學校)가 각각 설립·운영되었다.

3) 평안도 · 황해도 지역의 교육기관

평안도 · 황해도 지역의 사목을 담당하던 파리 외방전교회 선교사들은 본당을 중심으로 한 선교 활동도 중요하지만, 교육을 통해 선교하는 것이 더욱 바람직하다고 판단하여 교육기관의 설립에 많은 노력을 기울였다. 그래서 선교에 앞서 문맹 퇴치 운동이 시급함을 인식하고 서둘러 학교 설립을 추진하였다. 1898년 7월 황해도 매화동(玫花洞) 본당의 2대 주임으로 부임한 우도(P. Oudot, 吳保祿, 1865~1913) 신부는 종교 교육과 문맹 퇴치를 목적으로 황해도 지역 최초의 사립학교라고 할 수 있는 봉삼학교(奉三學校)를 설립하였다. 이 학교는 남자부와 여자부를 구분하여 남학생들에게는 교리와 한문을, 여학생들에게는 기도문 · 한글 · 가사(家事) 등을 교육하였다. 1906년부터 본격적으로 신학문을 가르쳐 오던 봉삼학교는 이듬해 근대적 교육 시설을 갖춘 정식 초등 교육기관이 되었고, 1909년에는 사립학교 인가를 받았다. 봉삼학교의 설립 취지는 학생들에게 애국심과 도덕성을 갖추도록 하여 국가와 백성들의 태평과 안녕에 기여할 수 있도록 하는 것이었다.

1900년 진남포 본당 초대 주임으로 부임한 포리(J.B. Faurie, 方, 1875~1910) 신부는 기존의 공소 건물을 개조하여 돈의학교(敦義學校)를 설립하고는 초대 교장에 이평택(李平澤, 파트리치오), 2대 교장에 안중근(安重根, 토마스, 1879~1910)을 각각 초빙하여 운영하였다. 포리 신부의 뒤를 이어 부임한 르레드(J. Lereide, 申, 1883~1932) 신부는 학생 수에 비해 공간이 비좁았던 돈의학교를 증축하여 300여 명의 아동들을 수용할 수 있게 하였다. 한편 르레드 신부는 여성 교육의 필요성을 절감하고 연와(煉瓦) 구조로 학교 건물을 신축하여 1909년 지정여학교(智貞女學校)를 설립한 다음, 샬트르 성 바

1894년에 서당 형태의 '대구 본당학교'를 시작한 로베르 신부는 1898년에는 본당에 사랑채를 짓고 대구 지역의 대표적인 초등 교육기관인 '해성재'를 설립하였다(위). 한편 황해도 매화동 본당의 우도 신부도 1898~1899년에 종교 교육과 문맹 퇴치를 목적으로 황해도 지역 최초의 사립학교라고 할 수 있는 봉삼학교를 설립하였다. 봉삼학교 여자부 학생들과 어머니들.

오로 수녀회의 수녀 2명을 초빙하여 여학생 교육을 담당하도록 하였다. 그렇지만 돈의학교와 지정여학교는 1916년에 폐교되었다.

1898년 관후리 본당으로 부임한 르 메르(L.B.J. Le Merre, 李類斯, 1858~1928) 신부는 1905년 9월 1일 남학생들을 위한 기명학교(箕明學校)를 설립하였다. 처음에는 20평과 10여 평 규모의 교실 2개를 갖추고 유치반과 소학교반을 운영하다가, 입학을 원하는 아동들이 너무 많이 모여들자 교실을 증축하였다. 1906년 5월 1일에는 여성들에게 신학문을 가르치고자 성모여학교(聖母女學校)를 설립한 다음, 1909년 9월 14일 샬트르 성 바오로 수녀회의 수녀들을 교사로 초빙하여 교육을 담당하도록 하였다.

그 밖에도 평남 영유 본당의 초대 주임 멩(J.M.G. Meng, 明若一, 1874~1918) 신부는 1908년 1월 섶가지 공소에 성숙학교(聖肅學校)를 설립하였고, 강중승(康重承)을 교장으로 임명하여 운영하도록 했다. 그리고 강흥일(姜興一)과 협력하여 영유 읍내에 영청학교(永淸學校)를 설립하는 등 교육 사업에 크게 공헌하였다. 황해도의 경우 1893년 통계에 의하면 천주교회가 설립하여 운영하는 학교는 36개교, 학생 수는 246명이었다. 그러다가 1904년에는 75개교에 학생 수도 693명으로 늘어났으며, 1900년 무렵부터는 여학교를 설립하기 시작하였다.

4) 전라도 지역의 교육기관

1889년 무렵부터 전라도 지방에 본당들이 설립되면서 선교사들은 '서당식' 학교를 설립하였다. 1889~1890년 무렵에는 6개 학교에 학생 수 32명에 불과하였지만, 1902년에 이르면 24개 학교에 107명의 학생으로 늘어났다. 가난한 학부모들이 본당에서 교육비를 책임져 주기를 원했기 때문에 학교의 운영 경비는 공소전(公所錢)에서 지출하였다. 이러한 본당 학교에는 신자뿐만 아니라 신자가 아닌 사람들의 자녀들도 입학할 수 있었다. 당시의 일반 서당은 한문 교과가 위주였으나, 본당 학교는 한글 교육에 주력하여 읽기·쓰기·산술을 기본 과목으로 삼았다. 뿐만 아니라 학생들에게 신앙 교육은 물론 사회생활에 필요한 실용적인 내용도 가르쳤다.

한편, 1906년 5월 5일 되재 본당의 주임으로 부임한 베르몽(J.M. Bermond, 睦世榮, 1881~1967) 신부는 휴교 상태에 있던 본당 학교를 신성학교(晨星學校)로 이름 지었다. 그런데 당시 성당은 산간 오지에 위치해 있었기 때문에 학교로 사용할 수 있는 건물을 마련하거나 학생들을 가르칠 교사를 모으는 일도 대단히 어려웠다. 따라서 신자들 가운데서 교사를 구하지 못한 채 신자가 아닌 교사 1명을 초빙하여 1907년 1월 1일부터 학생들을 가르치기 시작하였다. 베르몽 신부는 1908년 학교 이름을 애국 계몽 운동의 성격이 짙은 '태극계명학교'(太極啓明學校)로 바꾸었는데, 교장은 본당의 복사인 송예용(宋禮用, 미카엘), 교사는 박준호(朴準鎬, 요한, 1884~1936)가 각각 맡았다. 학교는 4년제였는데, 낮에는 적령기의 학생들을 가르치고, 밤에는 성인들을 가르쳤다. 이 때문에 '노동야학교'라 불리기도 하였다.

태극계명학교는 1909년 6월에 강상현·이종성 등 2명의 졸업생을 처음으로 배출했지만, 곧 경제적인 어려움에 부딪혔다. 이를 전해 들은 성당 신자들은 자신들의 상여계 곗돈 90여 원을 모두 기부하였고, 인근 마을 신자들도 정성을 모았다. 그리하여 1912년에는 그동안 서당을 개조해 사용하던 학교 건물 대신에 새 건물을 완공하였다. 1908년 12월에는 박준호와 송예용이 경비를 부담하여 태극계명학교 안에 속성과로 측량강습소를 설립하였다. 교사는 이근명과 이명진, 소장은 박준호였다. 계명강습소는 1909년 3월 24일 첫 졸업생 32명을 배출했으나, 당시의 다른 측량강습소들과 마찬가지로 오래 존속하지는 못하였다.

나바위 본당의 베르모렐 신부는 1908년 9월 15일 김두환·서재양·박익래·강인수·박준호 등과 학생들의 애국심을 고취하고 부국강병을 도모하고자 계명학교를 설립하였다. 교장은 김두환, 교감은 박익래, 학감은 서재양, 교사는 이종갑과 이규하 등이었고, 개교 당시 학생 수는 30여 명이었다. 이 학교의 설립 취지는 서재양이 지은 〈애국 권학가〉에 잘 드러나 있다.

아세아주 대한제국　　부상서일 밝아온다
천오백년 밝았더니　　후일천년 밝아오네
절승강산 삼천리오　　변화인민 이천만에
의관문물 좋거니와　　예악법도 더욱좋다
전국상하 동포들아　　희호세계 그만놀고
강구연월 취한꿈을　　다시깨어 진보하야
부국강병 도모하고　　문명사업 하여보세
右七絶愛本國讚揚
어화우리 학도들은　　국민자격 일워보세
수신제가 하온후에　　공익발달 힘을쓰세
총명재덕 배양하고　　충효절의 겸전하야
대순증가 효법하고　　용방비간 표준삼아
충군효부 대의무를　　개인마다 담부로세
일심단체 지극하면　　대사성취 못할손가

분골하고 쇄신토록   애국정신 잃지말세
右七絶은 學徒의 氣像闊達
혁구종신 허다하니   천고변태 이아닌가
동서학문 교과서는   명덕신민 방침일세
중학대학 고등학을   활연관통 졸업하고
팔괘국기 높이들어   육대주에 특립하니
대한일월 명명하고   열강풍운 막막하다
무궁회기 선리화는   천만세에 태평춘을
右七絶은 工業前進

(〈경향신문〉 제116호, 1909년 1월 1일)

　수류 본당의 페네 신부는 1908년 말 무렵 뮈텔 주교에게 학교 설립 계획을 제출하였으나, 응답이 없자 인가를 받지 않은 채 1909년 3월 1일 인명학교(仁明學校)를 개교하였다. 개교 당시 교사 2명에 학생이 80명이었으며, 학교 운영이 순조로워 그해 6월에는 90명으로 늘어났다. 또한 1900년 어은동(지금의 진안) 본당 주임으로 부임한 김양홍 신부는 신자들과 협력하여 1909년 4월 20일에 학부(學部)로부터 정식 인가를 받아 영신학교(永信學校)를 설립하였다. 학교는 개교한 지 1년 만에 학생 수가 65명으로 늘어날 정도로 발전하였으나, 1921년 본당이 진안으로 옮겨지면서 폐교되었다. 한편, 제주도에서는 1909년 11월 라크루 신부가 신성학교(晨星學校)를 설립하고, 학교 운영을 위해 샬트르 성 바오로 수녀회 소속의 한국인 수녀 2명을 초빙하였다.

5) 충청도 지역의 교육기관

1907년 9월 무렵 충청도 합덕 본당의 크렘프(H.J.M. Krempff, 慶元善, 1882~1946) 신부는 일반 교육과 교리 교육을 위해 소합덕(면천군 비방면)에 매괴학교를 설립하였다. 이 학교는 이듬해 6월 14일 입학식을 거행하였고, 1910년에 8명의 첫 번째 수료생들을 배출하였다. 한편 1908년에는 장호원(지금의 감곡) 본당의 부이용 신부도 매괴학교를 설립하였다. 그는 1898년부터 이미 한문을 가르치는 서당을 운영할 정도로 교육 사업에 열성을 보였으나, 그 무렵에는 능력을 갖춘 교사를 구할 수도 없었고, 체계적인 교육 과정도 갖추지 못하였다. 그렇지만 신자들의 수가 계속 늘어나자 이에 고무된 부이용 신부는 1908년 남학생들을 위한 학교를 설립하였으며, 이듬해부터는 여학교의 설립을 추진하였다. 이에 필요한 기금은 본당을 순회하면서 모은 의연금과 학부모들의 찬조금, 그리고 자신이 가지고 있는 돈으로 충당하였다.

그 밖에도 전국에 걸쳐 많은 학교들이 설립되었는데, 〈표 1〉에서 알 수 있듯이 72개 학교 가운데 53개(73.6%) 학교가 1907년 이후에 설립되었다. 그리고 황해도와 평안도 등 서울 이북 지역에 설립된 학교가 전체의 52.8%에 해당하는 38개교를 차지하였다. 당시 충청도·전라도·경상도는 유교적 전통이 여전히 강했던 반면에 서울 이북 지방들은 그렇지 않았기 때문에 상대적으로 근대식 학교의 설립이 수월했을 것으로 여겨진다. 한편 성직자가 설립한 학교는 46개(63.9%)였으며, 이 가운데 한국인 성직자가 설립한 학교는 13개였다. 외국인 성직자가 학교를 설립한 시기는 대부분 1906년 이전이었던 반면, 한국인 성직자와 신자들이 주도하여 설립한 시기는 1907년 이후였다. 특히 김문옥 신부는 황해도 지역에만 6개의 학교를 설립하였다.

〈표 1〉 한말 천주교회에서 설립한 학교

	학교 이름	설립일	학교 소재지	설립 주체	비고
1	인현학교	1882	서울 명동	블랑 신부	계성학교
2	?	1896	함경 원산	베르모렐 신부	
3	?	1897	평남 평양	르 장드르 신부	교장 : 퇴직 관리
4	?	1897	부산	우도 신부	
5	?	1898. 8	황해 재령 본당	르 각 신부	한문 서당
6	봉삼학교 (奉三學校)	1898~1899경	황해 안악 매화동 본당	우도 신부	설립취지 : 국태민안 (國泰民安) 남학생부와 여학생부를 분리
7	제물포 여학교	1899. 8	경기 제물포	마라발 신부	
8	해성재 (海星齊)	1899	경북 대구	로베르 신부	1908년 성립학교 (聖立學校)로 개칭
9	박문학교 (博文學校)	1900. 9. 1	경기 제물포	김교원(金敎源), 강준(姜準) 등 신자	
10	종현여학교	1900	서울 명동	프와넬 신부	계명학교(啓明學校)
11	?	1900	충남 공주	파스키에 신부	무료 공민학교
12	돈의학교 (敦義學校)	1900경	평남 진남포	포리 신부	
13	약현여학교	1900경	서울 중림동	두세 신부	가명학교
14	삼덕의숙 (三德義塾)	1901	경기 화성군 봉담면	알릭스 신부	
15	기명학교 (箕明學校)	1905. 9. 1	평남 평양	르 메르 신부	
16	성모여학교	1906. 5. 1	평남 평양	르 메르 신부	
17	약명학교 (藥明學校)	1906	서울 중림동	두세 신부	

	학교 이름	설립일	학교 소재지	설립 주체	비고
18	삼애학교 (三愛學校)	1906	간도 연길현 용정	신자 장원일	설립취지 : 애주(愛主), 애군(愛君), 애인(愛人)
19	삼흥학교 (三興學校)	1906경	평남 진남포	신자 오일환	영어 야학 안중근이 재정 부담
20	신성학교 (晨星學校)	1907. 1. 1	전북 완주군 승치리	베르몽 신부	1908년 태극계명학교로 개명
21	성의학교 (聖義學校)	1907. 3. 27	경북 김천	김성학 신부	설립취지 : 문화개명, 충군애국, 국권회복
22	삼애학교 (三愛學校)	1907. 4. 17	강원 이천	부이수 신부와 신자들	설립취지 : 애주(愛主), 애군(愛君), 애인(愛人) 교과 : 한문, 일본어
23	소의학교 (昭義學校)	1907. 9	서울		
24	매괴학교	1907. 9월경	충남 면천 비방면 소합덕	크렘프 신부	
25	해성학원	1907	경기 양성군 미리내	강도영 신부	
26	일신학교 (日新學校)	1907	황해 신천군 마명동 공소	우도 신부	
27	창흥학교	1907	강원 평창	신자	설립취지 : 지금 시대에 교육이 급선무
28	모성학교 (慕聖學校)	1907	황해 재령 본당	멜리장 신부	
29	경애학교 (敬愛學校)	1907	황해 장연 본당	김문옥 신부	설립취지 : 보군보국(保君補國)은 경애(敬愛)에 있고, 경애를 개발하는 길은 교육에 있다.
30	독흥학교 (讀興學校)	1907~1908경	간도 화룡현 성교촌	신자	

	학교 이름	설립일	학교 소재지	설립 주체	비고
31	장흥학교 (長興學校)	1907~1909경	황해 장연군 장방골 공소	김문옥 신부	
32	정심학교 (靜心學校)	1907~1909경	황해 장연군 도습동 공소	김문옥 신부	
33	월산학교 (月山學校)	1907	황해 문화군 아현 공소	김문옥 신부	설립취지 : 지식과 덕의 배양
34	대교동학교	1907. 12. 25(음력)	간도 연길현 대교동	학부모 및 지역 유지	교향학교(敎鄕學校)
35	오리동학교	1908 이전	평남 용강군 오리동	신자	
36	숭희학교 (崇熙學校)	1908. 2	황해 수안군 사창 공소	부이수 신부 · 군수 (교장)와 신자들	설립취지 : 학교는 인재 양성의 요람
37	화룡서숙 (和龍書塾)	1908. 3	간도 화룡현 영암촌	신자 김 안토니오	
38	봉양학교 (鳳陽學校)	1908. 7. 29(음력)	황해 봉산군 은파 공소	신자	교장 김영철, 교감 최석우, 학감 장성교 · 이석면, 교사 임봉식
39	계명학교 (啓明學校)	1908. 9. 15	전북 익산 나바위 본당	베로모렐 신부와 신자 김두환, 서재양, 박익래, 강인수, 박준호 등	교장 김두환, 교감 박익래, 학감 서재양, 교사 이종갑 · 이규하
40	명의학교 (明義學校)	1908. 9. 29	강원 이천	루케트 신부와 신자	교장 한세필, 교감 이옥성 설립취지 : 경천애국
41	중흥학교	1908. 11. 15	평남 순안군 평천면	신자들과 평천면 유지들	설립취지 : 애국심이 간절하여 설립
42	태극계명 측량강습소	1908. 12	전북 고산군 되재 본당	신자 송예용 · 박준호	소장 박준호 교사 이근영 · 이영진 태극계명학교 안에 설립
43	매괴학교 (玫瑰學校)	1908	충북 장호원 본당	부이용 신부	
44	명신학교 (明新學校)	1908	황해 송화군 송화 공소	김문옥 신부	

	학교 이름	설립일	학교 소재지	설립 주체	비고
45	영청학교 (永淸學校)	1908	평남 영유군	멩 신부와 신자 강흥일(姜興一)	
46	보성학교 (普盛學校)	1908	평남 용강군 애현	신자	
47	성명학교 (聖明學校)	1908	평남 숙천군	신자 양덕현	성숙학교(城肅學校)
48	영천학교	1909. 1. 31	경북 영천	신자	영천 공소에 설립. 실업계 학교
49	안법학교 (安法學校)	1909. 1	경기 안성	공베르 (A. Gombert) 신부	
50	인명학교 (仁明學校)	1909. 3.1	전북 김제 수류 본당	페네 신부	
51	영신학교 (永信學校)	1909. 4. 20	전북 진안 어은동 본당	김양홍 신부	교장 김양홍 신부 학감 김상현 교사 박현주, 봉연학
52	성의학교 (聖義學校)	1909. 6. 27	김천 본당	김성학 신부	
53	신성학교 (晨星學校)	1909. 11	제주도	라크루 신부	
54	인성학교 (仁成學校)	1909	황해 풍천군	김문옥 신부(감독) 와 신자들	설립취지 : 흠천주, 보국 안민
55	보덕학교	1909	평남 순천군 낙민면	신자	
56	삼덕학교	1909	황해 곡산	신자 유기연 · 김명섭 · 유춘배	
57	보창학교	1909	평남 순천군 선원면	신자	
58	상명학교	1909	충남 홍산군	신자	실업계 학교
59	성림학교	1909	경북 김천	김성학 신부	뮈텔 주교가 1909년 6월 26일 축성

	학교 이름	설립일	학교 소재지	설립 주체	비고
60	?	1909	경북 함창 잣골	신자	비신자도 입학
61	동성학교	1909	평남 숙천군 법리면	오경준 · 오용준 · 오덕제 · 오인규	실업계 학교
62	간도학교	1909	북간도 신명촌	박운철 · 현 바오로	
63	지정여학교 (智貞女學校)	1909	평남 진남포	르레드 신부	
64	해성학교 (海星學校)	1909	황해 봉산군 검수	손성재 신부	
65	광진학교	1909경	충북 청원군 북면	부이용 신부	설립취지 : 학업을 넓히고 문명으로 나아감
66	성모학교 (聖母學校)	1909경	평북 정주군	신흥학교 임원과 신자들	교사 김택현(회장)
67	성지학교 (聖旨學校)	1910. 9	경남 마산	무세 신부	설립취지 : 기도하고 일하라〔숭공(崇工)〕
68	삼위학당 (三爲學堂)	1910	강원 횡성군	정규하 신부	
69	숭공학교 (崇工學校)	1910	서울 백동	사우어 신부	실업학교
70	신양학교 (新陽學校)	1908	경기 행주		〈사립학교령〉에 따라 이전의 본당학교를 신양학교로 개편
71	창동학교	?	강원 평창		교사 김원영
72	해성학교 (海星學校)	?	평남 강서군 오산면		재정이 어려워 지역 유지들이 무료로 교사 지원

2. 교육 내용과 재정

　초기의 근대 학교들은 정해진 교과목이 없었다. 1895년 〈소학교령〉이 반포된 뒤부터 사립학교들도 이 법령에 준하여 교과 과정을 만들고 교육을 하였으나, 반드시 법령에 따르지는 않았다. 1906년 교과서 사용 규정이 제정되면서 민간에서도 많은 교과서들을 제작·사용하기 시작하자, 정부에서는 1908년 〈교과용 도서검정규정〉과 〈학부편찬 교과용도서 발매규정〉을 공포하여 인가받은 교과서를 사용하도록 감독·규제하였다.

　이 시기 천주교회에서 설립한 학교에서 어떠한 교과서들을 사용했는지 현재로서는 확인하기 어렵다. 다만 전라도 되재 본당에서 1907년 설립한 신성학교에서 한글·한문·산수·화학·물리·지리·국사 등을 가르쳤으며, 강원도 이천의 삼애학교(三愛學校)에서 지리·역사·수신·국어·한문·산술·일본어·미술·체조 등을 가르친 사실이 확인된다. 그리고 1910년 2월 무렵 서울의 계성학교에서는 국어·한문·위생·천주교 교리 등을 가르치고 있었다.

　그런데 수신·한문·만국 지리·일본어·체육·이과서(理科書) 등은 대부분 인가받은 교과서를 사용했으나, 역사·지리와 관련된 교과서들은 반드시 그렇지는 않았다. 서울 계성학교의 경우 인가받지 못한 현채(玄采, 1886~1925)의 《고등소학독본》(高等小學讀本)·《대한지지》(大韓地誌) 등을 사용하였고, 장호원의 매괴학교에서도 《동국사략》(東國史略)과 《유년필독》(幼年必讀)을 교과서로 사용하였다. 이처럼 교회도 당시 국권 회복 운동의 분위기 속에서 민간에서 편찬한 인가받지 않은 교과서들을 사용하고 있었다.

　더 나아가 실력 양성의 일환으로 군사 훈련을 겸한 운동회가 자주 개최되기도 하였다. 아래의 기록에서 볼 수 있듯이 이때 태극기를 게양하고서 애국가를 부르거나 만세를 외쳤으며, 운동회가 끝난 뒤에는 연설회를 개최하여 민족의식을 고취하였다. 이처럼 당시 천주교 계통의 학교에서도 다른 사립학교들과 마찬가지로 체육을 강조하였는데, 이는 민족자강과 민족의식을 고취하기 위한 것이었다.

> 이달 16일에 인천항 박문학교 학도들이 영종도에 들어가서 그 섬에 있는 보명학교 학도들과 연합하여 운동하였는데, …매 학도들이 경례한 뒤에 오후 운동을 시작하니, 그 과목은 순회전기(巡廻傳旗)와 접전(接戰)과 각종 체조와 창가 등 여러 가지 가운데 장관은 접전이니, 두 진영이 서로 이기고 진 횟수가 같아 비겼으며, 크고 작은 딱총으로 포성이 진동하고 검은 연기가 하늘에 가득하여 실제로 전쟁하는 모습을 그리다가 덕진이 패하자, 대한 군사가 덕진을 점령하고 태극기를 높이 달고 만세를 부르니 산천이 진동하더라 ('활발훈 쇼식', 〈경향신문〉 1908년 6월 26일자).

한편 교회가 설립한 대부분의 학교들은 재정상의 어려움을 겪고 있었다. 특히 1905년 프랑스에서 정교 분리법이 제정된 이후 프랑스 교회가 위축되면서, 선교 자금이 대폭 줄어들었다. 이 때문에 한국에서 활동하던 파리 외방전교회 선교사들이 추진하던 교육 사업이 차질을 빚을 수밖에 없었다. 반면 이 무렵부터 애국 계몽 운동의 일환으로 전국에 걸쳐 학교 설립이 확산되면서, 한국인 신부들과 신자들이 학교의 설립과 운영에 적극적으로 나서기 시작하였다. 그리하여 설립자들이 소요 재원을 염출하거나 근대 교육에 관심을 가진 신자와 지역 유지들의 찬조로 학교를 운영하였다.

이른바 을사조약이 체결된 후 애국 계몽 운동의 일환으로 전국에 걸쳐 학교 설립이 확산되었다. 1905년에 설립된 기명학교 교사와 학생들.

    1905년 이른바 '을사조약'을 계기로 신식 학교의 설립 열기가 뜨겁게 달아오르면서 평신도 유지들도 학교 설립에 적극적으로 동참하기 시작하였다. 이에 따라 학교당 수용 학생의 숫자도 늘어났다. 1905년에서 1909년 사이에 새로 설립되었거나 신식 학교로 개편된 학교의 수가 60여 개나 되었고, 1910년에는 학교 수 124개, 학생 수 3,048명에 이르렀다. 이는 천주교회의 학교가 종래의 개량 서당 성격에서 벗어나 정규 학교로 정비·발전된 결과였다. 예를 들어 서울의 계성학교와 계명학교는 236명, 가명학교는 185명, 제물포 여학교는 118명, 대구와 평양의 읍내 학교가 각각 135명과 130명으로 학생 수가 증가했던 것이다.

    한편 일본은 한국인들의 국권 회복 운동을 좌절시키기 위해 각종 법령을 제정하기 시작하였다. 교육 운동도 예외는 아니었다. 통감부는 1908년 9월

1일 〈사립학교령〉을 제정·공포하여 모든 사립 교육기관을 규제하기 시작하였다. 이에 따라 정부에서 파견된 시학관(視學官)이 교육 목적·내용·방법은 물론 교원의 임면·학교 재정 등 학교 운영 전반을 철저히 통제·감독하였다.

천주교회가 운영하는 학교들도 이 법령에 의해 정식 인가를 받아야 공식적인 교육 활동을 할 수 있었으며, 또한 교육 면허장을 가진 사람만을 교원으로 채용할 수 있었다. 물론 학교의 입장에서는 이러한 통제 정책에 동조할 수 없었다. 뿐만 아니라 〈사립학교령〉에 명시된 기준에 미달한 경우도 적지 않았다. 따라서 약 1/3 정도의 학교들은 통감부의 인가를 받았지만, 나머지 학교들은 인가받지 못한 채 교육 활동을 계속하였다. 통감부의 자료에 따르면, 1910년 2월 당시 천주교회가 운영하는 학교는 모두 46개로, 실제로 운영되고 있던 124개와 비교하면 약 1/3에 해당하는 것이었다. 인가를 받은 학교만이 통감부 통계에 포함되었기 때문이었다.

3. 여성 교육

1899년 이전까지 서울과 지방에서 교회가 설립·운영하던 교육기관은 모두 남학생들을 위한 교육기관이었다. 그러다가 1899년에 이르러 처음으로 여학생들을 위한 교육기관이 설립되었다. 당시는 여성들의 바깥출입이 자유롭지 못한 때였으나, 수녀들이 교육하고 성당에서 운영하는 학교였기에 부모들은 안심하고 보낼 수 있었다. 여학교는 비록 남학교보다 숫자는 적었지만, 학교의 규모는 훨씬 컸다. 1901년 당시 남학교 1개교의 평균 학생 수가 9명이었던 반면, 여학교의 경우는 평균 20명이었다. 1910년에 이르면 학교의 수도 10개로 늘어나고, 평균 학생 수도 남학교의 두 배인 48명이나 되는 등 비약적인 발전을 거듭하였다.

천주교회 최초의 여성 교육기관은 샬트르 성 바오로 수녀회 소속 수녀들이 1899년 8월 제물포에 설립한 여학교로, 박문학교 여자부의 전신이었다. 1900년 5월 제물포 수녀원에서 뮈텔 주교에게 보고한 아래의 기록에서 볼 수 있듯이 학생 규모는 30명 내외였으며, 한글·한문·산술·지리·읽기·쓰기·바느질, 그리고 신자가 아닌 학생들에 대한 교리 교육 등을 실시하였다.

> 지난(1899년) 8월 우리는 여자 통학학교를 시작하였는데, 현재 학생 수가 30명 정도 됩니다. 그 가운데 거의 절반은 외교인들입니다. 학생들은 읽기와 쓰기, 바느질을 배웁니다. 외교인들은 교우들처럼 문답과 기도문〔경문〕도 배우고 있습니다.

교회의 여학생 교육은 1900년에는 종현 본당과 약현 본당에서도 이루어졌다. 종현 본당의 여학교도 제물포 여학교의 교육 내용과 비슷하였을 것이다. 학교 운영은 대부분 샬트르 성 바오로 수녀회의 수녀들이 맡았다. 그러나 여전히 여성 교육에 대한 편견 때문에 남학교만큼 활성화되지 못하였고, 또 1904년 러일전쟁의 발발로 일본군이 서울에 주둔하면서 여학생들의 바깥출입이 어려워지자 일시적으로 휴교하기도 했다.

조선 통감부가 1906년 8월 〈보통학교령〉을 제정하여 소학교를 4년제의 보통학교로 개편하자, 종현의 남·녀 학교는 신식 교육기관으로 개편되었다. 그 결과 남학교와 여학교가 전보다 더 활성화되었다. 아울러 1908년에는 샬트르 성 바오로 수녀원 안에 여학생 기숙사가 세워짐으로써 종현의 여학교는 지방의 여학생들도 수용할 수 있게 되었다. 여성들의 바깥출입이 쉽지 않았던 당시의 상황을 감안할 때 기숙사를 마련했다는 사실은 우리나라 여성 교육의 측면에서 선구적인 일로 평가할 수 있다.

그리고 아래의 기록에서 볼 수 있듯이 당시 여학교에서는 국문 · 한문 · 지리 · 산술뿐만 아니라 여성에게 필요한 실용 기술도 가르쳤다. 또한 서양의 지식 가운데 여성에게 유익한 것도 가르쳤다.

> 서울〔京〕 종현 수녀원에 여학교를 세웠는데〔設施〕, 국문과 한문과 지지(地誌)와 산술과 여인에게 요긴한 각종 재주를 가르치고, 선생이 프랑스〔法國〕 여교사와 우리나라〔大韓〕 여교사인즉 우리나라 것과 서양 것 중에서 우리나라 여인에게 유익한 일을 가르치겠고, 또 우리나라 좋은 풍습은 조심하여 잘 보존케 하겠고, 학교에서 숙식하지 않으면 종이와 필기도구〔紙筆〕밖에 스스로 부담하는 비용〔自費兩〕이 없고 학교에서 숙식하면 달마다 월사금 2환만 낼 것이오('종현 당가수녀 스다니스라오 고백', 〈경향신문〉 1908년 6월 12일자).

한편, 1900년 6월 5일 제주 본당에 부임한 라크루 신부는 특히 교육을 받을 기회가 적은 여자아이들에게 관심을 기울였다. 그리하여 1903년 이전부터 학생 수 20여 명의 소규모 여학당을 운영하기 시작하였다. 그러다가 1909년 사제관 인근의 건물을 학교 교사와 수녀원으로 개조하여 여성들을 위한 5년 과정의 '신성여학교'(晨星女學校)를 개교한 뒤 10월 18일에 인가를 받았는데, 이 학교는 제주도 최초의 근대식 사립학교였다. 학교 이름 '신

⟨표 2⟩ 천주교회가 설립·운영한 연도별 학교 현황(1882~1910년)

연도	본당 수	학교 및 학생 수		합계	본당별 학교 비율
		남학교(학생) 수	여학교(학생) 수		
1882~1883	·	1 (11)	·	1 (11)	·
1889~1890	13	17 (176)	·	17 (176)	1.31
1891~1892	18	28 (188)	·	28 (188)	1.56
1893~1894	18	40 (293)	·	40 (293)	2.22
1895~1896	19	21 (204)	·	21 (204)	1.11
1897~1898	28	35 (329)	·	35 (329)	1.25
1899~1900	35	59 (481)	·	59 (481)	1.69
1901~1902	48	50 (544)	3 (79)	53 (623)	1.10
1903~1904	48	73 (648)	2 (45)	75 (693)	1.56
1909~1910	54	114 (2,573)	10 (475)	124 (3,048)	2.30

김경이·조영관, ⟨한국 가톨릭 교육 사업⟩, 《한국가톨릭대사전》 12, 한국교회사연구소, 2006, 9357쪽에서 인용.

성'은 '새벽 하늘에 빛나는 별' 또는 '길 잃은 자들을 인도해 주는 성모 마리아의 별'이라는 뜻이었다. 라크루 신부는 학교의 인가를 받자마자 샬트르 성 바오로 수녀회에 교사 수녀의 파견을 요청하였으며, 그해 11월 28일 김 아나타시아 수녀와 이 곤자가 수녀가 교사로 부임하였다.

신성여학교는 한문·국문·산술·이과·수신(修身)·지리·역사·창가(음악)·수예·편물·일본어와 교리 문답 등을 가르쳤으며, 주민들로부터 호응을 받아 개교 직후 40여 명에 불과했던 학생 수가 1910년에는 50여 명, 1912년에는 60여 명으로 늘어났다. 라크루 신부는 1910년 초부터 새로운 학교 건물을 확보하기 위해 노력하였고, 그 결과 병문골(지금의 제주시 삼도 2동) 소재의 향청(鄕廳)을 매입하여 학교의 기틀을 닦았다.

제2절 출판 활동과 언론 활동

1. 출판 활동

1) 목판 인쇄소의 설립

1854년 제4대 조선 대목구장으로 임명되어 1856년 3월 29일 서울에 도착한 베르뇌 주교는 이듬해 3월에 조선교회 최초의 성직자 회의를 개최하여 선교사들의 행동 규칙과 활동 계획, 그리고 신자들이 지켜야 할 사항들을 결정하였다. 이를 계기로 조선 천주교회는 새로운 성장의 발판을 마련할 수 있었으며, 이후 신자들의 숫자도 날로 늘어났다. 당시 조선교회에서 가장 긴급하고 필요한 일은 신자들에 대한 교육이었다. 그러나 선교사들의 수가 너무 부족한데다가 교리서 등과 같은 서적들도 거의 없다시피 하여 교육 사업을 제대로 추진할 형편이 되지 못하였다. 이러한 상황 속에서 선교사들은 사목을 하는 중에도 틈을 내어 신자들이 사용할 교리서·기도서·신심 서적 등을 저술하였다. 그렇게 함으로써 선교사들이 직접 신자들을 교육시킬 수 없는 부분들을 메우고자 하였다.

그런데 단순히 이러한 서적들을 저술한다고 신자 교육 문제가 해결되는 것은 아니었다. 저술된 서적들을 보다 많이 간행하고, 또 널리 보급해야만 하였다. 그래서 1861년에 인쇄소를 설립하여 많은 서적들을 간행하기 시작하였다(《한국천주교회사》 3, 2010, 221~225쪽 참조). 이때 간행된 서적들은 한글로 인쇄되었는데, 한글은 10세 이전의 아동이라도 쉽게 배우고 익힐 수 있었기 때문이었다. 이처럼 한글로 된 서적들을 통해 천주교의 교리를 익히는 신자들이 늘어났으며, 한글을 모르던 신자들도 이 서적들을 보기 위해 한글을 공부할 수밖에 없었다. 그런 점에서 목판 인쇄소는 당시 천주교 신자들의 신앙심 고양과 의식 향상에 커다란 기여를 하였다.

2) 성서 활판소의 설립

활발하게 전개되던 천주교회의 출판 사업은 1866년의 병인박해로 다시 침체에 빠졌다. 다블뤼 주교의 《한한불자전》(韓漢佛字典)과 《동국역대》(東國歷代), 푸르티에 신부의 《조선어연구》(朝鮮語研究)와 《한한라사전》(韓漢羅辭典), 그리고 프티니콜라(M.A. Petitnicolas, 朴德老, 1828~1866) 신부의 《나한사전》(羅韓辭典) 등 많은 서적들이 압수·소각되었다.

한편 병인박해를 피해 중국으로 탈출했던 리델 신부가 1869년 제6대 조선 대목구장으로 임명되었다. 그는 다시 조선으로 입국하기 위해 준비하는 동안 상해와 만주의 차쿠 등지에서 관련 자료들을 수집하여 《한불자전》(韓佛字典, Dictionnaire Coréen-Français)과 《한어문전》(韓語文典, Grammaire Coréenne)의 편찬을 준비하였다. 이 책들은 장차 조선에 입국할 선교사들을 위한 사전과 문법서였다. 리델 주교가 다른 선교사들과 최선일·김여경(프란치스코)·권치문 등의 도움을 받아 거의 완성시켜 나갈 무렵인 1876년 코스트 신부가 조선 대목구의 선교사로 임명되었다. 이에 리델 주교는 선교 활동에 전념하기 위해 그에게 《한불자전》과 《한어문전》의 원고를 넘겨주며 작업을 일임하였다.

1877년에 다시 조선에 입국한 리델 주교는 신자들에게 교회 서적들을 보급하기 위하여 인쇄소의 설립을 추진하였다. 우선 집과 기계를 구입하고는 인쇄공을 구하였으며, 간행할 책들을 모으는 등 1878년 1월 26일에 모든 준비를 완료하였다. 그러나 이 계획은 이틀 뒤 리델 주교가 체포되어 추방됨으로써 실행되지 못하였고, 수집한 모든 서적들은 포도청에서 압수하여 소각하였다. 그렇지만 이후에도 신자들에게 보급하기 위한 서적 출판 노력은 계속되었다. 블랑 신부가 인쇄소 운영에 필요한 자금을 지원하고, 최우정(崔禹鼎, 바실리오)이 인쇄소 운영을 맡았다. 이 인쇄소에서 1882년 2월 이전에 《천주성교공과》(天主聖敎功課) 제2권 500부를 간행하였고, 《신명초행》(神命初行)과 《셩교예규》도 1884년 5월 이전에 간행하였다. 이후 리델 주교의 뒤를 이은 블랑 주교는 조선에서의 출판 사업을 중지하고, 대신 코스트 신부가 일본에서 운영하던 인쇄소에서 필요한 책들을 간행하기로 하였다. 그렇지만 일본에서 간행한 책들을 조선으로 운송하는 데 많은 비용이 들었기 때문에 일본의 인쇄소 자체를 서울로 옮기는 방안이 대두되었다.

한편, 코스트 신부는 1878년 4월 《한불자전》과 《한어문전》의 원고를 가지고 중국에서 일본으로 건너가 요코하마 인쇄소에서 이를 간행하려고 하였다. 그러나 그는 그 무렵까지 조선어에 익숙하지 못하여 결국 요코하마에 온 리델 주교의 도움을 받아 원고를 완성할 수 있었고, 레비(Lévy) 인쇄소에서 1880년에 《한불자전》을, 이듬해 5월에 《한어문전》을 각각 간행하였다. 이후 코스트 신부는 요코하마와 도쿄에 머물면서, 요코하마에 활판 인쇄소를 설립하여 《신명초행》과 《천주성교공과》를 간행하였다. 그 밖에 《진교절요》·《천주성교십이단》·《백주교 편지》·《인애회》·《성교감략》·《회죄직지》 등도 이곳에서 간행하였다.

그 뒤 코스트 신부는 나가사키에 거주할 건물을 정하고, 인쇄 기기들을 옮기는 등 모든 이사를 마치고 1881년 11월 6일 정착하였다. 이는 나가사키에 조선 대목구의 경리부를 설치하고 조선의 인쇄소를 병행하여 운영하려는 리델 주교의 지시에 의한 것이었다. 나가사키로 이전한 인쇄소는 '성서 활판소'(聖書活版所)라는 이름을 갖게 되었다. 요코하마에서 출간된 책들이 인쇄 시설을 갖춘 다른 인쇄소에 맡겨져 간행된 것이었다면, 나가사키의 인쇄소는 책의 출판과 관련된 전 과정을 자력으로 해결해 나갈 수 있는 체계를 갖춘 것이었다. 활자와 인쇄방식을 최신식으로 갖추었을 뿐만 아니라 인쇄공을 고용하여 조선 천주교회의 출판 역사에 새로운 장을 열었다. 이로써 그동안 신자들이 사용하던 목판이나 필사 형태의 책들은 사라지고 활판으로 깨끗하게 인쇄된 교리서와 기도서 등의 교회 서적 공급이 가능해졌다.

코스트 신부는 계속해서 언문 자모를 추가로 만들어 비치하였고, 4권으로 된 《텬주성교공과》의 간행에 착수하였다. 1882년에는 《성찰기략》(省察記略)을, 1883년에는 《진교절요》(眞敎切要, 성교절요)·《성교감략》(聖敎鑑略, 2책)·《령세대의》(領洗大義)·《회죄직지》(悔罪直指)를, 1884년에는 《텬당직로》(天堂直路)·《쥬년첨례광익》(周年瞻禮廣益, 4권)·《성교백문답》(聖敎百問答)을, 이어 1886년에는 《성교요리문답》(聖敎要理問答)을 각각 간행하였다.

1885년 10월 무렵 블랑 주교는 나가사키의 경리부를 폐쇄하고, 인쇄소의 인원과 집기들을 서울로 옮기기로 결정하였다. 이 인쇄 시설들은 통관될 때 세관에 억류되는 어려움을 겪기도 했지만, 독일 공사의 도움으로 1886년 2월 이전에 되찾을 수 있었다. 이러한 가운데 코스트 신부는 1885년 11월 15일 서울에 도착하여, 인쇄 시설을 설치하고 인쇄 작업을 진행하였다. 그 결과 1886년 7월 이전에 활판 인쇄 작업을 시작하여 《성샹경》을 간행하였고, 이듬해에는 《셩모셩월》·《셩요셉셩월》·《쥬교요지》·《텬쥬셩교예규》 등 많은 서적들을 간행하였다.

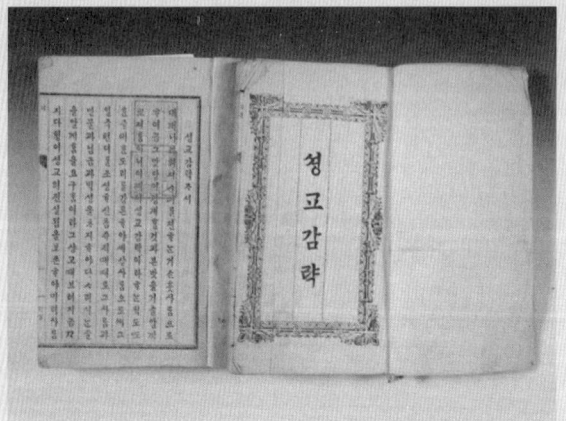

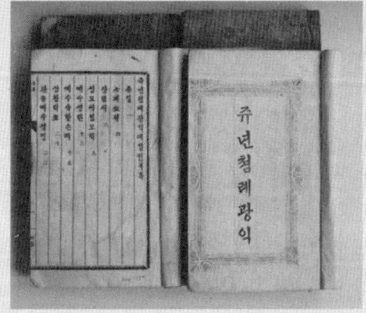

나가사키의 '성서 활판소'는 활자와 인쇄방식을 최신식으로 갖추는 등 조선 천주교회의 출판 역사에 새로운 장을 열었다. 이로써 신자들은 활판으로 깨끗하게 인쇄된 교리서와 기도서 등의 교회 서적을 접할 수 있게 되었다. 《성교감략》, 《주년첨례광익》, 《진교절요》(오른쪽 위부터).

조불조약의 체결과 성서 활판소의 서울 이전으로 교회의 출판 활동은 더욱 활성화되었다. 1888년 12월에는 인쇄소를 정동에서 종현으로 이전하였으며 이전에 간행한 목판본들을 다시 활판으로 펴냈다. 1907년에 간행된 《천주성교공과》 활판본.

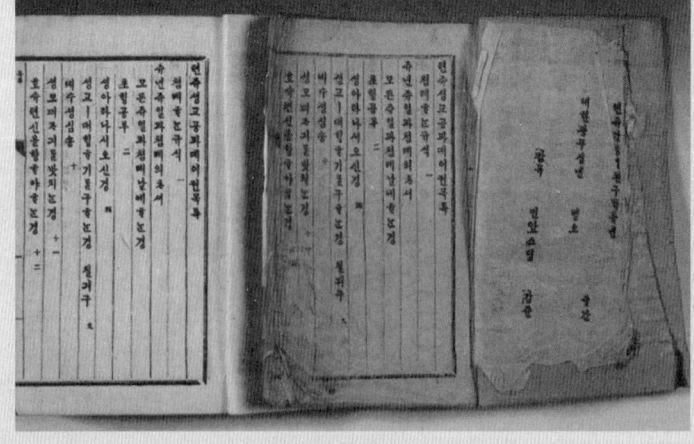

3) 신앙의 자유와 출판의 활성화

1886년 조불수호통상조약이 체결됨에 따라 프랑스인 선교사들은 조선 정부에서 발급해 주는 호조만 가지고 있으면 구체적인 여행 목적을 밝히지 않더라도 전국 어느 곳이라도 여행할 수 있었다. 그러나 지방에는 천주교에 대한 적대적인 분위기가 여전히 남아 있는데다가 선교사들도 조선어의 사용에 익숙하지 못하여 직접적인 선교 활동이 어려웠다. 이런 까닭에 선교사들은 '매서인'(賣書人) 또는 '권서인'(勸書人)이라 불리는 서적 판매인들을 통해 천주교 서적들을 유포시키면서 선교하는 간접적인 방식을 활용할 수밖에 없었다.

이런 사정으로 천주교 서적들을 간행할 인쇄소 설립 문제에 많은 관심을 가졌고, 마침내 블랑 주교는 나가사키의 성서 활판소를 서울 정동에 있던 프와넬 신부의 사택 별채(지금의 이화여중 앞)로 이전시켰다. 이로써 한국 최초의 근대적 출판사가 설립되었다. 이때 일본에서 가져온 대·중·소의 세 가지 조선어 활자는 최선일의 글씨를 본떠 만든 납 활자가 아니라 아마도 코스트 신부와 함께했던 신자의 글씨체였을 것이다. 그러나 이 활자는 분명히 최초의 근대식 조선어 활자였다. 이와는 별도로 블랑 주교는 홍콩의 파리 외방전교회 극동 대표부에 있는 나자렛 인쇄소에서 정하상이 작성했던 〈상재상서〉(上宰相書)를 1887년에, 《나선소사전》(羅鮮小辭典)을 1891년에 각각 간행하였다.

조불조약의 체결과 성서 활판소의 서울 이전으로 교회의 출판 활동은 더욱 활성화되었다. 1888년 12월에는 인쇄소를 종현의 2층 목조 건물(지금의 명동 성당 주교관 북쪽)로 옮겨 이전에 목판본으로 간행되었던 각종 교리서들을 이곳에서 활판으로 다시 간행하였다. 뿐만 아니라 1906년 10월부터 〈경향신문〉(京鄕新聞)과 부록 〈보감〉(寶鑑)을 인쇄하기 시작했으며, 1907년에는 《텬쥬셩교공과》를 간행하였다. 이보다 앞서 블랑 주교는 1887년에 《조선교회 관례집》을 간행하였다.

그렇지만 출판 활동에 가장 적극적이었던 사람은 제8대 조선 대목구장 뮈텔 주교였다. 그는 1880년 조선에 입국한 직후부터 순교자들에 관한 증언을 비롯한 각종 자료들을 수집하고 정리하는 일에 열성적이었다. 1895년에는 병인박해 순교자들의 명단과 약전을 수록한 《치명일긔》를, 1905년에는 기해박해 순교자들의 순교 사적을 조사·기록한 《긔히일긔》를 각각 간행하였다.

그 밖에도 1892년에서 1897년 사이에 그동안 필사본으로 전해오던 주일미사용 발췌 성서인 《셩경직히》를 9권으로 간행하여 대대적으로 보급하였고, 《상뎨진리》(1891)·《일과절요》(1897) 등과 같은 교리서·신심 묵상서·성인전·전례서 등을 간행하였다. 블랑 주교가 재임했던 시기(1884~1890) 동안 간행된 교리서가 4종이었던 데 비하여 뮈텔 주교가 부임한 이후부터 1911년 사이에 간행된 교리서는 10종이나 되었다. 이처럼 교리서가 급증하였던 것은 신자들이 늘어났기 때문이었을 것이다. 이에 따라 성서에 대한 관심도 자연스럽게 높아지고 있었다.

4) 《쇼셩경》의 간행

19세기 후반기 개항 이후의 조선사회에서는 신앙의 자유가 신장되고 있었다. 이 과정에서 프로테스탄트 선교사들은 조선에서의 선교를 시도하였다. 성서 번역에 큰 관심을 갖고 있던 그들은 1887년 《예수성교전서》라는 이름으로 신약성경을 완간하였다. 이때 간행된 성경을 '로스 본'(Ross 本)이라고 하는데, 이 번역은 이응찬(李應贊)을 비롯한 조선인들이 한문본 성서를 번역한 것을 스코틀랜드 장로교 선교사인 로스(J. Ross, 1842~1915)가 그리스어 성서, 흠정영역성서(欽定英譯聖書)를 참조하여 수정한 것이었다. 이 성서는 묄렌도르프 등의 협조를 얻어 인천항을 통해서 조선에 밀반입되어 배포되었다.

한편 일본에서는 임오군란 뒤 일본에 건너간 이수정(李樹廷, 1842~1886)이 마르코 복음서를 번역하였다. 프로테스탄트 선교사 언더우드나 아펜젤러(H.G. Appenzeller, 1858~1902)는 이수정이 번역·간행한 복음서를 갖고 조선에 선교하기 위해서 입국하였다. 선교사가 처음으로 파견되면서 그 나라 말로 된 성경을 가지고 입국한 경우는 전무후무한 일일 것이다. 프로테스탄트 선교사들이 한글본 신약성경 완역본을 다시 간행한 때는 1904년이었다. 그동안 프로테스탄트 선교사들은 17년에 걸쳐 성경 번역 작업을 추진했고, 우선 신약성경을 완간하였다. 1911년에는 한글본 구약성경이 간행되었다.

이에 비해 천주교회가 신약성경의 네 복음서를 한글 완역본으로 간행한 때는 1910년이었는데, 《ᄉᆞᄉᆞ성경》이 그것이었다. 사실 한국 천주교회는 그동안 디아즈(E. Diaz, 陽瑪諾, 1574~1659) 신부의 《성경직해》(聖經直解)를 번역한 《성경직ᄒᆡ광익》 이후 본격적인 성서를 번역·간행하지 못하였다. 그러다가 1883년 블랑 주교가 신·구약 성서의 주요 부분들을 발췌하여 번역한 《성교감략》(聖敎鑑略)이 활판본으로 간행되었다. 1892년 이전에는 《성경 마두》·《성경 말구·누가》·《성경 슈난》·《성경 요안》 등이 필사되었으며,

1896년에는 《고신성경문답》·《고경》(古經)·《고성경》 등이 번역·필사되었다. 그러나 계속되는 박해로 제대로 된 성서의 번역·간행은 엄두를 낼 수 없었다.

마침내 뮈텔 주교는 1906년 초 네 복음서를 한글로 번역할 계획을 수립한 다음, 4명의 한국인 성직자들에게 이를 위임하였다. 그 가운데 마태오 복음서의 번역을 맡은 홍병철 신부는 7월 7일에 번역을 마쳤고, 이어 손성재(孫聖載, 야고보, 1877~1927) 신부와 김문옥 신부도 자신들이 맡은 부분의 번역을 완료하였다. 반면 한기근 신부는 담당한 분량도 많았던데다가 이미 《예수진교사패》(耶蘇眞敎四牌)를 번역하던 중이었기 때문에 7월 이후에야 복음서의 번역에 착수할 수 있었다.

그렇지만 한기근 신부는 라틴어 실력을 인정받아 이후 마르코·루카·요한 복음서의 역주와 네 복음서 전체의 교열을 맡았다. 《ᄉᆞᄉᆞ성경》을 간행할

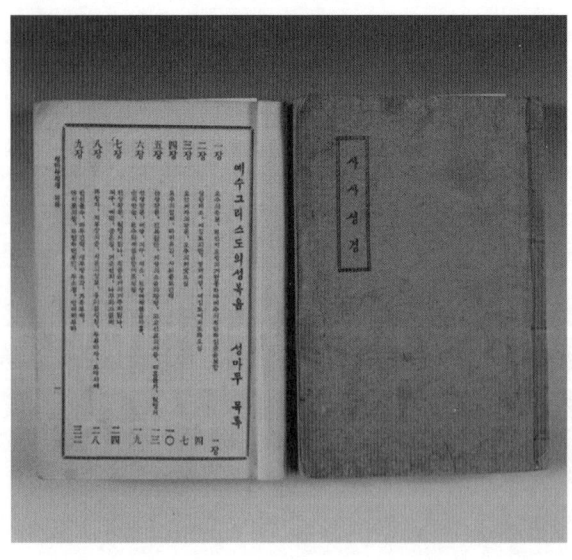

조선 천주교회가 신약성경의 네 복음서를 한글 완역본으로 간행한 때는 1910년이었다. 이때 간행된 《ᄉᆞᄉᆞ성경》은 한국 천주교회의 성서 번역사를 연구하는 데 대단히 중요한 자료일 뿐만 아니라 당시의 한글을 연구하는 데도 빼놓을 수 없는 자료이다.

때 그가 역주자로 기록된 것은 바로 이 때문이었다. 1909년 무렵 한기근 신부가 역주 작업을 완료하자, 뮈텔 주교는 같은 해 10월 무렵부터 1910년 7월까지 모든 역주 교열 작업을 마쳤다. 그리하여 그해 12월 중순 무렵 뮈텔 주교의 감준으로 성서 활판소에서 초판이 출간되었다. 번역 대본은 라틴어판 불가타(Vulgata) 역본으로 추정되며, 이 밖에도 다른 유럽어판 성서가 이용되었던 것으로 여겨진다. 초판은 근대적 활판 인쇄술을 이용하여 양장본과 한장본 두 종류로 간행하였는데, 그 내용은 속표지 1면, 간지 1면, 본문 445면으로 구성되었다.

《ᄉᆞᄉᆞ성경》은 번역할 때 원문의 자구(字句)를 그대로 전달하고자 했으며, '파스카'(Pascha) · '사바툼'(Sabbatum) 등과 같이 신자들에게 익숙한 히브리어는 번역하지 않았다. 그리고 성서 구절에 대한 '풀님', 즉 주해는 같은 내용이더라도 각각의 복음서마다 따로 첨부하고자 했다. 그렇지만 교열하는 과정에서 이러한 원칙은 상당히 변경되었다. 예를 들면, 안식일을 의미하는 '사바툼'을 '파공날'[罷工日]로 바꾸었던 것이다. 그리고 한문본의 내용을 참조하여 새로 작성하거나 그 내용을 그대로 옮겼는데, 한글본 '풀님'의 분량은 한문본보다 적은 경우가 대부분이었다. 한기근 신부는 처음에 독자들을 위해 띄어쓰기와 맞춤법 등을 정하여 적용하려고 했지만, 실제로 그렇게 하지는 않았다. 그럼에도 불구하고 《ᄉᆞᄉᆞ성경》의 초판본은 조판 과정에서 요한 복음서 17장 4~5절에서 오자가 나온 것 말고는 큰 오류가 없었다.

초판이 나온 이후 《ᄉᆞᄉᆞ성경》은 교회 안에서 널리 이용되었다. 특히 1892~1897년 사이에 간행된 《성경직히》처럼 부분 번역이 아니라 완역본이었다는 점에서 커다란 호응을 얻었다. 이후 1971년 《공동번역 신약성서》의 간행으로 보급이 중단될 때까지 《ᄉᆞᄉᆞ성경》은 약 60년 동안 일곱 차례에 걸쳐 판본을 거듭하면서 유일한 신약성서 완역본으로 널리 이용되었다. 《ㅅㅅ성경》은 한국 천주교회의 성서 번역사를 연구하는 데 대단히 중요한 자료일 뿐만 아니라 당시의 한글을 연구하는 데도 빼놓을 수 없는 자료이다.

2. 언론 활동

1) 〈경향신문〉의 간행

1905년 이른바 '을사조약'의 강제 체결 이후 국권 회복을 부르짖으면서 한편으로는 의병들이 일어나 무력 항쟁을 전개하였고, 다른 한편으로는 민족의 실력 양성을 통한 국권 회복을 추구하는 애국 계몽 운동이 확산되었다. 애국 계몽 운동은 신교육 구국 운동, 언론 계몽 운동, 민족산업 진흥 운동, 국채 보상 운동, 국학 운동, 민족 종교 운동 등 다양한 분야에서 다양한 형태로 전개되었다.

이에 부응하여 천주교회에서도 1906년 상반기에 신문을 창간할 것을 결의하고 그해 10월 19일자로 〈경향신문〉(京鄕新聞)을 종현 본당에서 창간하였다. 서울 사람들뿐만 아니라 지방 사람들도 이 신문을 보았으면 하는 바람에서 신문의 이름을 '경향'(京鄕, Urbi et Orbi)이라고 하였다. 신문은 타블로이드판 4면으로 하되, 국판 8면의 〈보감〉을 부록으로 더하여 모두 12면의 순한글판으로 간행하였다. 1907년 10월 18일 제53호부터는 제호를 세로쓰기에서 가로쓰기로 바꾸고, 판형도 47.5×32cm로 바꾸었다.

신문의 발간을 결의했을 때 드망즈 신부는 "건전한 가르침의 전파자가 되어 올바른 생각을 일으켜주고, 진리의 원수들이 출판물을 통하여 퍼뜨리는 거짓 지식을 바로 잡아주며, 필요하다면 참된 가르침을 변호하는 것"이 목적이라고 하였다. 이러한 〈경향신문〉의 간행 목적은 창간호의 논설 '경향신문을 내는 본뜻이라' 에 잘 드러나 있다.

> 경향신문을 낼 까닭이 네 가지 있으니 …그 하나는 대한(大韓)과 다른 나라의 소문을 드러냄이니 …모든 지방의 소식을 각 지방과 먼 산골까지라도 전해 줄 것이니 …또한 관보(官報) 중에서 백성에게 관계있는 조목을 가려 알게 할 것이오. 또 장사와 농사와 각 생업의 유익한 소문을 전하여 줄 것이니, 이 신문을 보시는 이들도 본국(本國)의 알 만한 것을 다 알 수 있게 하고, …그 둘은 관계있는 소문의 크고 작음을 판단함이니 …무익하고 해로운 거짓 소문이 나는 때면 우리 신문이 특별히 옳고 그름을 밝힐 터이오. …나라와 백성 사이에 상관되는 일에 무엇이 믿을 것인지 일러주고 믿을 까닭까지 밝혀주어 대한 백성의 유익을 도모하겠노라. 그 셋은 꼭 필요하고 중요한 지식을 나타냄이니, 어느 나라 백성이든지 좋은 지식을 알면 그 나라도 유명해지니 …그 넷은 유식한 사람과 무식한 사람과 남녀노소 · 가난한 사람과 부유한 사람이 다 알아듣기 쉬운 신문을 드러내고자 함이니 …이 신문에는 한문(眞書)이나 어려운 말을 쓰지 않고 순전히 한글(諺文)로 쉽게 알아듣도록 말하니, 유식한 사람도 쉽게 보고 무식한 사람 알아보기 쉽겠소(〈경향신문〉 1906년 10월 19일자).

이처럼 '참된 개화' 의 방향을 제시함으로써 당시 활발하게 전개되던 애국 계몽 운동에 부응하고, 천주교 신자들에게 올바른 교리 지식과 시사 문제들을 알려 주고자 하였던 것이다. 이를 위해 무엇보다도 편집에서 정교 분리의 원칙을 내세움으로써 정치 불간섭주의를 표방하였다. 그리고 사람

〈경향신문〉 창간호. 이 신문은 '참된 개화'의 방향을 제시함으로써 당시 활발하게 전개되던 애국 계몽 운동에 부응하고, 천주교 신자들에게 올바른 교리 지식과 시사 문제들을 알려 주려는 목적으로 창간되었다.

들에게 유익한 내용을 선별하는 데 주안점을 두었으며, 신자들뿐만 아니라 일반인들이 쉽게 읽을 수 있도록 한글 표기를 채택하였다. 그 결과 〈경향신문〉은 발간되자마자 천주교회 안팎의 많은 독자들을 확보하여 1907년에는 정기 구독자가 무려 4,200여 명에 달하였다. 당시 발행 부수도 적었으며 단명했던 대부분의 신문들과는 달리 〈경향신문〉은 이러한 구독자들을 배경으로 비교적 오랜 기간 동안 간행할 수 있었고, 한때는 국내의 신문들 가운데 가장 많은 발행 부수를 자랑하기도 했다.

〈경향신문〉의 발행인 겸 편집자는 드망즈 신부였는데, 당시 한국인이 발행인으로 되어 있는 신문들은 조선 통감부의 사전 검열을 받았기 때문에 이를 피하고자 프랑스인 신부를 사장으로 내세웠던 것이다. 한편, 창간 당시부터 김원영 신부가 한국어에 서툰 드망즈 신부를 대신하여 편집 실무를 담당하였고, 이건수(바오로)가 기자로 활동하였다. 또한 법률과 외국어에 능통한 강화석과 김조현(金祚鉉) 등이 편집에 협력하였으며, 전국 각지에서 신부들과 신자들이 지방의 소식을 전해 주는 한편, 신문의 보급에도 많은 도움을 주었다.

2) 〈경향신문〉의 내용

〈경향신문〉은 무엇보다도 먼저 정치와 종교의 분리를 내세우면서, 정치에 간여하지 않을 것임을 천명하였다. 그 때문인지 당시의 다른 신문들보다 정치에 대한 기사가 상대적으로 적었다. 그렇지만 전혀 도외시한 것이 아니라 당시의 정치적 상황과 관련된 문제에 대해서 기사나 논평도 실었다. 그것은 천주교 신자들이 세상 속에서 살고 있고, 또한 신문의 사명을 다하기 위해서였다. 따라서 〈경향신문〉이 정치에 간여하지 않겠다고 하였던 것은 당시 일본의 조선 침략과 관련하여 대립하지 않고자 하였던 것이다. 국채 보상 운동에 대한 〈경향신문〉의 태도에서 그러한 면을 살필 수 있다. 당시 〈대한매일신보〉를 비롯하여 〈황성신문〉·〈제국신문〉 등이 이를 대대적으로 보도하면서 여론을 주도하였던 반면, 〈경향신문〉은 국채 보상 의연금을 접수하고는 있었지만 소극적이었다.

한편, 〈경향신문〉은 국민에게 '유용한 지식'을 보급하는 것을 표방하였다. 아울러 한글의 전용도 〈경향신문〉의 편집 방침이었다. 비록 독자들의 기고문에는 국한문도 포함되어 있었지만, 신문사 자체에서 작성한 논설이나 기사는 순한글이었다. 이는 교육을 제대로 받지 못한 계층도 읽을 수 있도록 하기 위함이었다. 이러한 편집 방침을 통하여 〈경향신문〉은 천주교회의 기관지 역할뿐만 아니라 공공 보도기관으로서의 역할도 소홀히 하지 않았음을 알 수 있다.

〈경향신문〉의 기사들을 분석해 보면, 뉴스 등을 다룬 '시사적인 내용'·소설이나 재담(才談) 등과 같은 '흥미 있는 이야기'·농상공론이나 경제학론 등과 같은 '일반 상식이나 생활에 필요한 지식'처럼 여러 분야에 관심을 가지고 있었음을 알 수 있다. 이처럼 〈경향신문〉은 단순한 일반 시사 신문으로서의 역할뿐만 아니라 독자들에게 흥미를 주고, 또한 국민생활에 편의와 유익함을 주고자 하였다. 이는 천주교회가 시사적인 문제에도 관심이 많았지만, 일반 국민에게 유익한 정보를 제공하였고, 더 나아가 국민 계몽을 선도하고자 했기 때문이었다.

〈경향신문〉의 논설은 당시 가장 영향력이 있었던 〈대한매일신보〉에 여러 차례 전재되기도 하였다. 그만큼 〈경향신문〉의 논설이 주목을 끌었던 것이다. 전재되었던 〈경향신문〉의 논설은 모두 11편이었는데, 그중 9편이 1907년 8월부터 10월 사이에 전재되었다. 그리고 내용은 대체로 일본군의 의병 토벌과 관련된 것이거나 개화에 관한 것이었다(〈표 3〉 참조).

〈경향신문〉은 200편의 논설을 통하여 개화·교육·법률·의병·일본·위생·이민·과학·농사·행정개혁·종교·신문·회사 등을 주제로 게재하였는데, 무엇보다 정치 불간섭을 내세우면서도 정치 문제와 관련된 내용들, 특히 의병과 일본에 관한 내용들을 적지 않게 다루었다. 물론 〈경향신문〉은 의병의 봉기가 현실적인 정세를 파악하지 못하여 실효성 없이 희생만 당하고 있다고 주장하였다. 일본에 대한 인식도 일본이 한국보다 먼저 개화하였으므로 일본의 지도로 개화해야 한다고 보았다. 그렇지만 동시에 일본인과 일본군의 만행을 비난하는 기사도 적지 않게 게재하였고, 일본의 개화를 '병신개화'(病身開化)라 전제하며 일본의 행실이 좋지 않다고 지적하였다.

〈표 3〉〈대한매일신보〉에 전재된 〈경향신문〉의 논설 일람

	〈경향신문〉		〈대한매일신보〉	
	게재 연월일	논설 제목	게재 연월일	논선(별보) 제목
1	1907. 8. 2	한일협약에 디ᄒ야 무아슬 홀고	1907. 8. 6	韓日協約에 對ᄒ야 何에 從事 홀고
2	1907. 8. 9	구덩이가 깁허진다	1907. 8. 13	구혈유심
3	1907. 8. 16	우리의 힘이 다른 나라가 도와 주는듸 돌니지 아니코 우리 속에 스스로 잇는 줄을 밋을 거시라	1907. 8. 21	吾人의 力이 他國援助에 不在ᄒ고 吾人의게 自在 홈을 信홀것이라
4	1907. 8. 30	자는 범의 코롤 찔너	1907. 9. 4	宿虎衝鼻
5	1907. 9. 13	우슬거시오 또 울거시라	1907. 9. 17	可笑可泣
6	1907. 9. 20	불놀이 구경 속에 다른 불 놋는 싱각이 나는고나	1907. 10. 12	火戲觀光中에 他處放火롤 思想ᄒ다
7	1907. 10. 4	방아공이 누리는 방아확 속에 아니 빠지는 곡식 알도 잇나	1907. 10. 10	騷亂을 止息홀 方策
8	1907. 10. 11	공부가 요긴홈이라	1907. 10. 20	工夫가 要緊홈
9	1907. 10. 25	일본 황태ᄌ 뎐하 우리나라헤 오심	1907. 10. 27	無題
10	1908. 8. 7	일본농부들이 우리나라헤 오는 것	1908. 8. 21	日本農夫의 渡來
11	1908. 9. 4	병신규측	1908. 9. 4	病身規則

7번은 〈대한매일신보〉 논설 가운데 요약·인용되어 있다.
최기영, 〈구한말 경향신문에 관한 일고찰〉, 《한국 교회사 논문집》 I, 한국교회사연구소, 1984, 817쪽에서 인용하되, 순서를 바꾸어 전재하였다.

그렇지만 일본이 한국에서 우위를 점하고 있는 현실을 인정하였고, 일본을 한국이 본받아야 할 '개화의 선생'으로 보았다.

법률과 관련된 논평이나 기사도 비정치적이었다. 〈경향신문〉은 국민 생활에 유익한 법률을 계몽하는 데는 관심을 기울였으나, 정치적인 법률에 대해서는 무관심하였다. 당시 대다수의 민족지(民族紙)들이 비난하였던 〈신문지법〉(新聞紙法)과 〈보안법〉(保安法)에 대해서 아무런 논평도 하지 않았고, 단순히 내용만 소개하였던 것이다. 반면 〈보감〉의 '법률문답'을 통해 송사 · 세금 · 호적 · 혼인 등과 같이 국민들이 현실적으로 알아두어야 할 법령들을 계몽하는 데 주력하였다.

〈경향신문〉은 교육 문제에도 크게 관심을 기울였다. 당시는 전국적으로 신교육 운동이 활발하게 일어나 수많은 사립학교들이 설립되고 있었다. 천주교회에서도 각 지방의 본당들을 중심으로 적지 않은 사립학교들을 설립 · 운영하고 있었다. 〈경향신문〉은 특히 천주교회에서 설립한 학교에서의 초등 교육, 즉 기초 교육을 강조하였다. 소학교를 주춧돌에 비유하면서 그 중요성을 강조하였던 것이다. 뿐만 아니라 실업학교의 설립과 실업 교육도 강조하였다. 여성 교육도 그에 못지않게 중시하였는데, 다만 국문 · 산술 · 바느질 · 육아 등 기초적인 공부와 실생활에 필요한 실용 공부 정도의 교육을 언급하는 데 그쳤다. 이 밖에 남녀 공학의 병폐를 지적하는 등 윤리 교육도 중시하였다. 한편, 〈경향신문〉은 천주교회에서 간행한 신문이었던 만큼 호교적인 측면에서 다른 종교, 특히 당시 교세를 확장하고 있던 프로테스탄트에 대해서 배타적인 입장을 취하기도 하였다.

3) 〈경향신문〉의 폐간과 끼친 영향

조선 통감부와 친일 내각은 한국인들이 발행하는 신문을 규제하고자 1907년 7월 〈신문지법〉을 제정·공포하였고, 1908년 4월에는 외국인이 발행하는 신문과 해외 교포들이 발행하는 신문을 규제하기 위하여 이 법을 개정하였다. 이에 따라 〈경향신문〉도 규제를 받게 되었다. 실제로 1910년 4월 22일자(184호)에 게재되었던 기사 '짐승 같은 헌병과 보조원'이 문제가 되어 압수 처분을 받기도 했다. 이에 〈경향신문〉은 자신들이 정치와 무관하다는 점을 강조하면서도 앞으로 치안 방해에 규제되지 않도록 주의하겠다는 입장도 밝혔다. 이처럼 정치 불간섭의 입장을 분명하게 유지하고 있었지만, 조선 총독부는 1910년 9월 10일부터 종교적 사항에만 국한된 기사를 게재해야만 계속 간행할 수 있다고 아래와 같이 통고하였다.

> 조선에서 간행되는 신문 또는 정기간행물은 앞으로 총독부에서 정한 〈신문지규칙〉의 관할을 받아야 함을 시사할 필요가 있다. 그러나 그러한 간행물 가운데 이미 발행되고 있는 것들로서 오직 종교적인 목적에 전념하는 것은, 그러한 간행물의 사항이 엄격히 최초의 목적에만 국한된다는 조건 아래에서 신문지규칙의 특별히 다른 절차를 거침이 없이도 특별한 호의로 간행이 허락될 것이다. …그러나 종교적 성격의 기사 외에 다른 기사는 게재를 그만두도록 권고한다(〈뮈텔 문서〉 1910-90).

이 통고에 따라 〈경향신문〉은 종래의 편집 방침을 더 이상 지키기 어렵게 되었다. 이에 드망즈 신부는 끝까지 〈경향신문〉을 계속 간행하고자 경시청을 찾아가서 사정을 해보았으나, 소용이 없었다. 마침내 〈경향신문〉은 창간 4년 2개월 만인 1910년 12월 30일자, 제220호를 마지막으로 폐간되었다.

〈경향신문〉은 독자층이 주로 천주교 신자들이었다는 제약이 있었지만, 당시 개화를 강조하는 신문으로 알려져 있었다. 다만 〈경향신문〉에서 강조하였던 개화는 '정신적인 계발' 이었다. 부국강병을 추구하는 선진 외국 문물의 수용보다 인간의 정신적 발전을 통하여 개화를 이루어야 한다고 주장했던 것이다. 그렇다고 해서 부국강병적인 요소들을 무시한 것이 아니라 선진 외국 문물을 수용하여 개화하기에 앞서 정신적인 개화가 앞서야 한다고 보았다.

이처럼 〈경향신문〉은 국민들에게 개화에 대한 관심을 증대시켰고, 이로 말미암아 천주교회는 각 지방에 학교를 설립하였다. 또한 〈경향신문〉은 법률 계몽으로 국민들에게 법률의 중요성을 인식시켰다. 그렇지만 무엇보다도 천주교회는 〈경향신문〉을 통하여 천주교인들뿐만 아니라 비신자들에게도 종교적인 영향력을 발휘하여 당시 비신자들이나 다른 언론 매체들에 의해 왜곡되어 알려진 천주교의 교리를 바로잡았으며, 비신자들에게 천주교를 소개함으로써 선교의 효과도 거두었다.

4) 보감의 간행

국판 8면의 순한글로 발간된 〈보감〉은 〈경향신문〉의 별지 부록이었다. 〈경향신문〉이 주로 일반 시사 문제나 계몽에 중점을 두었던 반면, 〈보감〉은 천주교 신자들을 대상으로 한 교리 문제 · 천주교회사 · 법률 해설 등 오랫동안 보존할 필요가 있는 내용들을 수록하였다. '논설' 에서는 주로 천주교 교리를 중심으로 '요긴한 도리', 즉 사람이 자신을 다스리는 법과 바른 이치를 실천하는 방법을 가르치는 내용을 수록하였다. 그리고 독자들에게 법률 지식을 계몽시키기 위한 '법률문답'란을 만들어 한국 최초로 지상 법률 상담을 시작하였다. '대한성교사기'(大韓聖敎史記)에서는 달레 신부의 《한국천주교회사》를 번역해서 연재하였다. 그 밖에도 '천주교 회보'에서는 외국의 교회 소식을 전하였고, '우연한 수작'에서는 교리 및 교회와 관련된 내용들을 문답 형식으로 설명하였다. 이 가운데 '법률문답'과 '대한성교사

〈보감〉은 천주교 신자들을 대상으로 한 교리 문제·천주교회사·법률 해설 등 오랫동안 보존할 필요가 있는 내용들을 수록하였다.

기'는 〈보감〉이 〈경향신문〉과 함께 폐간된 후에도 《경향잡지》(京鄕雜誌)에 계속 연재되었다. 〈보감〉은 모두 225호(1,759면)가 발행되었는데, 당시의 한글 보급 운동에 크게 기여했을 뿐만 아니라 개화기의 한국 천주교회사와 한국법사(韓國法史)를 이해하는 데 빼놓을 수 없는 자료로 평가받고 있다.

〈경향신문〉이 폐간되면서 교회는 1911년 1월 15일자로 〈보감〉의 제호(題號)를 《경향잡지》로 바꾸고, 〈경향신문〉의 발행 번호를 그대로 이어받아 국판 24면의 격주간 잡지로 발간하기 시작하였다. 동시에 기존 활판소의 명칭도 '경향잡지사'로 바꾸었다. '경향'이라는 제호의 계승은 신문을 다시 발

간하고자 하였던 드망즈 신부와 뮈텔 주교의 바람에 따른 것이었다. 드망즈 신부가 신문사 사장으로서 전국 각지의 신부들에게 보낸 공문에서 "〈경향신문〉이 잠시 빛을 볼 수 없는 것에 실망할 것이 아닙니다. 이러한 희망에서 주교께서는 '경향'이란 이름을 보존할 것을 지시하였습니다"라고 한 데서 신문의 재발간에 대한 교회의 염원을 엿볼 수 있다. 그렇지만 이러한 바람은 일본이 조선을 식민지로 지배하는 동안에는 실현되지 못하고, 1946년에 가서야〈경향신문〉이 부활할 수 있었다.

어쨌든《경향잡지》는 순수 종교잡지를 표방하면서 신자 재교육과 계몽 활동에 주력하였으며, 문예 작품과 독자 투고 등을 통해 가톨릭 문화의 보급에도 커다란 기여를 하였다. 이 잡지의 편집 책임은 드망즈 신부가 맡았으나, 그가 초대 대구 대목구장으로 임명되면서 맹 신부가 담당하였다. 이후 한기근·윤형중(尹亨重, 마태오, 1903~1979)·조제(J. Jaugey, 楊秀春, 1884~1955) 신부 등이 차례로 맡았는데, 편집 책임자에 따라 잡지의 내용이 많이 달랐다.

제3절 서양식 성당 건축

1784년 천주교 신앙 공동체가 설립되었지만, 그 당시는 물론 이후 이어진 오랜 박해시대에도 공식적인 교회 건축은 불가능하였다. 그럼에도 불구하고 신자들은 실천적인 신앙생활을 이어 나갔다. 그 무렵의 신앙생활은 일상적인 기도와 첨례(瞻禮)를 중심으로 이루어졌다. 신자들은 첨례를 위해 특정한 장소를 마련하였으며, 일정한 규칙과 절차를 갖추었다. 주로 신자들의 집이 첨례 장소로 이용되었는데, 서울의 경우 번화가에 있는 중인들의 약방이 이용되었다. 그렇지만 첨례와 신앙 교육을 위한 건물을 따로 짓기도 하였으며 신유박해 이후 박해를 피해 산간벽지로 피신한 신자들은 자연 동굴을 첨례 장소로 이용하기도 하였다.

자료상의 한계로 이러한 공소의 형태나 내부 구조를 자세히 알 수는 없지만, 내부를 장식해서 전례 공간으로서의 분위기를 조성하였던 것으로 추정된다. 첨례 장소의 벽면에 장막이나 휘장을 치고 예수 그리스도의 초상이나 수난상이 그려진 족자를 걸어 놓았으며, 방 안에는 방석을 깔았다. 그리고 탁자를 마련하여 촛불을 켜놓고 신부가 미사를 집전할 때 복사가 그 옆에서 시중을 들었다. 또 평상시에는 회장의 주도로 신자들은 관을 쓴 채 기도서를 갖고 꿇어앉아 예수상에 절을 한 다음 그날의 성경을 듣고 여러 기도문을 외우는 등 1시간 이상 기도문을 바치고 나서 첨례를 파하였다.

그런 어려움을 겪다가 1886년 조불조약이 체결되면서 천주교회는 불완전하게나마 신앙의 자유를 누리기 시작하였다. 이에 교회는 본

> **첨례(瞻禮)**
> 한국의 경우 신앙 공동체가 설립된 초기부터 오랫동안 '미사'라는 용어 대신에 축일을 가리키는 '첨례'를 주일과 미사, 주일에 신자들이 행하여야 하는 의무까지 포함하는 넓은 의미로 사용하였다.

격적으로 성당 건축에 나서기 시작하였다. 조불조약의 비준으로 프랑스인들도 서울뿐만 아니라 개항지의 토지를 구입하고 건물을 세울 수 있는 권리를 인정받았기 때문이다. 이에 따라 교회는 박해시대 때 교회와 인연이 깊었던 곳이나 그 부근의 토지를 매입하여 성당을 건립하기 시작하였다. 지방에서는 유서 깊은 교우촌을 중심으로 주로 과도기적인 한옥 성당들이 건립되었던 반면에, 도시 지역과 개항지에서는 프랑스인 신부들의 주도로 중세풍의 벽돌조 서양식 성당이 건립되었다.

이 무렵 한국에 건립된 서양식 근대 건축물들은 대부분 르네상스식이었으나, 교회 건축물은 고딕 양식을 추구하였다. 중세 유럽의 신학 사상과 신념 체계를 잘 반영한 고딕 양식은 오랜 기간 동안의 박해 끝에 신앙의 자유를 획득한 조선교회의 요구에 가장 적합하였을 뿐만 아니라 조선 선교를 담당하고 있던 파리 외방전교회의 선교 이념과도 일치하였다. 그렇지만 서양식 건축에 대한 기술과 경험이 축적되지 못했기 때문에 벽돌조로 된 일종의 잔류 고딕(Gothic Survival) 또는 유사 고딕의 형태를 띠었으며, 로마네스크 양식에 머문 것들도 있었다.

프랑스인 신부들은 서양식 건축을 소개하고 본격적인 교회 건축을 수용하는 데 커다란 공헌을 하였다. 그렇지만 그들은 근대 문화에 대한 부정적인 태도와 성속(聖俗) 이분법에 기초한 경건주의 신앙, 그리고 유럽 문화에 대한 우월적 사고방식을 가지고 있었다. 그런 이유로 중세 유럽의 신앙을 가장 잘 반영한 고딕 양식을 이상적인 교회 건축으로 간주했던 것이다. 이들에 의한 고딕 양식의 추구는 교회 건축의 토착화에는 직접 도움이 되지 못했지만, '일본의 굴절을 거치지 않고 직접 소개된 서양 건축'이라는 점에서 역사적 의미를 찾을 수 있다.

당시 성당 건축은 대부분 코스트·프와넬 등 조선 대목구의 경리 담당 신부들이 주관하였다. 주요 서양식 성당 건축으로는 약현·명동·인천 답동·평양 관후리·대구 계산·안성 미리내·원효로·강원 풍수원·평안 진남포·전주 전동 성당 등이 있다.

1. 약현 성당

블랑 주교는 1887년 남대문 밖 수렛골(지금의 서울시 중구 순화동)에 집 한 채를 매입하여 교리 강습소로 이용하였는데, 이곳이 공소로 발전하였다. 이후 교세가 종현 본당을 능가할 정도로 빠르게 증가하자, 새로운 본당을 설립할 필요성이 제기되었다. 그래서 당시 종현 본당 주임이었던 두세 신부는 뮈텔 주교의 동의를 얻어, 약현 언덕(중구 만리동 입구에서 충정로 3가로 넘어가는 고개)과 합동(蛤洞) 인근의 토지를 매입하여 성당 건설 계획을 추진하였다. 그리하여 1891년 10월에 성당 정초식이 거행되었고, 같은 해 11월 9일 초대 주임으로 부임한 두세 신부에 의해 1892년 6월 14일에 외부공사, 7월 28일에는 바닥공사, 12월 2일에는 건축공사가 마무리되었다. 1893년 3월 10일에는 실내장식을 마쳤고, 3월 27일에는 프랑스에 주문한 442kg의 종을 위한 종각 건축을 시작하여 4월 23일에 뮈텔 주교의 집전으로 봉헌식이 거행되었다.

성당의 길이는 약 32m, 폭 12m, 종탑 높이 22m, 넓이 120평이며, 바닥은 목조 마루였다. 그리고 1905년에는 종탑 꼭대기에 첨탑을 올렸다. 코스트 신부가 설계와 감독을 맡았고, 한국인 청부업자가 시공하였으며, 당시 세관의 토목기사였던 러시아인 건축가 사바틴(A.I.S. Sabatin, 土巴津)의 자문

고딕적 요소가 적은 단순한 로마네스크 양식의 약현 성당. 벽돌을 직접 제조하였다는 점과 최초의 서양식 성당 건축이라는 점에서 역사적 의미를 찾을 수 있다.

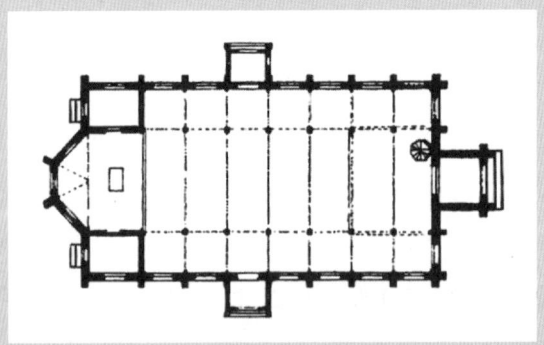

〈평면도〉. 동쪽에 출입구 정면을 둔 삼랑식 평면 구성을 하고 있으며, 신랑과 측랑의 구별이 뚜렷하다.

을 받기도 했다. 이 건물은 고딕적 요소가 적은 단순한 로마네스크 양식이지만, 벽돌을 직접 제조하였다는 점과 최초의 서양식 성당 건축이라는 점에서 역사적 의미를 찾을 수 있으며, 이후 한국 성당 건축의 모델이 되었다.

약현의 가파른 언덕 위에 위치한 성당은 동쪽에 출입구 정면을 둔 삼랑식 평면 구성을 하고 있으며, 신랑(身廊)과 측랑(側廊)의 구별은 내부의 열주회랑으로 뚜렷하나 외부에서는 낮은 단층 지붕으로 나타나지 않는다. 내부 벽면 창은 단층으로, 공중회랑(triforium)이나 광창(clearstory)이 없다. 창의 형태는 반원형이나 중간 문설주(mullion)로 잘린 창의 반절에서 각각 뾰족아치(pointed arch)를 이루어 고딕 양식을 보여 주고자 하였다. 천장 구조는 나무를 주요 재료로 쓴 구조이며, 지붕 마감재는 함석이다. 종탑은 입구 정면 중앙에 있으며, 꼭대기는 하부의 4각에서 8각으로 꺾인 지붕창(dormer)을 가진 급경사의 8각 첨탑(broach spire)으로 되어 있다.

2. 명동 성당

블랑 주교는 1883년 6월 김 가밀로 회장의 이름으로 종현(지금의 명동) 언덕에 위치한 가옥을 매입한 다음, 인현학교를 이곳으로 이전하고 이름을 '종현학교'(鐘峴學校)로 고쳤다. 1886년 6월 4일에 조불조약이 조인되고 선교의 자유가 어느 정도 묵인되면서 블랑 주교는 같은 해 6월 15일부터 1889년 6월 13일까지 종현 지역의 가옥들과 대지들을 차례대로 매입토록 하였다. 이곳에 성당과 주교관을 세우고, 또 여러 시설들을 마련하기 위해서였다. 이러한 준비 과정을 거쳐 1887년 12월부터 대지의 정지 작업에 착수할 수 있었다. 이때 신자들은 손수 팔을 걷어붙이고 정지 작업에 나섰는데, 블랑 주교는 파리 외방전교회에 보낸 보고서에서 이들의 열성을 다음과 같이 기록하였다.

"서울과 근방의 모든 건강한 남자 교우들은 사흘씩 무보수로 일하러 왔는데, 그것도 12월과 1월의 큰 추위를 무릅쓰고 그렇게 했습니다. 늙은이 젊은이 할 것 없이 이 일에 놀랄 만한 열성을 쏟았고, 그들은 신앙과 만족감에서 추위로 언 손을 녹일 정도로 참아 내는 것이었습니다. 여자들과 직접 일할 수 없는 남자들은 그들 대신 일할 일꾼들을 사서 보냈습니다"(〈1888년도 보고서〉,《서울교구 연보》I, 한국교회사연구소, 1984, 72쪽).

그런데 이 과정에서 외무독판 조병직(趙秉稷, 1833~1901)은 이 땅이 국유지일 뿐만 아니라 태조·세조·원종·숙종·영조·순조의 초상화〔御眞〕를 모신 영희전(永禧殿)의 수호신을 어지럽힌다는 풍수지리적인 이유를 내세워 공사의 중단을 요구하면서, 교회가 공증을 위해 외무아문에 보냈던 종현 성당 부지의 소유 관계 서류를 돌려주지 않았다. 이에 블랑 주교는 대지를 개인들로부터 정당하게 매입하였으며, 영희전과는 가옥과 인도로 차단되어 있다고 하면서 반박하였다. 이처럼 정부와 교회가 대립하는 가운데 성당 건립 공사는 교착 상태에 빠졌다. 이때 블랑 주교는 성 베네딕도에게 특별한 도움을 청하며, 모든 일이 무사히 해결되어 성당이 건립되면 성인에게 봉헌된 제대를 마련하겠다고 약속하였다. 블랑 주교의 뒤를 이은 뮈텔 주교는 이 약속을 지켜 성당이 완공된 후 우측 회랑에 베네딕도 성인의 목조상과 제대를 설치하였다. 한편 이러한 가운데서도 블랑 주교는 1888년 2월부터 4월 사이에 인근의 토지와 가옥을 더 구입하여 성당 부지를 확대시켜 나갔다.

그해 6월 초대 주한 프랑스 영사로 부임한 플랑시가 이 문제의 해결을 위해 나서면서, 정부는 더 이상 교회의 종현 지역 토지 소유에 대해 반대하지 않았다. 그래서 블랑 주교는 1888년에 인쇄소 건물을 완공하여 경당과 임시 숙소로 사용하였고, 1889년에는 코스트 신부의 설계로 2층으로 된 주교관 겸 경리부 건물 공사를 착공하여 이듬해 준공하였다. 현존하는 가장 오래된 서양식 교회 건축물로 알려진 이 건물은 199평의 H자 모양 평면의 붉은 벽돌조에 기와를 올린 조지 왕조 시대(1714~1830)의 양식(Georgian style)으로, 2층 베란다가 특징적이었다.

마침내 1892년 3월 31일 대지 측량을 하였고, 5월 8일부터 성당 건축 공사가 시작되었다. 6만 달러(《독립신문》 영문판, 1898년 6월 2일자)에 이르는 총 공사비는 파리 외방전교회 본부의 지원과 프랑스 신자들의 기부, 그리고 한국인 신자들의 봉헌금과 노력 봉사 등으로 충당될 수 있었다. 성당의 설계와 공사 감독은 코스트 신부가 담당하였으며, 벽돌공·미장이·목수 등은 중국인이었다. 그런데 이 시기에는 붉은 벽돌이 없었고, 더구나 이를 만들 수 있는 기술자도 없었다. 조선후기에 많이 사용한 우리나라의 벽돌은 단단하지 못하고 검은색이었다. 그래서 김홍민, 김덕순 등의 신자들이 용산 한강통에 있는 흙을 파 조사하여 벽돌 굽기에 알맞은 흙이라는 감정을 받았다. 이 흙을 사들인 두 사람은 벽돌 굽는 법을 익혀 성당을 짓는 데 사용하였다. 또 벽돌의 일부는 초빙된 청국인에 의하여 용산방(龍山坊) 와서(瓦署) 부근에서 제작되기도 하였다.

그런데 공사가 마무리될 즈음인 1896년 2월 28일에 코스트 신부가 선종하자, 프와넬 신부가 그를 대신하여 공사를 감독하였다. 프와넬 신부는 성당의 내부 공사와 종탑 공사를 지휘하는 등 2년여 동안 성당 건축에 전념하

경사지 구릉의 산봉우리를 깎은 정상부에 위치한 명동 성당은 출입구 정면을 북북서에 두고 있으며, 성당이 자리 잡은 곳의 고도가 진입로보다 약 13m 높아 주위에서 확연히 드러나 있다. 명동 성당의 벽체와 기둥은 벽돌 조적조이며, 지붕 트러스, 종탑의 종축 지지 구조, 뾰족 탑 구조 등은 목재로 만들어진 구조이다.

였고, 마침내 1898년 폭 29m, 길이 67.7m, 높이 22.5m, 십자가를 제외한 종탑 높이가 47.25m인 고딕식 성당 건물이 완공되었다. 그리고 1898년 5월 29일 뮈텔 주교의 집전으로 봉헌식이 거행되었다. 정지 작업부터 무려 12년 만에 완공된 명동 성당은 순수한 고딕 양식 건물로 그 문화적·건축사적인 가치가 매우 높다. 성당의 건립 과정에서 무보수로 건축 공사에 참여하거나 헌금한 조선인 신자 1,000여 명과 조선에서 활동한 선교사 명단을 성당의 머릿돌과 함께 묻었다. 이러한 명동 성당의 준공은 박해로 점철된 천주교 수용 110여 년의 역사에 종지부를 찍고, 새로운 출발을 다지는 것이었다.

성당 건물은 경사지 구릉의 산봉우리를 깎은 정상부에 위치하고 있다. 지형과 진입로에 따른 주변 여건으로 출입구 정면을 북북서에 두고 있으며, 성당이 자리 잡은 곳의 고도는 진입로보다 약 13m 높아서, 성당은 주위에서 확연히 드러나는 중심적이고 우월한 모습을 하고 있다. 벽체와 기둥은 벽돌 조적조(mansonry structure)이며, 지붕 트러스(truss), 종탑의 종축 지지 구조, 뾰족 탑 구조 등은 목재로 만들어진 구조이다. 벽돌조는 적벽돌과 회색 벽돌을 혼용하였다. 입면 창과 개구부는 뾰족 아치이며, 창 윗부분은 판격자(板格子)와 유사한 형상으로 처리되었다. 건축 당시 바닥은 나무로 되어 있었고, 대리석의 주제대(主祭臺, high altar)와 벽돌조 부제대(副祭臺, side altar)는 다른 곳에서 제작되어 설치되었다.

성당의 평면 구성은 라틴 십자형 삼랑식이다. 1층 평면상에는 익랑(翼廊, transept)의 돌출이 적어서 바실리카 형식의 평면에 가까우나, 익랑의 상부에서 공중회랑이 끊어짐으로써 내부 공간과 지붕 외관은 완연한 라틴 십자형(Latin cross)을 이루고 있다. 성당의 내부는 6개의 회중석 베이(bay)와 교차부, 2개의 익랑, 2개의 제단 베이와 앱스(apse, 後陣)로 구성되고, 앱스 주위는 제의실로 쓰이는 보회랑이 위치하고 있다. 제단과 보회랑 하부에는 지하 성당(crypt)이 있다.

내부 벽체는 횡단 아치 1개로 지지되는 회랑(arcade)과 4개의 뾰족 아치로 연속되는 어두운 공중회랑 및 2연창의 광창으로 구성되는 3층 벽면으로 이루어져 있으며, 천장은 목재에 의한 교차 리브 볼트(rib vault, 근골 궁륭)로 되어 있다. 내부 열주의 족주(族柱, clustered pier)는 로마네스크 양식으로, 기둥 중간에 돌출 장식이 없이 천장 리브에 연결되어 수직의 상승감을 높여 주었다. 이러한 내부 공간의 구성은 각 창의 스테인드글라스와 함께 고딕적인 공간을 빚어 내었다. 명동 성당은 내부 공간이 고딕적 분위기인 데 비해 단순한 외관과 견고한 벽체, 분절적 구조의 노출 등 구조 체계와 공법은 로마네스크 양식에 가깝다.

3. 계산 성당

1886년 대구 경북 지역에서 최초로 설립된 계산(당시 대구) 본당의 초대 주임으로 부임한 로베르 신부는 박해의 여파가 남은 대구 읍내에서는 선교 활동이 어렵다고 판단하여 신나무골(경북 칠곡군 지천면 연화리)에 임시로 본당 거처를 잡았다. 그 후 1888년과 1891년 두 차례에 걸쳐 새방골(지금의 대구시 상리동 일대)의 죽전(竹田)으로 거처를 옮겼다. 이어 '대구 교안'(大邱敎案)을 겪은 다음 대어벌(지금의 대구시 원대동 일대)로 거처를 옮기는 우여곡절을 겪은 끝에 1897년 대구 계산동에 부지를 마련, 목조 십자형 성당을 신축하기 시작하였다.

2년여의 공사 기간을 거쳐 1899년 루르드의 성모를 본당 주보로 모신 가운데 봉헌식을 거행하였다. 그리스식 십자형(Greek Cross) 평면에 팔작 기와 지붕을 갖춘 이 한옥 성당은 사방 날개의 길이와 폭이 9척 3칸이었고, 가로·세로 9척 9칸씩 모두 45칸의 큰 건물(약 100평)로서 단청까지 칠하였다. 이로써 한국 초기 성당 건축 가운데에서 그리스식 십자형의 집중식 평면을 갖춘 유일한 성당이 되었다. 그러나 1901년 발생한 지진으로 제대 위의 촛대가 넘어지는 바람에 성당은 불길에 휩싸여 소실되었다.

그래서 로베르 신부는 서상돈·김종학(金鍾學)·정규옥(鄭圭鈺) 등의 도움을 받아 다시 공사를 시작하였다. 로베르 신부는 신축을 위해 전주 전동 성당의 설계도를 입수하였고, 색유리와 철물 등 공사 자재는 프랑스와 홍콩 등지에 주문한 뒤 서울 명동 성당을 건축했던 석공·목수 등 중국인 기술자를 데려와 공사를 진척시켰다. 1년간의 공사 끝에 1902년 5월 2개의 종탑을 가진 로마네스크 양식에 가까운 벽돌조 성당이 완공되었는데, 이 성당이 영남 지역 최초의 서구식 성당인 오늘날의 계산 성당이다. 이 성당은 설립 당시 흙·모래·석회를 섞어 바닥을 깔아놓았다.

그 뒤 1912년과 1913년 두 차례에 걸쳐 성당 내부에 주교 강론대와 제단을 만드는 공사를 했고, 신자 수가 늘어남에 따라 1918년 기존 종탑을 2배로 높이고 성전의 동남북 3면을 증축하였다. 이 종탑에는 2개의 종이 있는데, 이를 헌납한 서상돈(아우구스티노)과 김 젤마나의 세례명을 빌려 '아우구스티노'와 '젤마나'로 불리고 있다. 성당 건물의 폭은 21m, 길이 61m, 종탑 높이 30m이며, 면적은 281평이다.

성당의 평면 구성은 라틴 십자형 삼랑식(三廊式)으로 신자석(信者席)이 배치되어 있고, 후진 상부벽에 스테인드글라스 창과 루르드의 성모 동굴이 설

대구 본당의 한옥 성당은 한국 초기 성당 건축 가운데에서 그리스식 십자형의 집중식 평면을 갖춘 유일한 성당이었다(위). 계산 성당은 라틴 십자형이 평면과 외관 및 내부 공간에 뚜렷하게 구현된 건물이다.

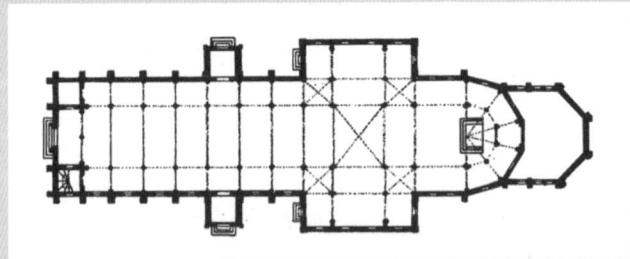

〈평면도〉. 성당의 평면 구성은 라틴 십자형 삼랑식으로 신자석이 배치되어 있다.

치되어 있다. 서쪽 정문에 세운 2개의 종탑부에는 8각형의 높은 첨탑을 세웠으며, 앞면과 양측에는 장미 모양의 창문으로 장식되어 있다. 이는 한국의 건축양식상 획기적인 것이다. 계산 성당은 한국의 성당들 가운데 라틴 십자형이 평면과 외관 및 내부 공간에 가장 뚜렷하게 구현된 건물이다. 또한 초기에 세워진 성당은 보통 순교지나 마을이나 전 시가지가 내려다보이는 높은 지대에 위치해 건립되는 것이 일반적이지만, 계산 성당은 이와 달리 특이하게도 평지에 자리 잡고 있다.

4. 원효로 성당

현재 성심 수녀회와 성심여중고의 부속 성당으로 사용되고 있는 원효로 성당은 원래 용산 예수성심신학교의 부속 성당으로 건축되었다. 이 건물이 위치한 장소는 한강을 바라볼 수 있던 함벽정이 있던 곳으로, 지척으로 박해 때 성직자들이 참수된 새남터와 기해박해 때 신자들이 순교한 장소인 당고개가 보이는 곳이었다. 파리 외방전교회는 조불조약이 체결된 이듬해인 1887년에 이곳을 매입하였다. 그리고 1891년 5월 6일에 신학교 정초식이, 이듬해 6월 25일에 봉헌식이 각각 거행되었다. 이 건물은 한국 최초의 천주교 신학교 건물이 되었다. 그리고 성당은 1899년에 착공해 3년 만에 완공되었다. 이 성당은 코스트 신부가 설계하였다고 하지만, 그는 이 건물이 착공되기 전인 1896년에 이미 선종하였다. 그런 까닭에 코스트 신부가 선종 전에 설계해 두었는지, 아니면 설계자가 다른 사람인지 확인할 수는 없다. 성당의 봉헌식은 1902년 4월 14일에 거행되었다.

그런데 이 성당은 신학교 부속 성당이었기 때문에 교구의 일반 성당과는

원효로 성당은 신학교 부속 성당이었기 때문에 교구의 성당과는 상당히 다르게 설계되었다. 무엇보다 출입구가 제대 쪽 양측에 나 있으며, 제의실이 제대 반대쪽 입구에 설치되어 있다는 점이 특이하다. 그리고 성당 내부의 천장 구성과 장식은 고딕 양식에 가깝지만, 성당 정면 입구에 종탑이 없다.

상당히 다르게 설계되었다. 성당 내부의 천장 구성과 장식은 고딕 양식에 가깝지만, 성당 정면 입구에 종탑이 없고, 출입구는 제대 쪽 양측에 나 있으며, 제의실이 제대 반대쪽 입구에 설치되어 있다는 점이 특징이다. 또 제의실 위 2층에는 성가대석이 설치되어 있으며, 신자석 바닥도 제대를 향해서가 아니라 중앙축의 좌우에서 원형극장 형식으로 단이 지어져 있었다. 그리고 명동·약현 성당과 마찬가지로 회색 벽돌과 적색 벽돌을 사용하여 고딕 양식의 세부적인 모습을 나타내고자 하였으나, 세부와 전체의 통일성에서는 조금 거리가 있다. 그럼에도 불구하고 상대적으로 높은 천장 등은 고딕적인 모습을 보여 준다. 이 성당의 또 다른 특징은 언덕을 이용하여 앞모습의 일부는 언덕 아래에 3층으로 되고, 언덕 위는 단층으로 되게 한 점이었다. 그래서 이처럼 작은 규모의 건물이지만, 지형을 잘 이용하여 고딕의 당당한 모습을 보여 주고 있다. 또한 이 성당에는 1942년까지 김대건 신부의 유해가 안치되어 있었다.

5. 풍수원 성당

강원도 지역에 복음이 전해지기 시작한 것은 1800년대 초 신유박해가 일어나던 무렵이었다. 경기도 용인 지역에 살던 40여 명의 신자들이 박해를 피해 8일 동안 피난처를 찾아 헤매다가 깊은 산골인 풍수원에 정착하여 화전과 옹기굽기로 생계를 유지하면서 신앙생활을 이어 나갔다. 1888년 6월 20일 블랑 주교가 이곳에 강원도 최초의 본당을 설정하고 르 메르 신부를 초대 주임으로 파견할 때까지 신자들은 80년 동안 믿음을 지켜 냈다. 풍수원 본당 초대 주임 르 메르 신부는 춘천, 화천, 양구, 홍천, 원주, 양평 등 12

풍수원 성당은 강원도 최초의 서양식 벽돌 건물이자 한국에서 일곱 번째로 지어진 고딕 로마네스크 양식이다. 정규하 신부가 1905년에 착공해서 1907년에 완공하였다.

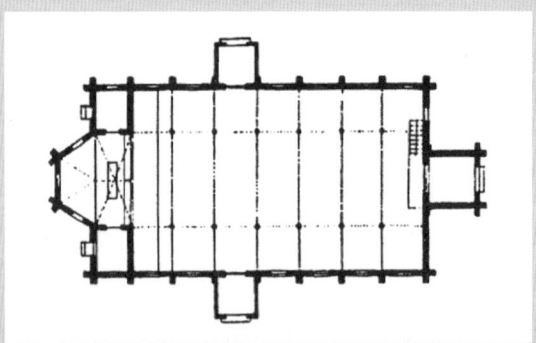

〈평면도〉. 8각 목조 기둥의 열주로 신랑과 측랑이 구분되었고, 바닥은 마루이며, 내부 공간은 매우 단순하다.

개 군을 관할했는데, 당시 신자 수는 약 2,000명에 이르렀다. 이 당시 초가집 20여 칸을 성당으로 사용하였다.

그러다가 1896년 2대 주임으로 부임한 정규하 신부는 현재의 성당을 1905년에 착공해서 1907년에 완공하였다. 이 건물은 한국인 신부가 지은 첫 번째 성당이고, 한국에서 네 번째로 건축된 성당이다. 또한 강원도 최초의 서양식 벽돌 건물이자 한국에서 일곱 번째로 지어진 고딕 로마네스크 양식의 성당이다. 정면 중앙에 종탑을 가진 이 성당은 8각 목조 기둥의 열주로 신랑과 측랑이 구분되었고, 바닥은 마루이며, 내부 공간은 매우 단순하다.

그런데 풍수원 성당 공사는 전적으로 신자들의 땀과 정성으로 이루어졌다. 벽돌 쌓는 방법을 몰랐던 까닭에 명동 성당 건립에 참여했던 중국인 기술자인 진 베드로를 불러온 것을 제외하고는 남자 신자들이 산에 올라 나무를 베고, 성당 아래 200m 떨어진 가마에서 벽돌을 굽고 운반하는 등 대부분의 일이 신자들 몫이었다. 그 결과 높이 5m, 벽돌 연와조의 건평 120평에 달하는 지금의 성당을 준공, 1909년 봉헌식을 거행하였다.

제4절 한옥 성당 건축

　1880~1890년대에는 전례 공간으로 주로 공소나 신부가 상주하고 있던 한옥 건물을 그대로 이용하거나 부분 개조를 하여 최소한의 신앙 모임 장소로서의 기능만 충족시키는 정도에 그쳤다. 물론 규모가 보다 큰 한옥을 새로 매입할 경우에는 주로 대청(大廳) 공간을 신앙 모임 장소로 이용하되, 유교의 전통적인 관습에 따라 가운데에 장막을 쳐서 남자와 여자의 공간을 구분하였다. ㄱ자 모양 건물의 경우 연결부에 제대를 설치하고 양쪽의 날개부에 남·녀석을 구분하여 배치하기도 했으며, 때로는 회중석의 한구석에 여자석을 두기도 하였다. 그러나 이러한 건물만으로는 보다 충분한 전례 공간을 확보하기가 쉽지 않았을 뿐만 아니라 내부 공간이 전례의 기능에도 부합되지 못하였다. 이에 전례 기능을 충족시키면서도 구조와 외관은 전통적인 목조 건축 양식의 성당이 건립되었다.

　이러한 한옥 성당은 거의 지방의 유서 깊은 교우촌에 건립되었으며 신자들의 봉헌금으로 지어졌다. 성당의 구조와 겉모습은 한국의 전통적인 목조 건축 양식을 따랐으나, 내부 공간의 구성은 바실리카 교회 건축 양식을 따랐다. 아울러 외관에 장식적인 것을 피하고 내부 구조가 그대로 드러나게 하였다. 이러한 모습은 새로운 양식의 출현을 의미하는 것이 아닌, 과도기적인 건축 형식이었다. 사진이나 기록으로 확인할 수 있는 이 시기의 한옥 성당으로는 전북 고산 되재 성당(1895), 평양 성당(1895), 강원도 이천(伊川) 성당(1894), 충남 아산 공세리 성당(1897), 황해도 청계동 성당(1898), 황해도 매화동 성당(1899), 제주 성당(1899), 경기도 왕림 성당(1901), 충북 장호원 성당(1903), 전북 화산 성당(1906), 전북 수류 성당(1907) 등이 있다.

1. 되재 성당

최초로 건립된 한옥 성당으로 짐작되는 되재[升峙] 성당은 비에모 신부에 의해 건립되었다. 되재 본당은 초대 주임인 조조 신부가 1891년 되재 인근 차돌배기(지금의 전북 완주군 운주면 구제리)에 거처를 정하고 선교 활동을 시작하면서 태동하였다. 이어 1893년 4월 2대 주임으로 부임한 비에모 신부는 되재(화산면 승치리)에 성당 터를 구하고 프랑스 은행으로부터 대출을 받아 1894년 1월 신축 공사를 시작하였다.

비에모 신부가 이 산골짜기에 본당을 정한 이유는 아직 박해의 여파가 남아 있었고, 이로 인해 신자들이 주로 전라도 북부 산간 지대에 거주하고 있었기 때문이다. 실제로 되재 본당이 설립된 뒤 많은 신자들이 이곳으로 이주하면서 성당 주변에는 큰 교우촌이 형성되었다. 한편 1894년에 시작된 동학 농민 운동으로 전라도교회가 핍박을 당하자 비에모 신부는 잠시 서울로 피신하였다가 1895년 초 다시 되재에 부임하여 성당 공사를 재개하였다. 그리하여 같은 해 성령 강림 축일에 주보를 성 베드로와 바오로 사도로 정하고 첫 미사를 봉헌할 수 있었다.

이때 완성된 성당은 전통 한옥 형태의 팔작 기와에 단층 5칸으로 되어 있었는데, 그 자재는 충남 논산의 쌍계사란 절을 헐면서 나온 목재를 이용하였다. 되재 성당은 한국 천주교회에서 약현 성당에 이어 두 번째로 세워진 성당일 뿐 아니라 한옥 성당으로는 우리나라 첫 성당이었다. 그렇지만 이 건물은 6·25 전쟁 때 소실되었고 이후 전라북도와 완주군이 공동으로 복원하여 2009년 10월 24일 봉헌식을 거행하였다. 이 성당은 가로 3칸, 세로 8칸에 바닥 면적 143m^2(42.3평)인 한옥 성당과 나무 종탑으로 이루어져 있다.

팔작 기와 지붕을 얹은 단층 한옥 목조 건물인 되재 성당은 한국 천주교회에서 약현 성당에 이어 두 번째로 세워진 성당일 뿐 아니라 한옥 성당으로는 우리나라 첫 성당이었다.

담으로 둘러싸여 동남향 방향으로 지어진 성당은 모두 400명을 수용할 수 있는 규모였다. 남북 3칸, 동서 1칸 규모의 사제관은 성당의 좌측 서남쪽에 나란하게 배치되었고, 복사방은 정면 4칸, 측면 2칸 정도로 성당의 동쪽편에 자리하였다. 건물 외부에는 본당의 살림살이를 도맡던 부엌을 비롯해 손님·하인방, 곳간, 헛간, 마구간, 닭장, 우물 등이 있어 서양인과 우리 고유의 전통 생활방식이 공존하는 이채로운 형태를 띠었다. 성당의 외형은 팔작 기와 지붕을 얹은 단층 한옥 목조 건물이었고, 직사각형 모양을 한 건물의 정면은 총 5칸, 측면은 10칸이었다. 바닥은 통나무를 전면만 다듬어 통째로 놓은 마루였기 때문에 세월이 흘러도 흔들림이 없을 정도로 견고하고 튼튼했다. 성당의 정면 중앙에 설치된 한 칸 규모의 종루(鐘樓) 꼭대기에는 십자가가 놓여 있었다.

성당 구내를 출입할 수 있는 문이 각각 나눠져 있었던 데서 남녀의 구별이 뚜렷했던 당시의 시대 분위기를 읽을 수 있다. 동남쪽 문은 남성 신자, 반대편인 북동쪽 문은 여성 신자가 출입할 수 있게 엄격하게 구분되어 있었다. 성당 내부의 신자석도 맨 앞쪽의 출입문에서 종탑 밑부분까지 칸을 막아 남녀가 한자리에 앉아 미사를 드릴 수 없도록 하였다. 특히 좌우 툇마루가 연속되지 않고 한 칸씩 건너뛰면서 설치되었고, 툇마루마다 출입구가 나 있었다는 점이 주목할 만하다. 이는 벽체의 개념이 서양과 달리 내·외부 공간의 구분이 아니라 연결이라는 전통적인 사고방식과 많은 사람들이 동시에 신을 벗고 출입해야 하는 기능상의 문제 때문이었겠지만, 동시에 성당의 형상(image)이 뚜렷한 종축 방향성에 의한 '구원의 통로'라는 상징적 의미가 강하지 못했기 때문이기도 하였다.

공세리 성당. 사제관과 연결되어 있는 ㅁ자 모양 평면 기와 한옥의 대청 부분을 이용하였는데, 가운데에 장막을 쳐서 남성과 여성의 좌석을 구분하였다.

2. 공세리 성당

1890년에 설립된 양촌 성당(충남 예산군 고덕면 상궁리)의 공소였던 공세리 공소(충남 아산시 인주면)는 1895년 6월 드비즈(E.P. Devise, 成一論, 1871~1933) 신부가 부임하면서 본당이 되었다. 드비즈 신부는 1년 뒤 서울 대목구의 경리 담당으로 전임되었지만, 1897년 6월에 다시 3대 주임으로 부임하여 34년 동안 재임하였다. 그는 부임 즉시 공세창(貢稅倉)이 있던 일대를 매입하여 80칸 규모의 창고 건물을 헐고, 그 자리에 성당과 사제관을 건립하였다.

성당은 사제관과 연결되어 있는 ㅁ자 모양 평면 기와 한옥의 대청 부분을 이용하였는데, 가운데에 장막을 쳐서 남성과 여성의 좌석을 구분하였다. 그

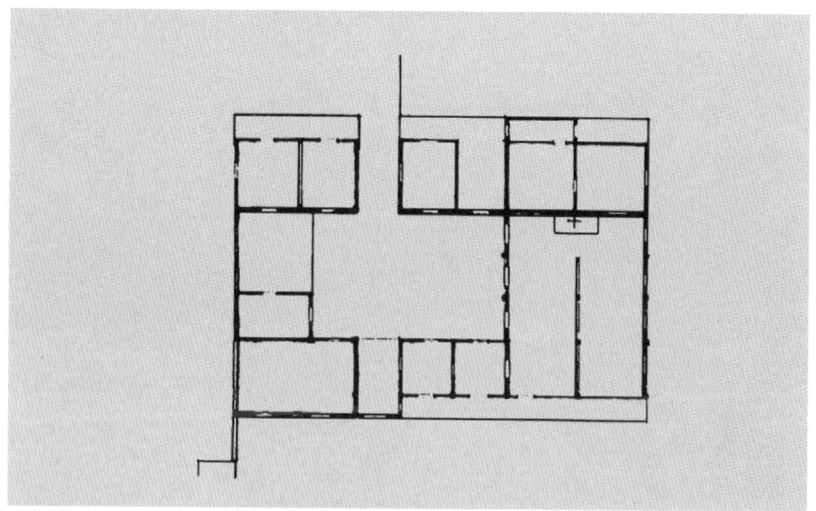

공세리 성당 〈평면도〉. 가운데 장막을 쳐 남녀 자리를 구분한 회중석뿐만 아니라 출입구도 남녀를 구분하였으며 여자들은 대문 반대쪽의 뒷문을 이용하였다.

리고 제대 반대쪽 지붕의 합각(合閣) 부분에 1칸 규모의 작은 다락을 돌출시켰는데, 종각으로 사용되었는지는 분명하지 않다. 회중석(會衆席)뿐만 아니라 출입구도 남녀를 구분하여 여자들은 대문 반대쪽의 뒷문을 이용하였다. 그렇지만 이 한옥 성당은 1921년 T자 모양의 서양식 성당이 건축되면서 헐렸다.

3. 청계동 성당

청계동은 황해도의 유서 깊은 교우촌으로, 1863년 베르뇌 주교가 황해도를 방문하였을 때 17세대의 천주교 신자들이 거주하고 있었다. 이후 베르뇌 주교는 해마다 청계동을 방문하여 공소 회장의 집에서 미사를 봉헌하며 성

청계동에 부임한 빌렘 신부는 전부터 성당 건축 기금을 조성해 오던 청계동 신자들의 도움으로 기존의 8칸짜리 공소 건물을 11칸으로 증축하여 성당으로서의 면모를 갖추었다.

당 터까지 물색해 두었으나, 1866년 시작된 병인박해로 교우촌이 폐허가 되면서 실행에 옮길 수 없었다. 그로부터 30년이 지난 1896년 안태훈에 의해 청계동에 다시 복음이 전파되기 시작하였다. 이해 12월 안악(安岳) 매화동 본당의 빌렘 신부가 2명의 전교 회장을 파견하여 공소 개설에 필요한 사전 준비를 시켰다. 빌렘 신부는 1897년 1월에 안태훈 일가를 비롯한 33명에게 세례를 주었고, 이어 부활절에는 66명에게 세례를 주었다. 청계동에서 이처럼 활발한 개종 운동이 일어나자 빌렘 신부는 교구장 뮈텔 주교에게 신부의 파견을 요청하고, 1898년 4월 자신이 직접 청계동으로 부임하여 청계동 본당을 설립하였다. 전부터 성당 건축 기금을 조성해 오던 청계동 신자들의 도움으로 그해 10월 공사에 착수하여 사제관을 신축하였고, 기존의 8칸짜리 공소 건물을 11칸으로 증축하여 성당으로서의 면모를 갖추었다.

청계동 성당은 내부 천장의 가구를 노출시키지 않고 평천장으로 하되, 신랑을 측랑보다 높게 하였다.

청계동 성당은 자세한 평면 구조를 확인할 수는 없지만, 평양 성당(1895)과 마찬가지로 한옥 성당의 독특한 형식을 보여 준다. 되재 성당처럼 직사각형의 삼랑식 회중석 공간에 8각형의 제대부가 결합되었고, 좌우 툇마루가 없이 정면 중앙에만 출입구를 배치하였다. 창은 작아지고 높아져서 내부와 외부를 격리하는 벽체의 개념으로 바뀌었으며, 내부 천장은 되재 성당과는 달리 가구를 노출시키지 않고 평천장으로 하되, 신랑(身廊, nave)을 측랑(側廊, aisle)보다 높게 하였다. 그리고 제대부는 더욱 높게 하여 원기둥(drum) 모양의 천창을 통해 빛이 들어오게 하였다. 제대부의 자세한 구조와 형태를 확인할 수는 없지만, '통로'의 바실리카식 공간과 구심적인 돔(dome) 공간의 결합을 시도한 최초의 성당이었다. 한옥으로 땅[地]을 상징하는 사각형과 하늘[天]을 상징하는 원형을 결합시킨 형식을 시도했다는 점이 특징적이다.

충청북도에서 최초로 건립된 장호원 성당. 한옥과 양옥을 절충한 형식으로 그 규모가 80평에 달했으며, 정면 3칸 · 측면 10칸의 직사각형 삼랑식 건물로 단층 팔작 기와 지붕의 목조 한옥이었다.

4. 장호원 성당

1894년 봄에 교우촌이자 예수성심신학교가 있던 부엉골 본당 주임으로 부이용 신부가 부임하였다. 그는 본당이 산골짜기에 위치해 있었던 탓에 본당 이전을 생각하던 중 사목 방문차 장호원의 매산(玫山, 충북 음성군 감곡면 왕장리) 언덕에 위치한 큰 집을 보고 이전을 결심하였다. 당시 이 집은 민응식(閔應植, 1844~?)의 99칸 기와 한옥 집이었고, 1882년 임오군란 때 왕비 민씨(閔氏)가 피신했던 곳이기도 하였다. 그러던 중 1895년 일본인들에 의한 왕비 시해를 계기로 전국 각지에서 의병이 일어났고, 장호원에서도 의병이 일어나 민응식의 집을 본부로 삼았다. 이에 일본군이 쳐들어와 그의 저택을 불태웠다. 그러자 부이용 신부는 1896년 5월에 860냥이란 헐값으로

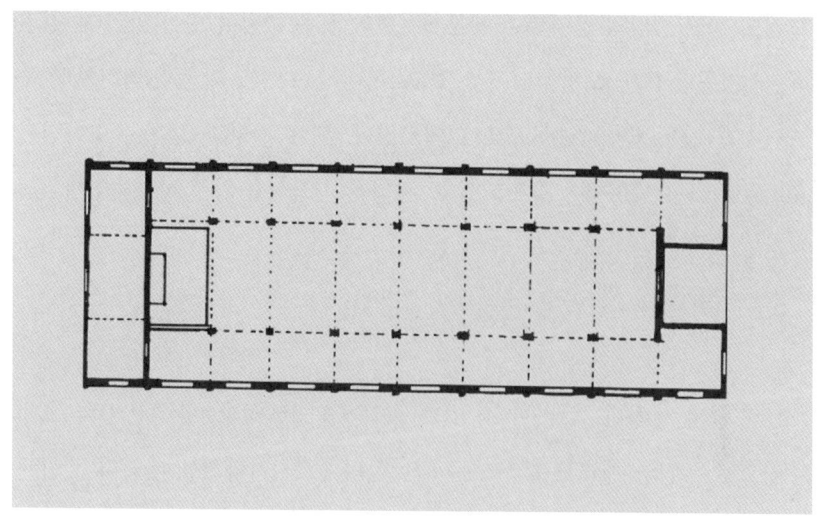

〈평면도〉. 정면 3칸·측면 10칸의 직사각형 삼랑식이며 출입구는 정면 중앙 한 칸을 후퇴하여 만들었다.

　기초와 골재만 남은 집터와 일대의 토지를 구입하여, 9월에 본당을 이전하였다. 부이용 신부는 이 한옥을 수리하려고 하였으나 여의치 않자, 12월 5일에 남아 있는 집터의 기초를 이용하여 사제관과 소성당을 완공하였다. 이 성당은 전국에서 18번째로 세워진 성당이며, 충청북도에서는 최초로 건립된 성당이었다.

　이후 신자들이 계속 늘어나자, 1903년 성당 건립에 착수하여 이듬해 11월에 한옥 성당의 봉헌식이 거행되었다. 성당 신축에 필요한 목재는 성당에서 12km쯤 떨어진 곳에 위치한 산을 매입하여 조달하였다. 한옥과 양옥을 절충한 신축 성당은 80평에 달했으며, 정면 3칸·측면 10칸의 직사각형 삼랑식 건물로 단층 팔작 기와 지붕의 목조 한옥이었다. 출입구는 정면 중앙 한 칸을 후퇴하여 만든, 지붕이 얹힌 현관(porch)에만 있었고, 그 현관과 정면의 창은 아치로 장식되어 있었으나, 측면의 창은 사각형 격자창이었다.

그리고 정면 중앙의 용마루 위에는 8각형의 작은 종탑이 솟아 있었다. 정면의 네 기둥만 벽돌로 장식되어 있었고, 나머지는 목조 기둥과 벽면보다 두드러지게 만든 심벽(心壁) 구조 그대로였다. 되재 성당과 같은 유형이면서도 '통로' 라는 방향성이 강조되었고, 서양식의 장식을 일부 시도하였다.

5. 나바위 성당

1897년에 설립된 '나바위 성당'(지금의 전북 익산시 망성면 화산리)의 초대 주임으로 부임한 베르모렐 신부는 김여산의 12칸 기와집을 매입하여 안채는 사제관으로, 사랑채는 성당으로, 행랑은 성당 사무실로 개조하여 사용하였다. 또한 화산과 그 산에 딸린 전답을 4,000원에 매입하여 성당 부지로 정하였다. 뿐만 아니라 그는 형편이 허락하는 한 많은 대지와 전답을 사들

프와넬 신부의 설계로 지어진 나바위 성당. 정남북을 종축으로 한 정면 5칸·측면 13칸의 직사각형이었으며 1909년에는 프랑스에서 제작한 종을 종탑에 설치했다.

여 신자든 비신자든 농토나 집이 없는 사람들에게 빌려 줄 작정이었다. 그때 심정을 이렇게 기록해 놓았다.

농토가 없는 사람들은 남의 논밭을 빌려 농사를 지을 수만 있어도 큰 행복으로 여긴다는 사실을 알았다. 돈이 있다면 논을 사서 외교인 틈에서 외롭게 사는 신자들을 이주시켜 좋은 신자 부락을 만들고 싶다. 배고픈 조선 사람들의 허기를 채워주고 그들을 신자로 만들고 싶다.

베르모렐 신부의 이러한 태도에 감동한 주민들은 집단으로 개종해 본당이 설립되자마자 어른 87명이 세례를 받았다. 또 그는 1905년 성당 건축을 계획하고 약현 성당과 용산 신학교를 설계했던 프와넬 신부에게 설계를 부탁하였다. 1906년 설계가 완성되자 곧바로 착공에 들어간 베르모렐 신부는

〈평면도〉. 정면 툇간은 툇마루이고, 뒤툇간은 제의실이며, 성가대석과 제단이 있는 내진 부분의 좌우 3칸은 익랑으로 T자 모양을 이루고 있다.

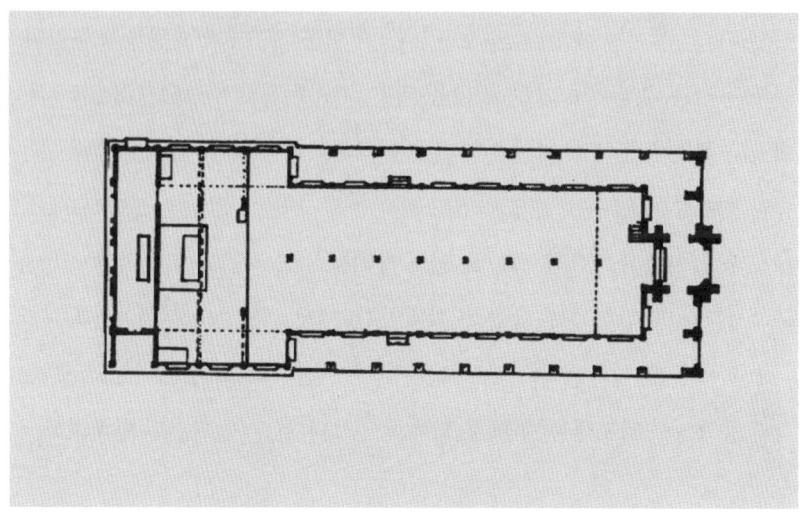

나바위에서 약 30리 떨어진 임천군 가하면 지저동 뒷산을 매입하여 곧게 뻗은 소나무들을 베어 뗏목으로 운반해 건축 목재로 사용하였다. 성당 공사는 중국인 기술자들이 맡아 하였지만, 본당 신자들도 터다지기와 목재 운반 등 힘든 일을 도맡아 했다.

이처럼 가난한 신자들의 헌금과 노력 봉사에 힘입어 1907년 12월 순수 한옥 목조 건물인 나바위 성당이 완공될 수 있었다. 흙벽, 기와 지붕, 나무로 만든 종탑과 마룻바닥이 전부였지만, 정남북을 종축으로 한 정면 5칸 · 측면 13칸의 직사각형 구조로 되어 있었다. 1909년에는 프랑스에서 제작한 종을 종탑에 설치했고 1911년 9월 대구 대목구 드망즈 주교의 주례로 성당 봉헌식을 가졌다. 이후 1916년까지 증축을 거듭하면서 나바위 성당은 한·양 절충식 건물로 형태가 바뀌었다.

성당의 정면 툇간은 툇마루이고, 뒤툇간은 제의실이며, 성가대석과 제단이 있는 내진(內陣, choir) 부분의 좌우 3칸은 익랑(翼廊, transept)으로 T자 모양을 이루고 있다. 정면 용마루 부분에 작은 종탑과 십자가를 배치하였으며, 사방 지붕 아래 광창(光窓, clearstory) 역할을 하는 8각 채광창을 두었다. 내부 공간은 중앙에 줄기둥(列柱)을 세워 두 부분으로 나누었으며, 그 사이에 남녀석을 구분하기 위한 칸막이를 설치하였다. 제대가 있는 부분에서는 중앙 줄기둥을 멈추어 넓게 하였고, 두 기둥 사이에 '영광의 문'(triumphal arch)을 설치하여 제대를 향한 시선의 방해를 막고 제단과 회중석의 공간을 분리시켰다. 완전한 중층 구조는 아니었지만, 낮은 툇간의 부섭지붕(lean-to roof, 벽이나 물림간에 기대어 만든 지붕)에 의해 광창의 설치가 가능하였다는 점과 종축성이 강조된 점 등에서 되재 성당보다 한 단계 발전된 형태였다.

6. 수류 성당

수류 성당은 전주 전동 본당과 함께 1889년에 설립된 본당이다. 본래 이 성당은 1895년 9월까지 모악산 골짜기에 있는 배재마을(지금의 전북 완주시 구이면 안덕리)에 있다가 그해 10월 수류에 있는 진사 이영삼의 재실(齋室)을 매입하여 이전하였다. 배재 본당(전북 완주시 운주면 구제리)의 3대 주임이었던 라크루 신부는 안채를 사제관으로, 행랑채를 임시 성당으로 개조하였는데, ㄱ자 모양 한옥의 연결부에 제대를 두고 좌·우 날개에 남녀석을 두었다. 당시는 동학 농민 운동이 막 끝난 뒤라 마을에 성당이 들어서는 것을 못마땅하게 여기던 주민들은 떠나고, 그동안 제대로 미사에 참례하지 못했던 각처의 신자들이 이주해 와 주민 400여 가구가 모두 신자인 완전한 교우촌

48칸의 목조 건물인 수류 성당은 정면 6칸·측면 12칸으로 내부 구조는 광창만 설치하지 않았을 뿐 나바위 성당과 거의 비슷하다.

을 이루었다. 1897년 9월에는 분리된 남녀석에 각각 십사처를 설치하였다.

1900년 5월 4대 주임으로 부임한 페네 신부는 1906년 1월에 프와넬 신부의 도움을 받아 성당 신축 공사에 착수하여 이듬해 8월(음력) 48칸의 목조 건물을 완공하였다. 이 건물은 정면 6칸·측면 12칸으로 나바위 성당과 거의 비슷하면서도 광창은 설치되지 않았다. 이 목조 건물은 1950년 9월 24일 인민군들과 빨치산들이 주일미사에 참례하기 위해 성당 안에 모여 있는 신자들을 몰살하고자 성당에 불을 질러 전소되었다. 휴전 뒤 수류 본당 신자들은 불탄 옛 성당처럼 목조 건물을 짓지 않고 직접 냇가에서 모래와 자갈을 채취하여 만든 벽돌로 성당을 지었다. 성당 지붕은 옛 성당이 불탈 때 주워 모아 두었던 함석을 그대로 사용하였다.

참고문헌

1. 연구서

COMPTE RENDU de la Société des M.E.P.(파리 외방전교회 연보, 1878~1894), 《교회사연구》 4, 1983.

《블랑(Blanc, 白圭三) 문서》, 한국교회사연구소, 1992.

《서울교구 연보》 I · II, 한국교회사연구소, 1984 · 1987.

《뮈텔 주교 일기》 1 · 2 · 3 · 4, 한국교회사연구소, 1986~1998.

《경향신문》 영인본, 불함문화사, 1978.

2. 교구 · 본당사 및 수도회사

평양교구사 편찬위원회, 《천주교 평양교구사》, 분도출판사, 1981.

한국교회사연구소, 《황해도 천주교회사》, 1984.

대구대교구사 편찬위원회, 《대구 본당 100년사》, 대건출판사, 1986.

인천교구사편찬위원회, 《인천교구사》, 가톨릭출판사, 1991.

샬트르 성 바오로 수녀회 100년사 편찬위원회 편, 《한국 샬트르 성 바오로 수녀회 100년사》, 1991.

김진소, 《천주교 전주교구사》 I, 빅벨, 1998.

제주 선교 100주년기념 선교사업회, 《제주 천주교회 100년사》, 2001.

천주교 서울대교구 주교좌 명동대성당, 《명동본당사》 I · II, 한국교회사연구소, 2007.

3. 교육 관련

김하선, 〈구한말 천주교회의 초등 교육에 대한 소고〉, 《박상일 수녀 화갑기념논문집》, 1974.

김치동, 〈구한말 천주교회의 학교 교육〉, 《사목》 47, 1979.

이원순, 〈한국 천주교 교육사업의 교육사적 의의〉, 《사목》 64, 1979.

이충호, 〈구한말 천주교의 교육 활동〉, 《역사교육논집》 4, 경북대 역사교육과, 1983.

계성국민학교 학교사 발간위원회, 《계성국민학교 110년사》, 계성국민학교, 1994.

김성희, 〈한국 천주교회의 교육 활동〉, 《한국 천주교회사의 성찰》, 한국교회사연구소, 2000.

4. 출판 및 언론 관련

조 광, 〈경향신문의 창간 경위와 그 의의〉, 《경향신문》 영인본, 불함문화사, 1978.

최종고, 〈한말 경향신문의 법률계몽운동〉, 《한국사연구》 26, 1979.

최석우, 〈가톨릭신문과 교회 언론의 발전과정〉, 《가톨릭신문》 영인본 제1권, 가톨릭문화사, 1982.

최기영, 〈개화기 경향신문의 논설 분석〉, 《한국 천주교회 창설 200주년기념 한국 교회사 논문집》 I, 1984.

오세완, 〈한국에서의 프랑스 선교사들의 출판·언론 활동〉, 《교회사연구》 5, 1987.

이유림, 〈한국 천주교회의 출판 활동〉, 《한국 천주교회사의 성찰》, 한국교회사연구소, 2000.

장동하, 〈가톨릭출판사 설립 기원에 관한 연구〉, 《가톨릭 출판문화의 어제와 오늘》(심포지엄 자료집), 가톨릭출판사, 2006.

5. 건축 관련

김정신, 〈한국천주교회 성당건축의 변천에 관한 연구〉, 《한국 천주교회 창설 200주년기념 한국 교회사 논문집》 I, 1984.

문홍길, 〈명동성당 건축양식의 연구〉, 《한국 천주교회 창설 200주년기념 한국 교회사 논문집》 I, 1984.

명동천주교회 편, 《명동성당 건축사》, 한국교회사연구소, 1988.

김정신, 《한국 가톨릭 성당 건축사》, 한국교회사연구소, 1994.

김정신, 〈원형 복원을 위한 약현 성당의 건축 양식 연구〉, 《한국 천주교회사의 성찰》, 한국교회사연구소, 2000.

김정신, 〈천주교가 한국 근대 건축의 발전에 미친 영향에 관한 연구〉, 《교회사연구》 26, 2006.

색 인

ㄱ

가명학교　272, 279
가실 본당　82, 84
간도　81, 87~90
간도학교　276
간양골 본당　82, 84
갓등이 본당　82, 84
강 요한　43, 46, 47
강도영　103, 104, 138, 262, 273
강봉헌　212, 213, 216
강성삼　93, 104
강우백　214
강원도　86, 87
강원도 최초의 서양식 벽돌 건물
　321
강인수　269, 274
강준　263, 272
강중승　267
강화도　45, 51, 52
강화석　263, 297
강홍일　267, 275

개성 본당　83, 84
개주　34
개항　50, 51, 63
개항장　52
게랭　40~42
게일　227
경기 감영　53
경기도　86, 87
경상도　86, 87, 128
경애학교　273
〈경향신문〉　290, **294~302**, 303
〈경향신문〉의 논설　298
《경향잡지》　303
경향잡지사　303
계룡산　55
계명　263
계명강습소　269
계명학교　269, 272, 274, 279
계산 성당　**314~317**
계산재　264
계성학교　263, 272, 277, 279

고경	292	〈교과용 도서검정규정〉	277

고경   292
《고등소학독본》   277
고딕 로마네스크 양식의 성당   321
고딕 양식   306
고마창골   53
고산   55, 57
《고성경》   292
《고신성경문답》   292
고종   47, 71, 211
고창   55
곤당골   114, 128
《공동번역 신약성서》   293
공동재산 협정서   28~29
공베르   138, 275
공세리 공소   322, **326**, **327**
공세리 본당   82, 84
공소   32, 53, 54, 109, 110, 305, 307, 322
공소전   110, 113, 268
공주   55, 58, 87
공주 본당   82, 84
관덕정   217, 218
관후리 본당   267
광진학교   276
교과서 사용 규정   277

〈교과용 도서검정규정〉   277
교동도   52
교리강습소   307
교리서   45~46, 56
〈교민범법단속의고〉   252
〈교민범법단속조례〉   252
〈교민조약〉   243, 246, 247
〈교민화의약정〉   247, 252
교세 통계표   109
교우촌   46, 148, 152, 158, 209, 221, 223, 306, 322, 323, 327, 335
교육 면허장   280
교황 비오 9세   44
교황 칙서   42
교황청 예부성성   137~139
── 포교성성   41, 62
교회(教誨)   65, 68, 70~71
구 요한   97
《구한국외교문서》   252
국권 회복 운동   277
국채 보상 운동   297
국채 보상 의연금   297
권서인   289
권치문   47, 49, 51, 261, 285
규칙서   108

그리스식 십자형 평면	315	김명섭	275
근대식 조선어 활자	289	김명제	104
금산	55	김문숙	202
《긔힝일긔》	137, 290	김문옥	104, 271, 273~275, 292
기낭 신부	99	김문원	19
기도서	56	김병호	226
기명학교	267, 272	김복우지	120
기용	89	김상현	275
기해박해	137, 139	김성학	104, 261, 262, 264, 273, 275
기해박해 순교자	290		
《기해·병오박해 시복 조사 수속록》 139		김순이	120
		김승연	97, 104, 234
김 가밀로	309	김양홍	104, 270, 275
김 마리아	53	김여경	285
김 아나타시아	283	김여산	332
김 안토니오	274	김영렬	88
김 젤마나	315	김영옥	157
김 프란치스코	36, 37, 54	김영유	202
김계쇠	34	김오권	159
김계호	19	김원영	104, 160, 202, 208~210, 262, 276, 296
김교원	263, 272		
김대건	101, 103, 138, 259, 319	김원익	19
김덕순	311	김윤근	104
김두환	269, 274	김윤식	66~67, 199, 213, 214, 218
김만식	67, 70		

색인 343

김윤오　227, 228
김이기　88
김장복　241, 242
김정희　211
김조현　297
김종학　315
김천 본당　83, 84, 275
김축이　159
김치문　192, 193
김큰아기　20
김택현　276
김해겸　120, 122
김현규　241, 242
김형남　226
김홍민　311

ㄴ

나가사키　61~64, 93, 106, 140
나바위 본당　82, 84, 191, 193, 269, 274
나바위 성당　**332~334**, 336
《나선소사전》　289
나자렛 인쇄소　289
나주 본당　83, 84
《나한사전》　285

남종삼　19, 141
낭트　44
내평 본당　82, 85
내포　55, 58
노동야학교　264, 268
녹도　52

ㄷ

다블뤼　19, 20, 23, 25, 40, 52, 139, 141, 285
단층 팔작 기와 지붕　331
단층 한옥 목조 건물　325
달레　38, 303
당고개　317
대교동학교　274
대구　78, 87
대구 교안　314
대구 본당　82, 84, 264
대구 본당학교　264
대동강　39, 61
대원군　47, 49
대정현　211
대청도　51
〈대한매일신보〉　297, 298
대한성교사기　303

대한제국　153, 158, 196, 198, 204, 205, 208, 211, 215, 219, 225, 236, 237, 243, 252, 255
《대한지지》　277
덕산 사건　26, 35~36
데니　66~68, 70
데예　160, 199~206, 238, 240
델페슈　42
델피　70
도간이　55
도리　19, 141
도습동 공소　274
〈독립신문〉　194
독홍학교　273
돈의문　53
돈의학교　265, 267, 272
동골　114, 131
《동국사략》　277
《동국역대》　285
동문학　260
동성학교　276
동정 허원　110, 112
동학　163, 222, 236, 237, 246
동학 농민 운동　79, 323, 335
되재 본당　82, 84, 268, 274, 277

되재 성당　**323~325**, 332, 334
두세　55~58, 77, 106, 128, 149, 233, 272, 307
뒤테르트르　158, 160, 163
드 조프르와　46~47
드게트　51~52, 57~59, 106~107, 148
드뇌　263
드망즈　138, 139, 294, 296, 301, 304, 334
드비즈　326
디아즈　291
딜롱　63~65

ㄹ

라 크루아　115, 118, 119
라루이에　89
라리보　89
라크루　196, 211, 248, 251, 270, 275, 282, 283, 335
라틴 십자형 삼랑식　313, 315
랄르망　33
러일전쟁　81, 87, 236, 237
레비 인쇄소　286
레위니에　70

《령세대의》　287
로　103, 221
로마　44
로마네스크 양식　306, 309
로베르　55~57, 78, 91, 93, 94,
　106, 128, 157, 184~188, 264,
　272, 314, 315
로스　291
로저스　45
로켄　62
루카 복음서　292
루케트　274
르 각　234, 272
르 메르　267, 272, 319
르 장드르　139, 140, 222, 228,
　272
르게　122, 125
르네상스식　306
르레드　265, 276
르모니에　22, 28
리델　17, 19, 20, 21, 26, 29~35,
　37~47, 49~54, 56, 57, 59, 61~62,
　73, 78, 91, 106, 108, 285~287
리브와　40
리샤르　21, 30, 34~37, 39, 46, 51,

　61
리우빌　61, 96, 99, 106

■ㅁ

마건충　63~64
마라발　62, 95, 96, 99, 126, 161,
　272
마렴 본당　82, 85, 222
마르코 복음서　291, 292
마르티네　21, 30, 34~37, 39, 43,
　45~46, 49, 51, 64
마리 엘리즈　125
마리 오귀스타　118, 121, 123
마리 클레망스　126, 133
마명동 공소　273
마산　87
마산 본당　83, 84
마읍도　35
마태오 복음서　292
만주　33, 51, 55, 59, 61, 108
매괴학교　271, 273, 274, 277
매서인　289
매화동 본당　265, 328
매화동 성당　**322**
메스트르　114

멜리장　　273
멩　　267, 275, 304
명동 성당→종현 성당
명례 본당　　82, 84
명성왕후 시해사건　　246
명신학교　　274
명의학교　　274
모방　　138, 141
모성학교　　273
목조 십자형 성당　　314
목판 인쇄소　　**284**, **285**
목포　　87
목포 본당　　82, 84, 200, 202, 205, 237
묄렌도르프　　65~67, 291
무료 공민학교　　272
무세　　264, 276
문맹 퇴치 운동　　265
문법책　　61, 64, 112
〈뮈텔 문서〉　　169, 228, 247
《뮈텔 주교 일기》　　195, 196, 204
뮈텔　　55, 61, 79, 88, 89, 98, 101, 103, 106, 118, 125, 126, 130, 132, 137~140, 154, 159, 163, 172, 186~189, 195~199, 201, 202, 204, 205,

208, 210, 214, 219, 222, 226, 227, 233, 238, 240, 243, 244, 246, 247, 261, 270, 275, 281, 290, 292, 293, 304, 307, 310, 313, 328
미리내　　138
미리내 본당　　82, 84, 138
미알롱　　196
민극가　　137
민응식　　330

ㅂ

바르나보　　44
박 프란치스코　　97
박래호　　20
박문학교　　272, 278
박문학교 여자부　　281
박승문　　160, 161
박운철　　276
박익래　　269, 274
박제순　　193, 197, 204
박제원　　192
박준호　　268, 269, 274
박헌주　　275
박황월　　120, 122, 127
반　　44, 62

방 바오로　97
배론　259
배론 신학교→성 요셉 신학교
배재 본당　82, 84
배재학당　260
배정기　110, 113
배중현　159
배티　52
《백주교 편지》　286
뱅상　121, 133
법률문답　300, 303
〈법안〉　252
베네딕도 성인의 목조상　310
베롤　21, 28, 29, 34~38, 44
베르네　70
베르뇌　19~23, 25~26, 28, 31~32, 36, 40, 108, 128, 141, 260, 284, 327
베르모렐　88, 157, 191~193, 196, 198, 269, 272, 274, 332, 333
베르몽　268
벽돌조 서양식 성당　306
변문　34, 37, 43, 46
병오박해　137, 139
《병인 순교자 시복 조사 수속록》
　140
병인박해　17, 33, 34, 40, 50~52, 54, 73, 91, 107, 111, 114, 128, 137, 139~141, 259, 260, 285, 328
병인박해 순교자　290
병인양요　17
〈보감〉　290, **302~304**
보덕학교　275
보두네　62, 157, 195, 196
보명학교　278
보성학교　275
보속　110
〈보안법〉　300
보창학교　275
보통학교　263, 281
〈보통학교령〉　263, 281
〈보통학교령 시행규칙〉　263
복사　32, 109~110, 112
본당학교　276
본쇼즈　44
볼리외　19, 141
봉산(검수) 본당　83, 85
봉삼학교　265, 272
봉세관　208, 211~218
봉양학교　274

봉연학　275
부레　63~64
부산　61, 87
부안　58
부엉골　94, 95
부엉골 본당　82, 84, 330
부여 본당　83, 84
부이수　273, 274
부이용　158, 271, 274, 276, 330
부처골(대교동)　88
북관의 12사도　88
북만주 대목구　88, 89
북양대신　66
북장로회　107
브레　88, 89, 159
브르트니에르　19, 52, 141
블랑　21, 30, 32, 34~37, 39~40, 45~47, 49~54, 56~58, 61~62, 65~66, 68, 73, 77, 78, 93~96, 101, 106~109, 114, 115, 117, 118, 120, 128, 131, 132, 137, 139, 146~150, 184, 261, 272, 286, 287, 289~ 291, 307, 309~311, 319
비르지니　118, 123, 129
비세르　70

비에모　120, 323
비현 본당　83, 85
빌렘　86, 120, 188, 221~224, 227~229, 233, 328

ㅅ

〈사립학교령〉　263, 276, 280
사바틴　307
사우어 신부　276
사전　20, 45~46, 61, 64, 112
사창 공소　274
사천 시노드　108~109
산동반도　33, 35, 39, 45
산송　155, 160~161, 194, 238
《삼군평민교민물고성책》　219
삼덕의숙　272
삼덕학교　275
삼랑식 회중석 공간　329
삼본요리　110
삼성산　138
〈삼세대의〉　137
삼애학교　273, 277
삼원봉　88
삼원봉 본당　83, 85, 89
삼위학당　276

삼흥학교　　273
《상데진리》　　290
상명학교　　275
상무사　　163, 213~216
상여계 곗돈　　268
〈상재상서〉　　137, 289
상해　　21, 33~38, 44~46, 55, 61,
　　64, 66
《쇼쇼셩경》　　**290~294**
새남터　　19, 103, 317
샤르즈뵈프　　120
샤스탕　　138, 141
샬트르 성 바오로 수녀회　　115,
　　118~120, 122, 128, 132, 133, 262,
　　265~267, 270, 281~283
서당식 학교　　267
서상돈　　264, 315
서상우　　67
서소문　　19
서양식 성당 건축　　**305~321**
서울　　77, 78, 81, 86, 87, 114
서재양　　269, 274
서짓골　　139
서학골　　88
선교 방침　　106, 108

선교의 자유　　63, 68, 71
〈선교조약〉　　252
성 베네딕도회 오틸리엔 연합회
　　261
성 요셉 신학교　　91, 105, 259
《셩경 누가》　　291
《셩경 마두》　　291
《셩경 말구》　　291
《셩경 슈난》　　291
《셩경 요안》　　291
《셩경직해》　　291
《셩교감략》　　286, 291
성군신　　202
성덕원　　202
성림학교　　275
성립학교　　264, 272
성립학교 여자부　　264
성명학교　　275
성모설지전　　26, 28~29, 35, 37,
　　39~40
성모여학교　　267, 272
성모학교　　276
셩서 활판소　　**285~287**, 289, 293
성숙학교　　267, 275
성영회　　109

성의학교   264, 273, 275
성지학교   264, 276
성직자 회의   284
섶가지 공소   267
섶가지 본당   83, 85
《셩경직히》   290, 293
《셩경직히광익》   291
《셩교감략》   287
《셩교백문답》   287
《셩교예규》   286
《셩교요리문답》   287
《셩모셩월》   287
《셩샹경》   287
《셩요셉셩월》   287
《셩찰긔략》   287
소래교회   224, 225
소신학교   56
소의학교   273
소학교   281
〈소학교령〉   277
《속음청사》   199, 213, 214
손병희   237
손성재   104, 276, 292
송병준   236
송예용   268, 274

송화 공소   274
쇼베   115
수곡(결성) 본당   83, 84
수류 본당   82, 84, 270, 275, 322, **335**, **336**
수원   87
수호통상조약   50~51, 61, 63, 70, 106
순수 한옥 목조 건물   334
순창   55, 58~59
숭공학교   276
숭희학교   274
스타니슬라   121, 125, 129, 130
시노드   23, 25~26, 28~29, 106~109
시메오니   44, 62
《신명초행》   286
〈신문지법〉   300, 301
신미양요   45
신성리 본당   83, 84
신성여학교   282
신성학교   268, 270, 273, 275, 277
신앙의 자유   52, 59, 63, 71
신양학교   276
신유박해   221

신치욱　57
신흥학교　276
심 바르바라　121
십이단　110
싱가포르　55
싸리밭골　88

ㅇ

아관파천　79
아펜젤러　291
아현 공소　274
안법학교　275
안변 본당　82, 85
안성　55
안성 본당　83, 84, 138
안중근　265, 273
안철순　158
안태건　227, 228
안태훈　86, 328
알렌　107
알릭스　272
알브랑　23
앙티곤　56
애국 계몽 운동　278
〈애국권학가〉　269

애비슨　227
앵베르　138, 141
약명학교　272
약현 본당(성당)　82, 84, 103, 104, 129, 281
약현 성당　**307~309**, 319
약현여학교　272
양관　25, 34~35, 43
양대인　74
양덕현　275
양성　55
양촌 본당　82, 84
양촌 성당　326
양평(마룡리) 본당　83, 84
어은동 본당　83, 84, 270, 275
언더우드　227, 291
에스텔　118, 129
엘리사벳　121, 122, 125
엠마누엘　126
여성 교육　**280~283**, 300
여자 통학학교　281
연벽정　103
영구　34
영동(嶺東)　87
영사재판　71

영신학교　270, 275
영아매식 유언비어 사건　130
영유 본당　83, 85, 267
영자　34, 38, 49, 59
영천 공소　275
영천학교　275
영청학교　267, 275
영해회(성영회)　114, 123, 125,
　127~130, 132
영희전　310
예수 성심 성당(원효로 성당)　101,
　103, **317~319**
《예수성교전서》　291
예수성심신학교　95, 96, 105,
　138~141, 262, 317, 330
《예수진교사패》　292
오 바르나바　53
오경준　276
오대현　214, 215
오덕제　276
오리동학교　274
오메트르　19, 139, 141
오신락　210, 211
오용준　276
오인규　276

오일환　273
옥구　58
〈옥중제성〉　137
옥천 본당　83, 84
옹진　35
왕림 성당　322
왜고개　140
외무독판　66
요동　34~36, 38, 39, 43
요동반도　46
요코하마　61
요코하마 인쇄소　286
요한 복음서　292
용산　95, 96
용소막 본당　83, 84
용인　55
용정　89
용정 본당　83, 85, 89
용평 본당　83, 84
우도　265, 272
우세영　20, 141
우장　38
우적동(무안) 본당　83, 84
운동회　277
원 엘리사벳　53

원산	87	이 바오로	36, 95
원산 본당	82, 85, 88	이 이냐시오	139
원산학사	260, 262	이건수	296
원세개	66	이규하	269
원주 본당	82, 84	이근명	269
월산학교	274	이근우	264
위앵	19, 139, 141	이기주	20
유 안토니오	95	이나르	123, 125
유기연	275	이내수	93~95, 104
《유년필독》	277	이덕보	260
유사 고딕	306	이명진	269
유춘배	275	이문우	137
유패룡	88	이봉호	202
육영공원	260	이상화	104
윤형중 신부	304	이수정	291
은율 본당	83, 85	이영삼	335
은파 공소	274	이응익	233
을미개혁	79	이의송	20
을사조약	81, 236, 255	이재수	214, 220
읍내학교	279	이재호	248, 251
의병	330	이종갑	269
의주	59	이종국	104
의화단 운동	87	이천 성당	322
이 곤자가	283	이천(망답) 본당	82, 84
이 루치아	52, 57	이천(포내) 본당	82, 84

이평택　265
이하영　252
이홍장　66~67
이화학당　260
인명학교　270, 275
인성학교　275
인쇄소　56
인애회(仁愛會)　78, 286
인천　87
인천 본당　263
인천항 사립박문학교　263
인현학교　261, 272
《일과절요》　290
일신학교　273
일진회　236~238, 240~242
임피　58

ㅈ

자카리아　118, 120, 122, 129, 133
장두　215
장방골 공소　274
장산곶　52
장성　55, 58
장연　61
장연 본당　82, 85

장원일　273
장윤선　211
〈장주교윤시제우서〉　109
장주기　20, 139, 141
장치선　34
장호원 본당　82, 84, 271, 274
장호원 성당　322, **330~332**
장흥학교　274
재령 본당　83, 85, 234
재치권　37
전 안드레아　94, 95
전동 본당　335
《전라남북래안》　216
전라도　86, 87, 128
전순룡　57
전의　55
전주　55, 78, 87
전주 본당　82, 84
정규옥　315
정규하　103, 104, 262, 276, 321
정심학교　274
정읍　55, 58
정의배　20
정준시　243, 244, 246
정치 불간섭의 입장　301

색인　355

정치 불간섭주의　　295
정하상　　137, 289
제1차 바티칸 공의회　　44
〈제국신문〉　　194, 252, 255, 297
제물포　　64, 66, 78, 122, 123, 125, 130
제물포 본당(성당)　　82, 84, 126, 127
제물포여학교　　272, 279
제수 성당　　44
제주 본당　　83, 85, 282
제주 성당　　322
제주도　　77, 86
조병길　　227
조병식　　228
조병직　　310
〈조불수호통상조규〉　　70
조불조약　　74, 77, 87, 96, 145, 146, 147, 153~155, 221, 248, 252, 289, 305, 309, 317
조선교구 제3차 시노드　　73
《조선교회 관례집》　　32, 106, 108, 111~113, 146, 290
《조선어연구》　　285
조스　　62, 106

조양하 본당　　83, 85, 89
조제　　304
조조 신부　　184~190, 237, 323
조지 왕조 시대의 양식　　311
조참봉 베드로　　54
종현　　119, 128
종현 본당(성당)　　81, 82, 84, 101, 103, 129, 138, 140, 141, 281, 294, 307, **309~314, 319**
종현여학교　　272
종현학교　　261, 262, 309
주월산　　59
주한 프랑스 공사관　　79, 81, 130
줄리엔　　133, 134
중흥학교　　274
《쥬교요지》　　287
《쥬년첨례광익》　　287
지정여학교　　265, 267, 276
직산　　55
진교문답　　110
《진교절요》　　286, 287
진남포　　87
진남포 본당　　83, 85, 265
진보회　　237
진산　　55

진잠　55
진주(소촌) 본당　83, 84

ㅊ

차쿠　17, 21, 26, 28~30, 32, 35, 37~44, 46, 47, 49, 51~52, 55, 57, 59, 61, 91, 108~109, 111
창동학교　276
창흥학교　273
척사위정　150
《천주성교공과》　286
《천주성교십이단》　286
천주학방　263
천진　66
천진조약　38
첨례 장소　305
청계동 본당　82, 85, 328
청계동 성당　322, **327~329**
청일전쟁　79, 126
체푸　21, 22, 35, 37, 38, 44~46, 64
초도　39, 61
초량 본당　82, 84
총리아문　59, 63
최 루카　95

최 요아킴　95
최규여　88
최문식　89
최방제　259
최복동　122
최봉섭　263
최선일　20, 43~45, 49, 51~53, 57, 285
최시형　237
최양업　259
최우정　286
최인서　34
최초로 건립된 한옥 성당　323
최초의 서양식 성당 건축　309
최치화　57
최형　19, 141
최형순　211
《충청남북도래거안》　192
충청도　86, 87, 128
측량강습소　268
《치명일긔》　140, 290
치외법권　71

ㅋ

카즈나브　31, 40~41

칼레　　17, 19~22, 25~26, 28~29,
　　32~41
캉디드　　123, 125
코고르당　　66~68, 70
코스트　　55, 61~62, 64~65, 68, 93,
　　101, 106~107, 119, 120, 285~287,
　　307, 311, 317
퀴를리에　　89
크렘프　　271, 273

ㅌ

타케　　169
태극계명측량강습소　　274
태극계명학교　　268, 273
태장하　　39~40
《텬쥬셩교예규》　　287
《텬당직로》　　287
《텬주셩교공과》　　287, 290
통리아문　　71
통킹　　26, 28
트라피스트 수도회　　38

ㅍ

파리 외방전교회　　118, 130, 138,
　　146, 188

── 상해 대표부　　38
── 홍콩 대표부　　61
── 로마 대표부　　40
파스키에　　152, 159, 272
파트노트르　　59
팔레올로그　　66, 70
페낭 신학교　　93, 94, 98, 99, 104,
　　262
페네　　270, 275, 336
페롱　　17, 20, 22, 26, 33~36, 40,
　　52
평안도　　77, 86, 87
평양　　87
평양 성당　　322, 329
평양(관후리) 본당　　82, 85
포리　　265, 272
퐁트네　　252
푸르티에　　19, 141, 285
풀님　　293
풍수원 본당　　82, 84
풍수원 성당　　319~321
프란치스카　　118, 129
프랑댕 공사　　187, 188
프랑스 선교후원회　　30
프로테스탄트　　107

프리모게 호　66
프와넬　62, 106, 119, 138, 145, 147, 262, 263, 272, 289, 307, 311, 333, 336
프티니콜라　19, 141, 285
프티장　21, 44, 62
플랑시　195~197, 204, 205, 219, 311
필리포폴리스　41

ㅎ

하우현 본당　83, 84
〈학부편찬 교과용도서 발매규정〉　277
한강　52
한국 성당 건축의 모델　309
한국 최초의 근대적 교육기관　259
한국 최초의 천주교 신학교 건물　317
한국법사　303
한국인 신부가 지은 첫 번째 성당　321
한국 천주교회사　303
《한국천주교회사》　38
한글본 구약성경　291

한기근 신부　94, 95, 97, 104, 140, 228, 262, 292, 293, 304
한논 본당　83, 85
한문 서당　272
《한불자전》　285, 286
〈한성신보〉　194, 195
한성판윤　67
《한어문전》　285, 286
한옥 성당　306
한옥 성당 건축　**322~336**
《한한라사전》　285
《한한불자전》　285
한한학교　95, 261
함경도　86~88
함벽정　95, 96, 103, 317
함안　78
합덕 본당　82, 84, 271
해관세칙　70
해서 교안　86
해성재　264, 272
해성학교　276
해성학원　273
행주 본당　83, 84
현 바오로　276
현채　277

호조   70~71
호천개   88
홍로 본당   85
홍병용   226
홍병철   104, 140, 292
홍산   58
홍성삼   161
홍콩   33, 55, 61
화룡서숙   274
화산 성당   322
활동 규칙   32, 106

활판 인쇄소   286
황 베드로   99
황국협회   163
황기연   248, 251
황사영 〈백서〉   221
〈황성신문〉   151, 194, 211, 213, 297
황주 본당   83, 85
황해도   77, 86
회장   32, 53~54, 109
《회죄직지》   286, 287